城市交通拥堵对策系列

U0885903

智能交通系统规划设计及案例

李瑞敏　邱红桐　编著

中国建筑工业出版社

图书在版编目（CIP）数据

智能交通系统规划设计及案例 / 李瑞敏，邱红桐编著．— 北京：中国建筑工业出版社，2015.10
（城市交通拥堵对策系列）
ISBN 978-7-112-18537-5

Ⅰ.①智… Ⅱ.①李… ②邱… Ⅲ.①交通运输管理－智能系统 Ⅳ.①U495

中国版本图书馆CIP数据核字（2015）第236482号

近20年来，各个国家和地区通过不断更新的智能交通系统体系框架类的文件，将整个智能交通系统的研究分为了不同的领域和范畴，并且随着技术的发展、研究人员认识的进步等，智能交通系统的发展亦在不断深入提升。本书在介绍智能交通系统发展状况及体系框架的前提下，介绍了智能交通系统规划设计的基本思路，并配以智能交通管理系统领域的规划设计案例，可供从事智能交通系统规划、设计、建设、运营的相关人员借鉴和高等院校相关专业在校学生的学习参考。

责任编辑：何　楠　张　明
书籍设计：京点制版
责任校对：李美娜　姜小莲

城市交通拥堵对策系列
智能交通系统规划设计及案例
李瑞敏　邱红桐　编著
*
中国建筑工业出版社出版、发行（北京西郊百万庄）
各地新华书店、建筑书店经销
北京京点图文设计有限公司制版
环球东方（北京）印务有限公司印刷
*
开本：787×1092 毫米　1/16　印张：13　字数：295 千字
2016年3月第一版　2016年12月第二次印刷
定价：28.00 元
ISBN 978-7-112-18537-5
(27783)

版权所有　翻印必究
如有印装质量问题，可寄本社退换
（邮政编码 100037）

前言

Preface

理论为根，应用为本，人类社会的不断发展进步总是需要将二者结合起来。智能交通系统是一个以解析交通系统基本运行规律的交通工程类理论为基础、综合运用多领域的应用技术来实现综合交通系统的技术革新的较新的产物。智能交通系统发展的推进是各类基础理论、技术的不断研究，而智能交通系统的实用性的体现则是各类具体的一个个的智能交通系统的应用。

“凡事预则立，不预则废”，智能交通系统的建设不仅仅涉及多种技术，而且更涉及多个部门、多个系统，在此前提下，在进行大规模的智能交通系统投资建设之前，必须首先回答清楚智能交通系统建设的真正目的是什么，而且必须将其清晰明了地传达给决策层，以获得智能交通系统发展所需要的支持。因此，智能交通系统的发展首先需要有明确的系统发展规划。

在规划的指导下，一旦确定某个时段具体的智能交通系统的建设内容，则需要回答清楚如下问题：系统的需求是什么？系统的规模如何？如何恰当的选择系统的覆盖范围？系统的硬件、软件、网络有什么需求、该如何建设？系统的数据如何管理及应用？系统该实现什么功能等等，这些问题需要在系统建设前清晰明确，由此需要进行智能交通系统建设方案的设计。

智能交通系统绝非仅“以更少的资源实现更多的产出”的一种方式，近年来迅速发展的各类基于移动互联的智能交通系统已经对传统的交通系统的运行提出调整。因此，智能交通系统应当是重新对政府进行思考并将其重塑得更加开放、透明和反应迅速的一次历史性机遇。

本书并不过多涉及智能交通系统的原理、关键技术等，而是针对智能交通系统的规划、设计与实施为主展开，希望能够为国内规划、设计、建设、运营智能交通系统的相关人员提供相应的思路与理念。

本书两位作者长期以来在智能交通系统等领域进行了大量的研究与开发工作。本书所介绍内容主要是基于作者所从事的智能交通系统的规划、设计与开发等方面的工作，内容上不求覆盖全部的智能交通系统范畴，但基本方法应当可以有相当的借鉴意义。

智能交通系统的规划与设计涉及多个领域的知识，受专业等方面的限制，书中所述多为两位作者的理解或引用，不当之处在所难免，欢迎读者来信探讨（lrmin@tsinghua.edu.cn）。

本书的出版得到国家科技支撑计划课题（2014BAG01B03）的部分支持，在此表示感谢。

目　录

Contents

第一章　概述

作为20世纪90年代正式出现并迅速发展的新事物，智能交通系统（Intelligent Transportation Systems，简称ITS）可以在一定程度上弥补20世纪道路规划、设计及建设上的不足，也为应对21世纪交通运输系统所面临的新挑战提供了一定的准备。而现实中，人们从不同的角度出发，对智能交通系统会有很多不同的看法。在各级各类交通管理人员来看，智能交通系统技术关乎交通系统运行的效率和优化的可能性；对于智能交通系统软硬件开发人员（或集成商）而言，智能交通系统技术则主要是附加在交通系统基础设施之上的软硬件设备；对于一位市长而言，智能交通系统应当是关乎民生和安全，乃至城市或地区社会经济的发展。而事实上，智能交通系统的发展过程中应当综合考虑前述的多个方面，综合考虑多类用户的需求。

目前，智能交通系统本身正处于迅速发展时期，其内涵和外延都处于不断发展变化之中。在此根据对智能交通系统的理解，给出概念如下[1]：

智能交通系统由一系列用于交通运输系统的先进技术以及借助这些技术所提供的多种服务所组成。信息共享、系统整合、综合服务既是智能交通系统的本质特征，也是智能交通系统建设的根本目标。智能交通系统技术能使管理者、运营者以及个体出行者变得消息更灵通，相互间能够更协调，能够作出更明智的决策。通过智能交通系统的建设与实施，实现缓解交通拥挤，减少交通事故，降低运输成本，减轻环境影响，提高运输效率的目的，从而建立起安全、便捷、高效、舒适、环保的智能型综合运输体系。

《智能交通系统手册》中给出的概念为："智能交通系统是建立在通信、信息和控制技术及系统高度发达和深度应用基础之上的土木工程基础设施和信息基础设施协调一体的新运输系统，它是对通信、控制和信息处理技术在运输系统总集成应用的统称，其综合效益主要体现在提升交通系统的运转效率，有效地挽救生命，节约时间和金钱，降低能耗以及改善环境。"[2]

1.1　智能交通系统的发展历程

"二战"后发达国家社会经济的快速发展使得城市化、机动化的速度加快，到20世纪六七十年代，由于机动化的快速发展所导致的交通拥挤、交通事故、环境污染、能源短缺等问题已经成为众多发达国家和城市所面临的共同问题。20世纪70年代的石油危机进一步引发对综合交通系统发展的思考和探索，而信息技术的快速发展为改善综合交通系统的运行提供了新的可能。

从20世纪60年代开始，欧、美、日等发达国家和地区就开始不断探索先进的通信技术、信息技术等在交通运输领域中的应用。20 世纪 60 年代，美国就开始进行电子路径诱导系统的研究（Electronic Route Guidance System，简称 ERGS）；而在 1969 年，欧共体委员会就提出要在其成员国之间开展与交通控制相关的电子技术的研究与开发工作；在日本，1973 年，以通产省为主开发“汽车综合（交通）控制系统”（Comprehensive Automobile (traffic) Control System，简称 CACS），这些可视为智能交通系统的起源阶段。

进入 20 世纪 80 年代，信息通信技术的进一步发展推升了众多先进的交通系统的研究，80 年代中期美国加利福尼亚州交通部门研究的 PATHFINDER 系统获得成功，加速了智能交通系统的发展。1985 年，在法国的积极倡导和推动下，欧洲开始了一项名为“尤里卡”（Eureka）的高科技研究与开发计划，制定了包括交通技术在内的九大重点研究领域，包括以车辆的研究开发为主体的 PROMETHEUS（Programme for European Traffic with Highest Efficiency and Unprecedented Safety）研究计划和以道路基础设施开发为主体的 DRIVE 研究计划。1986 年，以奔驰汽车公司为主的欧洲 11 家汽车公司进行了民间主导的 PROMETHEUS 研究计划，确定了四个基础研究领域和三个应用研究领域。日本从 1984 年开始，建设省主持开发了“路车间通信系统”（Road/Automobile Communication System，简称 RACS）；从 1987 年开始，警察厅主持开发了“先进的车辆交通信息与通信系统”（Advanced Mobile Traffic Information & Communication System，简称，AMTICS）；1989 年，建设省又将 RACS 升级为“先进的道路交通系统”（Advanced Road Transportation System，简称 ARTS）。这些先进的交通系统的不断出现逐步推动着智能交通系统的诞生。

进入 20 世纪 90 年代，美、日、欧都逐渐开始了大范围的智能交通系统的研究，经过几年的发展，逐渐将名称统一为智能交通系统，并开始制定国家或地区层面的智能交通系统的体系框架及发展规划。

20 世纪 90 年代中期至今的约 20 年时间内，世界上众多的国家和地区都开始大力发展智能交通系统，不仅仅在发达国家和地区，众多发展中国家亦在学习借鉴发达国家经验的基础上针对各自的交通需求及交通问题，不断研究开发与建设满足各自需求及特点的智能交通系统，推动着本国或本地区智能交通系统的不断发展。到目前为止，智能交通系统的研究领域已经从最初侧重的交通管理、交通安全等领域发展到了面向全部交通运输方式及全体交通参与者，体现以信息、服务为核心的众多领域，智能交通系统渗入了综合交通运输系统的各个环节，在综合交通运输系统中发挥着全方位的作用。

1.2 相关技术的发展

作为一个曾经相对独立的领域，智能交通系统在过去数十年中得到了快速的发展，然而，信息化的迅猛发展使得各个领域的信息化之间的关系日益紧密，智能交通系统未来的发展也要受到整体社会领域信息化发展的影响，当前的信息化发展中有一些相对较新的新生事物，正处于快速发展过程中，这些领域的发展也将对智能交通系统未来的发展产生深远的影响，例如物联网、智慧城市、大数据等。

1.2.1 物联网

物联网这个概念从提出雏形到在全球被迅速认可并积极推进只是短短数年时间，时至今日，众多国家政府和业内企业都对物联网颇为重视，例如2009年IBM（International Business Machine）公司基于物联网提出了“智慧地球”的概念，美国政府将其作为刺激经济复苏的核心环节上升为国家战略，并预测今后10年，世界上物联网的业务将达到互联网的30倍。

笼统而言，物联网是指通过安装在物体上的各种信息传感设备，如射频识别（Radio Frequency Identification，简称RFID）装置、红外感应器、全球定位系统（Global Positioning System，简称GPS）、激光扫描器等，按照约定的协议，并通过相应的接口，把物品与互联网相连，进行信息交换和通信，从而实现智能化识别、定位、跟踪、监控和管理的一种巨大网络。[3]

由此可见，物联网大体上涉及了电子电路、仪器仪表（含传感器）、信息、通信、计算机、自动化、互联网等多个技术领域，涵盖的行业繁多，产品多种多样，应用形态渗透到生产、生活、社会的各个方面。因此，物联网被认为是实现物理世界与信息世界无缝连接的泛在网络。

2011年5月，我国工业和信息化部电信研究院发布的《物联网白皮书（2011年）》正式给出物联网的官方解释：物联网是通信网和互联网的拓展应用及网络延伸，它是利用感知技术与智能装置对物理世界进行感知识别，通过网络传输互联，进行计算、处理和知识挖掘，实现人与物、物与物信息交互和无缝连接，达到对物理世界实时控制、精确管理和科学决策的目的。

从物联网的概念来看，其在交通领域的应用强调将各类交通运输方式的基础设施、载运工具和交通对象统筹考虑。在未来物联网将作为智能交通系统信息采集的重要手段，有可能通过物联网的发展克服目前交通信息采集覆盖面不足、准确性不够等问题，为智能交通系统的运行提供全方位、实时的交通信息采集。在物联网背景下的智能交通系统，其采集的信息量将呈指数级增长[4]，而采集的时效性、处理的时效性等方面都会有较大的提高。

类似物联网的概念，近年来智能交通系统逐渐提出了车路协同系统、车联网等概念，极大地推动了智能交通系统的发展，具体介绍见第二章。当前在智能交通系统的发展过程中，包括在智能交通系统规划与设计过程中，必须充分注意物联网的发展以及对智能交通系统可能带来的潜在影响，以使智能交通系统的发展符合整个信息化社会发展的趋势。

1.2.2 智慧城市

“城市是人类社会发展的结晶，城市的经济、科技、生活方式、人居环境等社会要素的发展程度是一个国家（或地区）社会文明程度的集中代表。”[5] 作为城市化发展的崭新阶段，智慧城市是城市化发展与先进的数字技术的有机整合，如果将城市划分为两个部分，一个是物理世界，一个是信息世界，则城市的物理世界和信息世界的互动推动了智慧城市的发展，为城市的发展变革创造了新的动力。[6]

2009 年，IBM 首次提出“智慧地球”的概念，之后明确“智慧城市”的策略，并在世界不同城市不同领域推进智慧城市的建设。在我国，则提出了“感知中国”的概念，虽名称有所差异，但核心基本一致，都是强调充分利用信息通信技术，通过检测、分析、整合城市运行及其核心系统的各类信息，对城市运行的各类需求作出智能响应，通过优化现有资源，提供更好的服务以促进城市的可持续发展。

智慧城市的概念从提出后就得到了迅速的发展，世界多个国家和城市都提出了各具特色的智慧城市的发展路径。例如日本政府 2009 年制定的《i-Japan 战略 2015》[7]，该战略旨在到 2015 年实现以人为本，“安心且充满活力的数字化社会”，并由此推进整个经济社会改革，提高数字创新能力，提高个人和社会整体的活力。我国亦通过各类智慧城市试点城市项目的建设等掀起了一股智慧城市建设的高潮。

智慧城市的建设涵盖城市生活的方方面面，包含经济社会的多个领域，而其中智能交通（或智慧交通）是智慧城市的重要组成部分，目前来看，智能交通系统也是智慧城市发展中较为成熟和有实际效果的系统之一。

一方面，通过基于无线宽带技术、移动智能终端等基础逐步发展起来的智慧城市在未来将能够对城市的各个方面（基础设施、运行状况、市民活动等）进行全面的监控，庞大的各种信息来源将为智能交通系统的发展和建设提供相应的信息来源，例如近年来基于手机的数据已经在智能交通领域获得了较大的发展，通过手机数据来获得出行行为信息、实时交通状况信息、推断交通事件信息等，已经为智能交通系统提供了一种特定的数据来源。

另一方面，智能交通也是智慧城市的重要信息来源，智能交通系统所建设的各类交通流信息采集系统、出行行为信息采集系统等能够为分析城市居民的出行特点、活动范围、发展趋势等提供良好的数据支撑，例如将海量的出行数据与土地利用、商业活动等进行关联分析，发现城市的规律以及市民的活动趋势等，从而为城市规划、土地利用优化、社区发展、行业经济发展等提供支撑。

因此，在未来的智能交通系统发展过程中，必须从智慧城市的高度去考虑城市或地区的智能交通系统的发展定位、目标及发展途径，将智能交通作为智慧城市的有机组成部分，以实现智能交通与智慧城市的和谐发展。

1.2.3 大数据

我们的时代已经在逐渐进入大数据时代：数据即资源。同样，交通领域近年来也面临着数据激增的问题，尤其是近年来视频检测技术、浮动车检测数据、手机定位数据以及各类社交数据的激增，使得智能交通系统的发展必须回答一个问题：这些日益激增的数据是否能够真正发挥当前已有交通系统基础设施的更大能力？无论大数据的特点是什么，更为重要的是如何从大数据中挖掘对交通发展有价值的成果。

从哲学的范畴考虑，现实世界的复杂性起源于两个动因，一是作为行为主体的人和其所处位置的多重性，这种多重性远比一个研究者凭借其自己的经历所能够无困难地鉴别、意识到的“多重性”多得多；二是人的个人行为对决策的影响和作用的重要性[8]，这“多重性”问题可以用数量化资料（如果能够获取相关资料）进行适当处理而获得对其的正确认识和处理。在道路交通系统中，“人”（交通参与者）的行为对道路交通系统的状态影响最大[9]，因此如果能够通过数量化的资料将“人”对道路交通系统的影响进行计算和认识，则将非常有助于从本质上认识道路交通系统的运行和演化。

在城市交通领域，对于众多城市而言，多年来安装的逐渐增加的检测器积累了大量的历史数据，同时，当前多种的检测手段又可以获得海量的实时数据，这些数据可以进行整合、分析，从而挖掘交通系统运行的基本机理，监控交通系统运行的实时状态，预测交通系统的发展趋势，从而改进整个交通系统运行的效率性和安全性，这是智能交通系统对大数据技术的一些期待。

大数据的主要特点：①全样性，之前交通系统中获得数据的手段多是抽样调查或断面检测，往往只能覆盖全样中的较小比例，而大数据的一个特点就是全样性，在能够获取近乎全样的某类交通数据的情况下，则可以更为精准地对交通系统的特性进行分析；②预测价值的体现：大数据的一个价值的体现就是对事物的预测功能，而在实际的道路交通系统运行、管理中，如果能够对交通系统的发展变化进行较为准确的预测，则可以采取更为恰当的信息服务内容和交通管理措施等，从而保证交通系统的高效运行。

当前，大数据技术已经对物流业带来了明显的影响，能够对供应量及物流系统进行预测。而在交通领域的其他方面，大数据分析技术也在揭示交通运行规律、进行预测等方面逐步体现出其相应价值。

未来在智能交通系统领域，大数据技术或可以带来如下的一些潜在效益：

1）能够更准确地分析城市日常交通出行特性，把握交通出行需求，包括以出行者为单位的出行规律与机理的研究及多因素的相互影响，以及基于机动车的出行规律与机理的研究，例如获得实时的分布矩阵并对未来的分布矩阵进行预测等。

2）对公交及轨道运营带来益处，目前通过公交 IC 卡每天实时采集的海量信息，可以对公交及轨道的运营进行越来越准确的把握和预测，从而能够通过实时调整运行策略（如安排越站停靠等方式）进行更好的调控。

3）在异常事件发生时，例如在交通事故、恶劣天气、意外的交通需求等状况下，更多的数据可以让管理部门更快地作出反应。

智能交通系统未来发展的一个任务就是要充分整合大数据和先进的计算技术，去寻找道路交通系统中存在的规律，去回答道路交通系统“是什么”的问题，进而回答“为什么”的问题，从而用以求解目前难以解决的甚至未知的道路交通问题的科学技术。

1.3 智能交通系统的生命周期

从事物发展演变的角度看，任何事物都有其产生、发展、成熟、消亡（或更新）的过程，某个智能交通系统也不例外。某个智能交通系统在其应用过程中将随着其周围环境的变化（例如新的需求、新的技术手段等的出现），要不断进行升级、维护、修改，而当某个智能交通系统不再适应新时期的需求时，就会被淘汰，就要由更新的系统来代替老旧的系统，这种周期循环可称为智能交通系统的生命周期。图 1-1 表示了智能交通系统的生命周期。

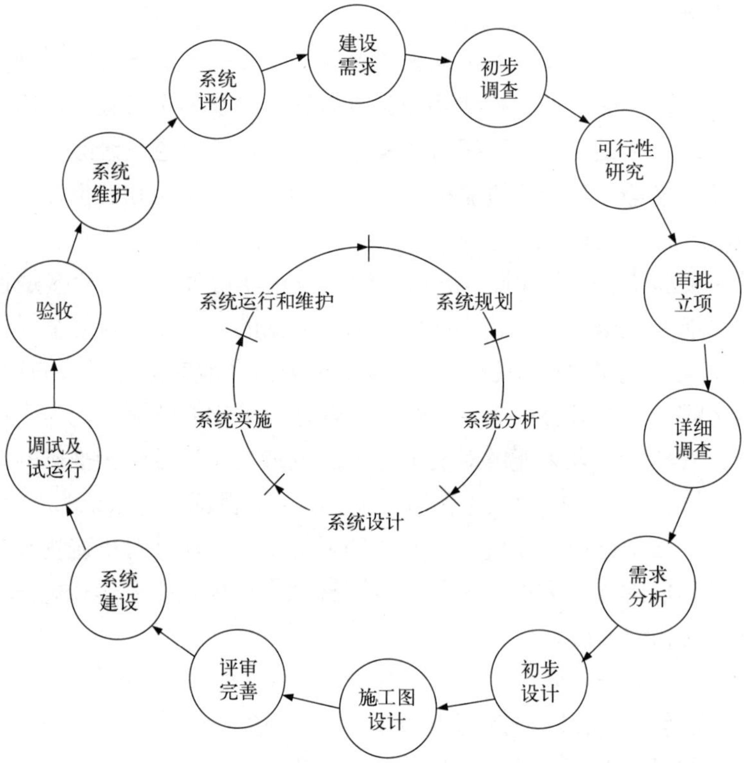

图 1-1 智能交通系统的生命周期

从图 1-1 可见，智能交通系统的生命周期可以大致划分为系统规划、系统分析、系统设计、系统实施、系统运行和维护五个阶段。通过研究、分析、评价及制定发展计划来规划智能交通系统，同时基于完善的设计进行智能交通系统的全面实施和运营维护应用，整个过程是一个连续推进的过程。同时还需要注意到的是，由于在智能交通系统的实施及运营维护中会产生新的需求，因此，整个智能交通系统的生命周期中会存在前后反馈的过程。

1.3.1 系统规划阶段

作为智能交通系统生命周期的最初阶段，系统规划阶段的主要任务是对智能交通系统的使用单位和服务用户的环境、目标及现有相关系统的状况进行初步调查，根据交通系统的发展战略及具体目标，确定智能交通系统的发展战略及目标，对将要建设的智能交通系统的总体需求进行分析并对未来技术发展进行预测，同时考虑社会经济的发展及城镇化、机动化等影响智能交通系统发展的各种约束，通过可行性分析研究回答智能交通系统建设的必要性和可行性，制定出智能交通系统发展的路线图，形成支撑城市或地区智能交通系统发展的总体规划方案。

1.3.2 系统分析阶段

系统分析阶段的任务是根据可行性研究所确定的系统建设的范围和内容，对现有相关系统进行详细调研，对智能交通系统所要建设的环境、交通系统的现状、社会经济及机动化发展状况等进行详细调查，在对现有相关系统详细分析的基础上指出现有系统的局限性及不足之处，确定所要建设的新的智能交通系统的基本目标和系统需求，故该阶段可以称为需求分析阶段。需求分析阶段是整个智能交通系统建设的关键环节，通过系统需求分析明确系统的性能需求、功能需求等方面，从而可以形成系统需求分析报告说明。系统需求分析既是下一阶段系统设计的重要指导性文件，也是与用户进行沟通的辅助文件，用户通过需求分析报告了解未来系统的性能、功能，并进一步判断确定是否为所需要的系统。系统需求分析报告一旦由用户和设计单位共同讨论通过，就是下一步系统设计的依据，也是将来系统建设、验收的指导性文件。

1.3.3 系统设计阶段

概括而言，系统分析阶段的任务是回答所要建设的智能交通系统“做什么”的问题，而系统设计阶段要回答的问题则是系统应该“怎么做”。系统设计阶段是智能交通系统建设成功与否的关键阶段。该阶段的主要任务是根据系统需求分析报告中规定的智能交通系统的功能要求、性能要求等，考虑系统实施的实际条件，具体设计实现系统功能、性能的技术方案，也即设计新系统的物理模型。在该阶段将确定系统的功能、架构、设备、指标、评价方法等内容，该阶段的成果是“系统设计说明书”，包括设计方案、图纸、概预算等。

1.3.4 系统建设阶段

系统建设阶段是将设计的智能交通系统付诸实施的阶段。这一阶段的任务包括内外场设备的购置、安装和调试，智能交通系统软件的编写和调试，人员培训，数据的整合与共享，系统升级、调试与转换等。由于智能交通系统往往涉及多类设备甚至多个部门，故在该阶段往往是多个相互联系、相互制约的任务同时展开，例如基本的土建工程、外场设备的安装与调试、内场软件平台的调试、内外场设备软件的通信联系等，因此，智能交通系统的建设阶段需要精心安排、合理组织。

1.3.5 系统运行和维护阶段

智能交通系统经过测试、试运行后，将正式投入运行，在系统正式运行之后，一方面需要对系统进行经常性的维护与更新，以保证系统性能、功能的有效发挥；另一方面需要结合系统设计阶段所确定的评价方案，对智能交通系统运行的效果进行综合评价，包括社会、经济、技术、效率、安全等方面的内容。

1.4 智能交通系统的规划与设计

在智能交通系统的发展过程中，与智能交通系统的发展密切相关的各类利益相关者拥有广阔的视野是非常重要的，因此，必须从整体的、系统的角度去看待智能交通系统。如果只是单纯实施一些新技术，无论这种技术多么精巧，多么强大，也无法独自解决交通系统的问题。因此，智能交通系统的发展需要系统性、持续性。而为了有效地支撑智能交通系统的系统性发展，需要有相应的科学规划与项目设计，以保证智能交通系统的可持续发展。成功的智能交通系统的实施需要有系统化的规划和满足用户需求的设计过程，通过规划、设计的过程实现新建系统与已有系统的集成，实现对市场机遇、技术发展、系统规范与标准等的认识和把握。

1.4.1 智能交通系统规划

一个城市或地区成熟的、集成的智能交通系统必须通过一定的时间逐步形成，因此，城市或地区可以通过制定一个智能交通系统发展规划为本地智能交通系统的发展提供方向，并奠定良好的基础。

作为城市交通规划的重要组成部分，智能交通系统规划是保证智能交通系统可持续发展的重要措施。智能交通系统发展到目前阶段，已经具有相当的基础，但是未来依然有较大的提升空间，在此情况下，通过智能交通系统规划协调各个智能交通系统之间的联系，明确各个智能交通系统的任务和要求，使各个智能交通系统之间密切配合、相互补充、协同发展，形成高效、科学的综合性智能交通系统。

确立与城市或地区社会经济、机动化水平、出行特点等相适应的智能交通系统的发展战略与定位，是智能交通系统建设取得成功的关键。智能交通系统发展规划在保证智能交通系统项目之间的一致性和协同性、投资的连贯性以及公共服务和新资源的系统性发展方面具有重要的作用[2]。

判断现状和趋势，科学地选择发展路径，是智能交通系统规划最主要的工作。智能交通系统规划主要需要回答智能交通系统发展中的三个问题：①当前在哪里，即目前智能交通系统发展状况的定位；②未来向哪里去，即城市或区域未来智能交通系统的发展目标；③应该怎样做，即从定位到实现目标应该沿着什么路径推进。

智能交通系统规划阶段的主要内容是：

1. 明确智能交通系统的发展战略

智能交通系统的发展战略必须与智能交通系统所在地区或城市的社会经济发展战略、综合交通系统发展战略等协调一致。在全国或区域性智能交通系统体系框架的指导下，结合所在区域或城市的社会经济发展水平、城镇化及机动化水平、当前交通系统中所存在的问题及城市总体规划、综合交通系统规划等所确定的未来综合交通系统的发展目标，明确智能交通系统的发展方向。

通过调查所在地区或城市的发展目标及发展战略，评价现有相关系统的功能及应用状况，分析地区或城市社会经济发展目标、综合交通系统发展目标对智能交通系统发展的需求，从而确定智能交通系统的发展使命，确定智能交通系统发展的战略目标、发展原则及相关政策等。

在制定智能交通系统发展战略的时候必须注意智能交通系统的发展要与所在地区或城市的总体发展政策背景相协调，要与各行业、各类公共政策相协调。

2. 制定智能交通系统的总体框架

基于所明确的区域或城市智能交通系统的目标及发展战略，在调查分析现有交通系统、用户及使用者等方面需求的基础上，提出智能交通系统的总体架构，包括逻辑架构、物理架构、通信架构等，明确智能交通系统的主要功能、性能。

在制定智能交通系统发展战略和框架时，要注意确定所在地区或城市当前的发展程度，以便作为今后一个量化评价的基准。

3. 制订智能交通系统建设的资源分配计划

结合智能交通系统发展的阶段性目标，确定智能交通系统及应用项目的建设计划及时间安排，并确定相应的系统建设的概算。

在进行智能交通系统项目建设时序的安排中，需要考虑如下几项因素：①项目效益如何：虽然智能交通系统中的相当一部分是由政府公共部门投资且直接经济效益较小而更多体现的是社会效益，但在进行智能交通系统发展过程中，受制于资金的约束，在项目排序上亦需要切实考虑项目未来的收益情况；②是否有足够的人才及环境的支撑：有时有些智能交通系统项目的实施受制于人才的局限而需要调整实施的时序；③一些政治因素，例如项目的知名度、项目为广大民众所接受的程度等，例如部分城市所探讨的拥堵收费系统，虽技术方面国际上已有成熟的应用，但是从政治上而言一定程度上却不为公众所接受。

4. 其他影响智能交通系统发展的因素分析

在制定智能交通系统发展规划过程中，还需要对一些体制、制度等方面的因素进行充分的考虑与分析，例如，对于某城市或地区的智能交通系统发展，哪个部门适合在智能交通系统发展中承担领导地位？或者哪些部门适合领导哪些智能交通系统的实施？哪些具体的组织、运营模式适合哪些智能交通系统或部门？实施智能交通系统是否需要成立新的部门？智能交通系统的实施需要哪些部门间的协调？目前存在的问题及困难如何？如何对现有体制、机制进行调整以适应未来智能交通系统的发展建设？

以融资模式为例，由于有时政府部门并未具有独自投资实施智能交通系统的资金能力，因此，当前智能交通系统领域国内外出现的运营模式包括多种[2]，如BOT（建设—运营—移交）模式、特许经营权、系统租赁、采购代理等方法，在智能交通系统发展规划中可以结合城市或地区的特点来分析选择恰当的运营模式。

在我国，几乎全部的交通基础设施都是由公共部门所负责，而在车辆、运输经营等方面则有私人机构参加完成，因此，在制定智能交通系统发展规划的过程中，需要注意的是要将未来实施智能交通系统的有关机构（包括公共机构、私人机构甚至一些非营利机构等）整合进整个智能交通系统发展规划中，争取得到这些机构的支持，从而有助于明确智能交通系统的发展愿景，而这一愿景需要政治、技术、资金等全方位的支持。

1.4.2 智能交通系统设计

在智能交通系统建设前，往往需要在智能交通系统规划的指导下进行智能交通系统的设计，以更好地指导智能交通系统的招标、建设实施及应用等工作。

智能交通系统的设计即根据对所要建设的智能交通系统的需求分析为新建系统制定技术实现方案，要根据实际的技术条件、经济条件和社会条件，确定系统的实施方案，提出系统的物理模型。系统设计主要包括如下主要内容：

1. 需求分析

在对智能交通系统发展规划、其他相关规划及区域或城市综合交通系统、已有智能交通系统发展现状的分析基础上，明确所设计的智能交通系统服务的目标和对象，对所要建设的智能交通系统的需求进行分析，包括功能需求（即回答系统“做什么”的问题）、性能需求等方面，形成支撑系统设计的需求分析基础，并随之确定相应的系统建设目标、原则、思路等内容，以指导具体设计工作的开发。在需求分析中应当考虑当前或未来规划层面上特殊的本地需求以及所设计系统的协作方面的需求。

2. 初步设计

初步设计是具体设计工作的第一阶段，初步设计依据包括国家和地方相关法律规章，现行国家标准、行业标准和地方标准，需求分析结果，上位规划等。

初步设计包括初步设计方案、初步设计图纸、主要设备和材料设计要求和工程概算四部分内容。其中，初步设计方案包括总体设计、数据设计、接口设计、通信设计、安全性设计、设备选型设计等内容。

初步设计方案中的总体设计针对顶层的体系架构设计以及系统的分解和相互间结构，即通过进行系统的框架性总体设计确定系统的总体架构。总体架构主要描述系统的结构，即系统的组成元素及其关系，这里所说的组成元素将包括各类系统硬件、软件及数据。

具体而言，总体设计主要确定系统总体结构和总体功能。

（1）系统总体结构设计

从最高层面对系统划分和组成成分进行规定，确定系统总体的物理架构和逻辑架构，例如确定系统是否是分布式模式等。

（2）系统总体功能设计

从宏观层面确定所设计的智能交通系统能实现的主要功能，包括与其他系统之间的接口及服务，及明确所设计的智能交通系统与其他外部系统信息交换的管理和方法等。

初步设计方案中还需要阐述清楚系统的数据设计、设备选型设计、通信设计、安全性设计、供电设计、防雷与接地设计、环境适应性设计、人机交互设计（用户界面设计）等技术细节的内容。必须有系统的具体接口或服务的设计，例如其他系统要向设计的系统发送消息请求某种服务，则需要对该系统确定对外提供的具体服务、服务的操作、输入参数及回复消息等进行明确。

3. 施工图设计

施工图设计是具体设计工作的第二阶段，主要面向工程具体开发实施，施工图设计依据主要是经批准的初步设计文件。施工图设计包括施工技术方案、施工图纸、设备材料清单、工程预算书四部分内容。

（1）施工技术方案

应在初步设计技术方案的基础上增加或细化系统功能和性能，设备选型和技术指标，接口和数据设计等内容。

（2）施工图设计图纸

应在初步设计图纸的基础上增加以下内容：

①中心大厅、会议室、机房等功能区设备接线图；

②外场系统设备基础、杆件、管道、窨井等设施结构设计图；

③外场系统设备接线图。

（3）设备材料清单

根据初步设计的主要设备和材料设计要求及施工图设计图纸，拟定设备材料清单。

（4）工程预算书

根据初步设计的工程概算、施工图设计图纸、设备材料和工程量清单等制作工程预算书。

本章参考文献

[1] 陆化普，李瑞敏，朱茵编著．智能交通系统概论 [M]. 北京：中国铁道出版社，2004.

[2] John C.Miles，陈干主编．智能交通系统手册 [M]. 王笑京译．北京：人民交通出版社，2007.

[3] 桂劲松．物联网系统设计 [M]. 北京：电子工业出版社，2013.

[4] 邹力主编．物联网与智能交通 [M]. 北京：电子工业出版社，2012.

[5] 唐建荣，童隆俊，邓贤峰等．智慧南京：城市发展新模式 [M]. 南京：南京师范大学出版社，2011.

[6] 汤森著．智慧城市：大数据、互联网时代的城市未来 [M]. 赛迪研究院专家组译．北京：中信出版社，2015.

[7] 于凤霞编译．i-Japan 战略 2015[J]. 中国信息化，2014（13）：13-23.

[8] 刘妙龙，李乔．从数量地理学到地理计算学——对数量地理方法的若干思考 [J]. 人文地理，2000，15（3）：13-16.

[9] 贺国光编著．ITS 系统工程导论 [M]. 北京：铁道出版社，2004.

第二章　智能交通系统发展状况

智能交通系统的概念从明确至今已逾 20 多年，在这 20 多年的时间内，支撑智能交通系统发展的关键技术领域之一——信息通信技术得到了飞速的发展，传感技术、宽带通信技术、移动互联技术等已经发生了翻天覆地的变化，由此使得智能交通系统的发展在传统领域的基础上不断更新，例如车车通信、车路通信的快速发展，同时智能交通系统发展的目标亦随着社会经济的发展而不断升华，智能交通系统日渐重视协作、环保、以人为本、可持续发展等。本章主要结合一些智能交通系统的发展案例概略性地介绍近年来国内外在智能交通系统发展方面的一些内容①。

2.1　国外发展

在日本，自从最初的智能交通系统体系框架确定了其 9 个主要的发展领域后，日本智能交通系统的发展不断推进，并形成了独有特色的几大系统，例如 VICS（Vehicle Information and Communication System，车辆信息与通信系统）、UTMS（Universal Traffic Management System，通用交通管理系统）、Smartway 等。日本 ITS Japan 在 2013 年 10 月发布的“Proposal of Future Creation through ITS”[1] 中针对 2030 年日本社会所需要的交通需求以及 2030 年的交通系统需求，提出了从如下方面进行智能交通系统的发展和服务，包括由先进的驾驶支持系统实现零事故、零拥堵；利用移动信息服务技术解决相关交通问题；进行多模式运输的革新以维持城市的可动性；实现道路交通的综合管理；实现物流的高效化和能源利用的最优化，以及不断推进国际合作等。

欧洲的 ERTICO（European Road Transport Telematics Implementation Coordination Organization）则将欧洲近年来的智能交通系统的研发归拢为三大类：Clean Mobility、Smart Mobility、Safe Mobility，实际上体现了未来智能交通系统发展的三个主要目标：清洁、智能、安全，而相关研究则是从车、路等多个角度、多个层面开展各类智能交通系统的研究工作。

2.1.1　总体趋势

美、欧、日作为世界经济发达国家和地区，在智能交通系统的发展过程中基本处于引导者的位置。近年来，在迅速发展的信息通信技术的支撑下，结合当前全球环境、能源、

① 本章部分内容来自：陆化普，李瑞敏．城市智能交通系统的发展现状与趋势 [J]. 工程研究——跨学科视野中的工程，2014，6（1）：6-19。

居民需求等方面的现状，智能交通系统的发展呈现出一些新的特点和模式。

1）智能化依然是智能交通系统发展不变的主题之一。相对于过去的智能交通系统，当前的以车联网（或车车通信、车路通信）、自动驾驶、大数据分析等为特征的新一代智能交通系统将交通系统的智能化水平提高到了一个新的层面，未来在高速移动无线通信技术的支撑下，交通系统的多个要素之间可以实现实时的“对话”，驾车者（出行者）、车辆、基础设施实时交互可以形成相互连接和互动的协作化的整体系统。

2）安全是近年来智能交通系统日渐凸显的主题之一。日益发展的检测技术在车辆上的综合应用提高了辅助驾驶的水平和危险预警的能力，高速移动无线通信技术的发展使得车车通信、车路通信成为可能，从而使得车辆主动安全技术不断被应用和推广；而在交通管理方面，通过提高交通信息服务的实时性，提高应急救援响应速度，应用更为先进的交通管控技术等从管理的层面不断提高道路基础设施的安全性以及应急响应救援水平，从管理的层面提高交通安全水平。

3）节能环保成为智能交通系统的新亮点[2]。节能环保本为智能交通系统发展的主要目标之一，近年来结合全球能源环境形势，各国在智能交通系统的发展过程中又进一步加强了对节能环保的重视，国际智能交通界提出了生态智能交通（eCoITS）的概念和开发项目，如欧洲的 eCoMove、美国和日本的 EnegyITS 等。欧洲的生态交通（eCoMove）项目的目标是将交通信息、能耗信息和驾驶建议等同时提供给驾驶员，通过驾驶员调整驾驶方式和行驶路线以实现节能 20% 的目标。生态智能交通的高级目标是在智能驾驶和自动驾驶系统中将能耗和排放指标作为系统的控制参数之一，在保证安全的前提下，实现车辆行驶速度和能耗双指标最优控制。

2.1.2　典型系统

1. 智能交通管理系统

智能交通管理系统是智能交通系统的最重要组成部分，也是城市智能交通系统的重要基础部分。自从 20 世纪 70 年代世界各大城市开始建设联网信号控制系统以来，众多大中城市形成了以信号控制系统为核心的城市智能交通综合管理系统。同时，高速公路较为发达的国家和地区也形成了覆盖高速公路的智能交通管理系统。

智能交通管理系统的发展趋势主要体现在集成性、预测性、主动性、实时性等方面，即集成了众多交通管理功能，并基于全面的检测信息及预测分析进行主动性交通管理，摆脱被动适应性管理的滞后性，如日本目前不断发展完善的 UTMS’21（Universal Traffic Management System）[3] 就是很有代表性的案例之一。目前东京、柏林、伦敦、新加坡和我国的香港等众多城市均形成了智能交通综合管理系统。

（1）UTMS’21

UTMS’21 致力于实现“安全、舒适和环境友好的交通社会”。它以先进的控制系统为中心，以现有的交通控制系统为基础发展而成，对交通流进行全面的管理。UTMS’21 的核心是在车辆与控制中心之间实现交互式双向通信，通信系统使用红外线信号标杆（光信标，infrared beacon）。UTMS’21 的最终目标是实现主动管理，通过管理中心将交通需求和交通流信息准确无误地传给驾驶员（车辆），以避免交通阻塞，实现先进的管理信息系统。UTMS'21是实现日本智能交通系统从理想走向现实的系统之一，比过去的交通控制系统更加复杂，更加智能化，是目前世界上智能交通系统领域最先进的系统之一。

UTMS'21以集成的交通控制系统为中心，由11个子系统组成，分别在整个交通管理系统中发挥着不同的作用，其系统结构如图2-1所示[3]。

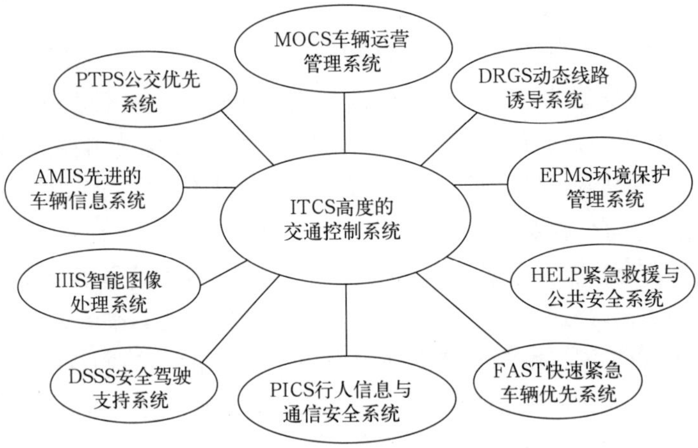

图2-1　UTMS'21系统概念图

（2）城市交通管理系统

以柏林为例[4, 5]，通过公私合作机制，柏林交通控制中心利用线圈、视频、浮动车等技术建立了覆盖道路、公交、出租车等多模式交通的立体化检测系统，其目标是将柏林所有的交通要素集成到一个高效的城市交通管理系统中，包括私人和公共交通、商业运输等。

在2003年第一期工程完成时，50个视频摄像机及200多个红外检测器被安装在了柏林路网的关键地点，所有的检测信息都被传输到交通控制中心，以便实时掌握道路交通运行状况（包括各设备运行情况）。此后，检测范围不断扩大。而柏林交通控制中心则基于综合检测信息实现交通信号控制优化、可变车道管理、可变限速管理、实时信息服务（广播、可变信息板、车载终端等多种方式）、勤务管理、大型活动管理、公交优先信号等多种交通管理功能。

当前，作为欧洲最大、最先进的交通控制中心之一，柏林交通控制中心监控了柏林超过1500km的道路网络；监控并可实时调整柏林市约2000个交叉口的信号控制；通过主要设置在柏林高速公路上的9个可变信息板系统，进行实时交通信息的发布，并且将交通信息实时传输到区域主管部门。

同时，柏林交通控制中心提供多类在线的信息服务，包括为私人及公共交通提供路径规划、实时交通状态信息及停车服务等。柏林三大机场的到离港航班信息亦实时显示在交通控制中心的服务网站上。而2005年西门子公司在柏林建设的无需咪表的停车系统允许用户使用手机支付，取得了显著的成功。

柏林交通控制中心是德国第一个能够提供多模式动态路径规划服务的系统，可以将私人交通与公共交通整合到一次出行路径中，以便出行者能够规划其最合理的出发时间。同时也集成了交通事件及道路施工的信息。随着手机设备及卫星定位系统的逐渐普及，相关信息可以直接下载到用户的车辆导航系统或手机中。

柏林交通控制中心可以通过覆盖全部交通基础设施的交通数据来进行短期、中期、长期的交通流预测。通过使用一个交通仿真程序，柏林交通控制中心能够提供未来15～30min的交通状态预测，并且每5～15min更新一次当前估计状态及交通流预测信息。

柏林交通控制中心的系统由多个不同模块组成，如在交通预测中，采用MONET/VISUM-online模块来进行交通状态的生成及预测，MONET（MOdeling NETworks）存储了统计及动态的数据，并且通过分析交通状态来生成相应的信息，能够预测交通流量、旅行时间及网络通行能力。通过中心网络信息服务，出行者可以获得如下信息：柏林当前的交通状态、施工地点、重要的交通相关的事件及活动、基于交通状况的路径规划、柏林机场的到离港航班信息、公共交通时刻表、停车信息、城市地图服务等。

同时，通过采集柏林道路网络中关键点的实时交通流数据及环境数据，并将其整合进一个交通控制中心的决策支持系统，可以预测柏林每条街道的污染情况。

2006年8月德国举办世界杯足球赛期间，柏林启动了基于空中摄像机的交通检测手段。基于空中摄像机，通过专用分析软件Traffic Finder，可以实时获得自动的、实时的交通数据。

（3）跨部门协作的交通管理系统

对于一个城市或区域的交通管理而言，往往很多情况下在某一时段需要多个部门的协同参与。近年来，基于智能交通管理系统的不断发展，这一需求逐步得到满足。

例如，对于高速公路智能交通管理系统，近年来的一个趋势是跨区域、跨路网、跨部门的联合管理，尤其是在紧急情况下。如美国东部地区的I-95号州际高速公路形成了I-95通道联盟[6]，其愿景是使得该区域内的交通网络更加安全、有效及多模式间的无缝衔接，并且能够以环境友好的方式支持经济的增长。该愿景主要通过三个策略实现：相互学习及信息共享，信息管理，方便跨辖区及跨交通模式的部署及管理。此三方面亦是未来高速公路网络智能交通管理系统的发展趋势和重点。

对于跨部门的协同管理，在此以TranStar为例介绍。休斯敦的TranStar是哈里斯县四个主要的交通和紧急事件管理部门之间的一个合作项目[7]。这四个部门包括得克萨斯州交通局（Texas Department of Transportation，简称TxDOT）、哈里斯县都市公交管理局、哈里斯县及休斯敦市政府。休斯敦TranStar是第一个将交通管理和紧急事件管理功能包含于一体的交通管理中心，在大休斯敦地区的出行管理中扮演着核心的角色，在全美以至全世界被认为是跨越不同城市部门界限整合资源的典范。

休斯敦TranStar及其兄弟部门的任务是通过联合运用合作者间的资源来提供高效的交通和紧急事件管理服务，从而使公众的出行安全及机动性最大化。其主要功能包括交通管理、紧急事件管理、事故管理和旅行者信息管理。

2. 交通信息服务系统

经过多年的发展，国外的道路交通信息服务系统结合各国家和地区的特点已基本成熟，目前处于大规模应用及不断提高精度的阶段。除由道路可变信息板（固定及移动式）所提供的实时道路交通信息服务外，美、日、欧等地亦根据各自的技术基础等条件形成了各具特色的覆盖全路网的实时道路交通信息服务。而近年来移动智能终端的发展及车载终端的进步亦大大推动了交通信息服务系统的发展。

（1）日本

除了一些公司提供的车辆导航信息服务系统外，日本的实时交通信息服务以 VICS 最为典型[8]。截至 2014 年年底，日本已累计销售 4600 多万台 VICS 车载终端。通过日本都道府县的警察部门及道路管理者采集的各类交通信息首先汇集到日本道路交通信息中心，随后传输至 VICS 中心。同时，其他相关信息，如天气等，也传输到 VICS 中心。基于整合后的信息，VICS 中心形成向出行者发布的各类信息，并通过多种方式发布。

VICS 提供交通信息的三种技术途径为：电波信标——主要覆盖高速公路；光信标（红外信标）——主要覆盖一些主要的普通公路；FM 多频广播——主要覆盖城市地区等。当前 VICS 所提供的信息类型主要有五类：堵塞信息、旅行时间、交通障碍（事故、施工）信息、交通管制信息、停车场信息。这些信息通过图形及文字的方式在车载终端进行显示。

VICS 显示信息的方式有三种途径：文字表示型——以纯文字的方式显示上述的各种信息；简易图形型——以简易图形的方式显示各类交通服务信息，其图形非真实地图形式；地图显示型——以真实的地图为基础进行实时交通信息的显示。

（2）欧洲

欧洲则基于数字广播，形成了覆盖全欧大部分地区的 RDS-TMC（Radio Data System-Traffic Message Channel，广播数据系统—交通信息频道）交通信息应用系统，并通过该系统提供多类交通信息服务。RDS-TMC 技术起源于欧洲，同时也在欧洲应用最为广泛。从 1994 年开始，至今全球已有数十个国家和地区实施了 RDS-TMC 项目[9]。

RDS 是 1984 年由欧洲广播联盟（European Broadcasting Union，简称 EBU）制定的数据广播系统的欧洲规范。与中波相比，RDS 城市交通信息广播的主要特点是，利用现有的调频广播资源，通过在广播信号里插入数字码实现，只需少量的投资即可建成广播发射端。而 TMC 是一个数字编码系统。RDS-TMC 是采用 RDS 技术实现信息发布的应用之一。

RDS-TMC 的数据内容可以包括电台类型、节目类型、交通公告、广告信息、标准时间、天气预报等，同时提供了开放式数据接口，为特殊要求用户提供数据文本应用通道。接收 RDS-TMC 需要一个特别的无线电接收机，其最主要部分就是 TMC 卡，该卡包含了具体的路线信息等。

RDS-TMC 的功能主要包括导航、信息服务及定位。标准的 TMC 用户报文可以提供以下 5 类基本广播信息：

1）事件描述，天气状况或交通问题及其严重程度的详细资料；

2）受影响的位置、区域、路段或点位置；

3）方向和范围，指出受影响的相近路段或点位置，以及影响的交通方向；

4）持续时间，问题预计的持续时间；

5）分流建议，建议驾驶员寻找替代路线。

近年来，为克服 RDS 的传输速率的瓶颈，DAB（Digital Audio Broadcast）-TMC 交通信息应用开始在欧洲崭露头角。

（3）美国

美国则形成了近乎覆盖全国的 511 电话交通信息服务系统。通过该电话系统，出行者可以获得每数分钟更新一次的道路状况、事故信息、交通天气信息等相关服务。在联邦政府的支持下，美国各地分别建设了覆盖本地区的 511 系统。[10] 511 交通信息服务系统目前已经扩展到了多种信息服务方式，可以通过拨打 511 免费电话获得语音服务，也可以登录 511 网站获得相关信息，亦可采用智能手机终端 APP 获得相关信息。

同时，各地所建设的 511 系统所提供的信息亦涵盖了众多领域，以旧金山湾区的 511 系统为例[11]，可以通过 511 系统获得公交信息（包括公交运行时刻表、公交运行路线、收费以及公交运行时段等）、道路交通信息（包括计算旅行时间、查看交通事故、施工等信息详情、查看拥堵等级及视频图像等）、共乘信息（511 RideMatch Service）、停车信息以及自行车相关信息，同时，还可以根据自己日常出行的路径定制自己的 511 信息服务。

（4）其他

除上述覆盖整个国家或地区的信息服务系统外，交通信息服务系统的另一发展趋势为，全球范围内逐渐形成一批较为有实力的提供交通信息服务的公司：第一类是专业的交通信息服务提供商，如 TomTom 等；第二类为 IT（InformationTechnology）业巨头，近年来一些 IT 巨头也开始涉足交通信息服务，如 Google、Apple、百度、阿里、腾讯等；第三类则为较大的汽车厂商，其结合车联网系统的发展，与专业交通信息提供商合作提供交通信息服务，如丰田公司下一代的 Entune 声音系统将提供预测的交通流信息及气象信息[12]。

除道路交通信息的提供以外，近年来随着智能手机的发展，或者说移动互联网的快速发展，基于智能手机的各类交通信息服务系统迅速涌现，例如基于手机 APP 的实时交通信息服务软件、公交信息服务软件（如提供公交实时到站信息等）、打车软件、拼车软件、租车软件、停车软件等，不仅仅能够实现信息服务的功能，亦可实现相关的其他功能。这种基于智能手机的应用“已经成为电信运营商、信息服务商乃至交通运营服务商均认同的一种商业模式”[2]。

3. 车联网系统

近年来车联网系统（如国外的 Vehicle-to-X）在各大汽车厂商的推动下及先进通信技术的支撑下获得了快速的发展。

日本的 Smartway 可视为较早的车联网系统的概念[13]：协作的车路系统，由道路、车辆、通信和处理系统所构成。Smartway 被设想为世界上最为安全的道路系统之一，在设想中这条道路将会包含以下特点：先进的通信设施不断向车辆发送各种交通信息；所有的收费站都无需停车，能以较快的速度通行；道路与车辆高度协调，道路提供必要信息，以使车辆进行自动驾驶。Smartway 能够整合各种交通信息，从而提供安全、便捷、通畅的道路交通运输系统，对环境产生良好的效果。Smartway 实施的基础是目前日本不断发展的 VICS、ETC（Electronic Toll Collection）、AHS（Advanced Cruise-Assist Highway System）等智能交通系统。Smartway 平台能够实现多种应用，包括信息服务、安全驾驶支持、道路管理、停车设施和灾难预防措施等。

Smartway 是通过信息通信技术将车辆和道路连接在一起的平台，主要由车辆、通信和道路构成。Smartway 的主要功能包括：电子收费、多功能付费、浮动车数据采集服务、道路管理与运营、向驾驶员提供信息（如支持安全驾驶的信息、提示与警告信息、多用途信息、语音信息、交通拥挤与出行时间信息、停车设施信息）、网络连接、公共汽车定位、其他各类应用（如车辆诊断、“免下车”服务、进出控制及轮渡付款等）。

2007 年 5 月日本开始进行 Smartway 的测试工作，2007 年 10 月进行了 Smartway 的示范工作。2011 年 1 月，在 Smartway 研究成果的基础上，一个新的智能交通系统服务“ITS Spot Service”开始在东京都湾岸线（BayShore Routes）上实施。到 2011 年 3 月，这项服务已经扩展到了 1600 个点，主要集中在高速公路上。

2009 年 9 月美国国家高速公路和交通运输协会 AASHTO（American Association of State Highway and Transportation Officials）发布了“IntelliDriveSM Strategic Plan 2009”，明确指出了 IntelliDrive 系统的核心是车车（V2V）、车路（V2I）和车辆移动设备之间的高速网络。此后美国交通部主导开始了“Connected Vehicle”的相关研究，目前研究内容主要有三部分：①技术工作，如开发一个 Connected Vehicle 的技术框架，为 Connected Vehicle 的运行环境制定相应的标准，并且与欧洲、日本等展开合作研究，目前已开发完成“Connected Vehicle Reference Implementation Architecture”，详见第三章相关内容；②基于 Connected Vehicle 技术，进行安全、可动性和环境等方面的项目示范，如安全工作主要集中在 V2V 和 V2I 应用中，2012 年开始了较大范围的示范检验；③政策领域的研究，Connected Vehicle 技术的实施不可避免地具有很多复杂事项，其中很重要的一项就是安全系统，如安全证书系统等。2012 年美国对全美范围内 Connected Vehicle 在安全、可动性及环境等方面的应用开始逐步进行测试示范工作。

欧洲近年来也通过国家政府或欧盟等资助的项目在 V2V 和 V2I 的技术方面进行了大量的研究示范。2010 年 7 月发布的“ITS Directive”也将连接车辆与交通基础设施的技术研究与示范列为优先领域之一。其中，eCall 项目是一个泛欧的车内紧急呼叫系统，通过使用全欧统一的紧急号码 112，在事故情况下可以建立起欧盟范围内的相互协作。

在车联网方面，一项名为 simTD（Sichere Intelligente Mobilitt Testfeld Deutschland，安全智能交通——德国测试现场）[14] 的项目由德国汽车工业协会发起，多家德国汽车厂商（梅赛德斯—奔驰公司领导，宝马、奥迪、大众、福特、欧宝等参与）联合其他相关单位，于 2013 年 6 月完成大规模测试。该项目的核心是要建立一个完整的车联网体系，通过采用“汽车—物—网络通信系统”，将汽车与汽车、汽车与基础设施相互连成网络，及时提醒司机路面障碍、恶劣天气、前车紧急刹车、下一个施工地路况、行驶到下一个路口为绿灯的最佳速度等情况，同时，采取匿名方式，将车辆行驶信息传输给交通控制中心，不断优化、更新更大范围，更反映实际，更为精确的交通状况，从而显著提高了交通运输的效率和行驶的安全性。在德国法兰克福周边划定的测试现场，120 辆车、500 位司机共行驶了 160 万 km 路程，积累数据超过了 400 万 MB，最终在 2013 年 6 月 20 日，simTD 项目完成了路上实测。

在全欧范围内比较有代表性的车联网系统的研究是 2014 年 7 月完成的 DRIVE C2X 项目，其中 C2X 为“Car to X”。Drive C2X 分为两个部分，首先是车间互联，也就是 C2C（Car to Car），其次是汽车与基础设施的互联，即 C2I（Car to Infrastructure）。DRIVE C2X 项目的 200 余辆汽车，超过 750 位驾驶员，在芬兰、法国、意大利、荷兰、西班牙以及德国行驶超过 150 万 km。该项目的目标主要集中在车联网的核心目标：安全、交通效率，测试了多项车联网的功能，主要包括：急救车辆提醒、抛锚车辆警告、车内信号牌、障碍警告、天气警告、前方拥堵警告、道路施工警告、绿灯车速建议。在实践中，如果路面前方出现情况，车辆驾驶者将在提前数十及至数百米的地方得到信息，同时在车载屏幕上，事故或障碍的具体地点也会被标识出来，帮助驾驶者提前作好准备。试验结果显示，车联网对于减少事故率，降低事故严重程度及提高交通和环境效率具有明显效果。

在 2014 年 2 月 12 日，ETSI、CEN 及欧盟委员会发布通告：车辆间共同的通信技术标准已经研究完成。在欧洲，不同厂商生产的汽车已经可以互相通信。2015 年，互联汽车就能正式出现在欧洲的公路上了。[15]

近年来，Vehicle-to-X 的汽车信息服务系统在各大汽车厂商的推动下，一定程度上获得了较大的成功，比较有代表性的如通用公司的 Onstar 系统，而大众、宝马等公司亦在 2014 年推出自己的类似系统。大众公司的 Car-net 服务将主要包括[16]：自动碰撞报警、道路救援、目的地辅助、偷盗车辆救援、最后停车地点显示、车辆状态远程诊断等。

4. 自动驾驶系统

从 20 世纪 70 年代开始，美国、英国、德国等发达国家开始进行无人驾驶汽车的研究，目前在可行性和实用性方面都取得了突破性进展。虽然到现在为止，自动驾驶汽车尚未投入商用，但是众多企业和一些高校（如麻省理工学院等）都开始了自动驾驶车辆的示范试验项目，且部分企业宣传将在未来数年内推出无人驾驶汽车。如 Google 自动驾驶汽车已经取得美国首个自动驾驶车辆许可证。

虽然自动驾驶系统尚未走向应用，但汽车辅助驾驶技术在近年来得到了较大的发展。例如，宝马公司的 ConnectedDrive[17] 除了提供汽车信息服务（如为驾驶员提供）以外，还包括了多项辅助驾驶功能，如限速信息、周边视景、尾部摄像机、停车辅助、夜视辅助、车道偏离报警、车道变换报警、碰撞报警等，而类似的功能在其他一些较大汽车厂商的高级车上亦基本实现，如沃尔沃、奔驰等。

目前在量产的车辆上实现的一些比较典型的辅助自动驾驶技术主要包括：

1）自动泊车系统。该系统通过图像采集装置和车载距离探测装置，通过采集图像数据及周围物体距车身的距离数据，得到汽车的当前位置、目标位置及周围的环境参数，依据上述参数作出自动泊车策略，控制装置则作出角度、方向及动力支援等方面的操控，驾驶者只需控制车速即可。

2）主动巡航控制系统（Adaptive Cruise Control，简称 ACC）。通过毫米波雷达探测前面障碍物的距离，自动保持车距，并实现主动刹车。如奔驰 S 级车上对该系统有较大范围应用。

3）车道保持。通过摄像头捕捉道路图像，随后由处理器分析出其中的车道线，当车辆的中心线在规定距离外与车道线重叠时，将修正信号传递给方向盘，方向盘自动修正偏航，提示驾驶员偏离车道。摄像头的识别精度在一些情况下（如夜间、雨天或标线不清晰等）会受到影响。

4）辅助视觉系统。通过摄像机、雷达、激光等，实现对驾驶员视觉死角的辅助视觉，发现相应的障碍，同时在夜间等视觉条件较差的环境下通过设备检测增强“可视”的视觉范围。

2013 年 9 月，日产（Nissan）公司获得了日本第一个可以实地测试先进辅助驾驶系统的政府执照，可以在日本的公共道路上进行先进辅助驾驶系统的测试。测试的主要功能有六个方面，包括车道自动进入、自适应巡航控制两个已应用的功能（这两个功能在日产公司的高级车上已经实现，如 Infinity 豪华车），以及自动驶离高速公路、自动车道变换、超过一辆停着的或慢行的车辆、红灯前自动停车四个新的系统。日产公司希望能够在 2020 年推出自动驾驶的车辆 [18]。

2.1.3 发展规划

自从出台智能交通系统体系框架之后，欧、美、日等国家和地区在推动智能交通系统的研究开发方面都通过各种规划的方式来整体推进。如前所述日本 ITS Japan 在 2013 年发布的“Proposal of Future Creation through ITS：Realizing a Society Where Anyone Can Travel Comfortably Anywhere” [1]。

德国的 Federal Ministry of Transport, Building and Urban Development 2013 年出台了“ITS Action Plan for the roads” [19]，提出了到 2020 年针对道路领域的智能交通系统的发展内容及行动领域，明确了三个行动领域：①优化利用道路、交通、出行数据；②继续推进在交通管理和交通信息服务领域的智能交通系统服务；③通过智能交通系统的应用来改善交通效率、道路安全以及环境的可持续性。

欧盟 2010 年为道路领域的智能交通系统发展确定的框架中，确定的四个优先领域为①：①优化利用道路、交通、出行数据；②继续推进在交通管理和交通信息服务领域的智能交通系统服务；③智能交通系统在道路安全中的应用；④车辆与交通基础设施的互联。

以美国为例，2002 年，ITS America 联合美国交通部（Department of Transportation，简称 DOT）发布了“National Intelligent Transportation Systems Program Plan：A Ten-Year Vision”，明确了发展目标及主要领域等。之后在 2010 年，美国 ITS JPO（Joint Program

① DIRECTIVE 2010/40/EU OF THE EUROPEAN PARLIAMENT AND OF THE COUNCIL of 7 July 2010 on the framework for the deployment of Intelligent Transport Systems in the field of road transport and for interfaces with other modes of transport.

Office）发布了“ITS Strategic Research Plan，2010–2014”来指导未来 5 年的研究工作。2014 年 5 月，美国 ITS JPO 发布了美国交通部 2015 ~ 2019 年的智能交通系统战略规划《ITS 2015–2019 Strategic Plan》，在此简单介绍一下[20]。

该规划的愿景是“转变社会移动的方式”，提出了六大类的项目种类，其中将“实现车联网的实施”和“推进自动化”作为当前和未来智能交通系统工作的主要技术驱动力，“实现车联网的实施”主要是基于近年来在车联网方面的研究、测试和规划所取得的进展，而“推进自动化”则确定了相关智能交通系统项目来研究、开发和应用近年来不断出现的自动化相关技术。而企业数据、互操作性、智能交通系统实施支撑以及新兴的智能交通系统功能则作为前述两种主要项目种类的附加项目种类。

该规划指出随着交通环境变得越来越互联互通，智能交通系统将在城市、城镇、郊区和乡村地区的交通系统中发挥更加重要和核心的作用。当交通系统能够充分发挥所应用技术的潜力并且交通系统的管理者能够有效地获得所有影响交通系统的单位的信息时，作为一个整体的交通系统可以为各类用户提供最好的服务。

未来智能交通系统的目标主要是如下五个方面：①提供安全的车辆和道路；②提高可动性；③降低环境影响；④推进创新；⑤支持交通系统信息共享。

虽然该规划将智能交通系统的发展划分为六大项目类型，但是各类项目类型之间的界限并非严格限制，且同时希望将来在各类项目类型的研究、实施等过程中有所交叉。

1. 车联网

美国交通部将车联网项目的主要注意力放在对车联网系统的采用和最终实施上，基于美国交通部的相关工作，车联网的研究、开发和最终应用主要包括如下两个领域。

1）基于 DSRC（Dedicated Short Range Communications）的车车通信：这是一个美国公路交通安全管理局（NHTSA）持续从事立法工作的领域。美国交通部可能会规定车内基于 DSRC 能够发布安全信息的设备的标准，从而会有一系列的研究、开发和应用问题。

2）其他的车联网技术和通信（使用 DSRC 或者使用其他网络，如蜂窝移动数据网、Wi-Fi 或卫星通信）。智能交通系统规划将考虑各类技术和通信设备将如何交互并在预期的车联网环境下运行（包括安全和其他类型的应用及信息）。

2. 自动化

自动化的项目类别主要是集中研究如下内容：自动道路—车辆系统以及将一些车辆控制功能从驾驶员转移到车辆上的相关技术。自动化技术为提高安全、改善可动性和改善环境提供了极大的可能性，但是也带来新的技术和政策挑战，智能交通系统规划中该领域的焦点是能够顺畅安全地将自动化特性融入国家的车辆和交通系统中的技术和系统。

3. 新兴的功能

该领域将集中在新一代的交通系统的研究上。随着车联网实施范围的扩大和交通系统自动化水平的提高，车辆制造商、基础设施提供者、发明家和企业家们将发现新的机会来利用新的技术和数据，从而导致技术的进步，新的功能、新的应用、新的运营概念和颠覆性的创新。美国交通部将通过追踪全球和工业界的技术、市场和人口发展趋势来寻找和评估那些新兴的功能。

4. 企业数据

随着车辆、组织、系统和人员互联的不断增加，产生了史无前例的海量数据。为了管理和运行交通系统，需要新的方法来采集、传输、分类、存储、共享、集成、融合、分析和应用这些海量数据。在保护私人隐私的情况下，企业数据管理方案集中在从智能交通系统相关技术有效地获取数据，包括车联网（小汽车、公交车和货车）、移动设备和基础设施。相关研究活动将集中在建立良好的数据环境以便能够整合来自多个部门的数据用于交通系统的研究、管理和性能评价。

5. 互操作性

互操作性是实现设备和系统间有效互联的根本。互操作性的重点聚焦在使车内、设备内、基础设施内和应用系统内的智能交通系统要素能够与系统的其他部分有效通信，而无论它们建在哪里或将在哪里，以及何时被使用。车联网系统的实施和自动交通系统的引入使得系统间的互赖性更强，亦导致互操作性比以前更为关键。必须不断地改进相关标准和智能交通系统体系架构以确保能够反映最新技术进步，还需要确保必要的后向兼容性和互用性。

6. 加速实施

随着新的智能交通系统技术和系统逐渐成为成熟的市场产品，必须考虑采用和实施方面的问题。在该规划中，“采用”的意思包括了测试后的阶段，即技术已经准备好可以用于实际的初步实施。随着技术从被“采用”到大规模的实施，对运营者和实施者而言，支持的责任就从研究和开发转向了运营。确保从最初的“采用”到大规模的实施的顺利转变，并且与实施者密切配合以理解和管理这个转变，这个方面需要进行特别的关注和详细的计划。

2.2　国内智能交通系统发展现状与趋势

2.2.1　城市智能交通管理系统

城市智能交通管理系统是我国智能交通系统发展的重点之一，近十几年来我国各城市智能交通管理系统的建设取得了显著发展，各城市对此投入很大，智能交通管理系统已经成为缓解城市道路拥堵，提高行车安全和运输效率的重要手段。

北京通过在城市交通多源异构数据特征分析与融合技术、分布式异构多系统集成技术、基于 GIS（Geographic Information System）的预案化指挥调度集成技术等方面取得的重大突破，构建了以“一个中心、三个平台、八大系统”为核心的智能交通管理系统的体系框架（图 2-2）。该系统高度集成了视频监控、单兵定位、122 接处警、GPS 警车定位、信号控制、集群通信等 171 个应用子系统，强化了智能交通管理的实战能力，同时建立的现代化交通指挥控制中心具有指挥调度、交通控制、综合监控、信息服务四大功能群。[21]

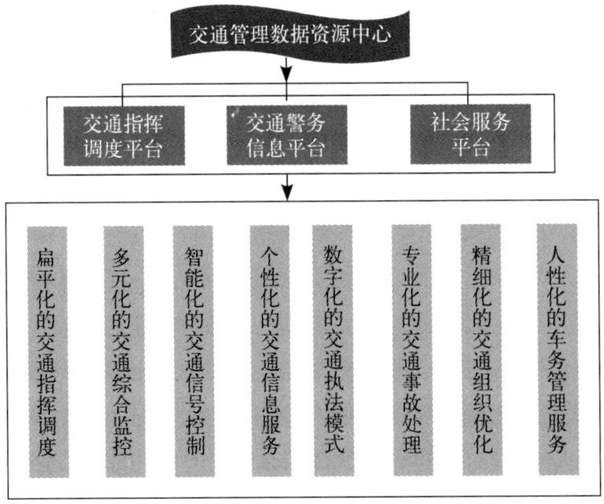

图 2-2　北京智能交通管理系统的体系框架

杭州市交通管理部门根据自身的特点，自 1998 年就开始了交通事故处理、交通信息采集和交通控制等领域的智能化改造，其智能交通管理系统的建设成果可以概括为“一个中心、三个系统”，即交通指挥中心、交通管理信息系统、交通控制系统和交通工程类信息系统。其中，交通指挥中心的功能正趋向完备，除实现了对部分交叉口的监控功能外，还利用浮动车采集的实时交通信息，实现了对路网交通状况的掌握。交通管理信息系统主要有信息采集系统（通过视频、线圈和浮动车采集）、违法管理系统、事故管理系统、驾驶员管理系统、车辆管理系统、警务监督系统、路面信息采集系统和综合业务系统等。交通控制系统主要有非现场执法管理系统、SCATS（Sydney Coordinated Adaptive Traffic System）系统、交通诱导系统、智能卡口查控系统、重点车辆查控系统。交通工程类信息系统主要包括工程项目管理系统等。杭州市依托视频检测设备、OD（Origin to Destination）行程时间检测设备、出租汽车定位信息系统等建成了“杭州市道路和交通管理应用浮动车技术示范工程”，能实时显示路网的交通状况。[22]

截至 2013 年 5 月，杭州市区范围内交通信号灯控路口 1420 个。其中，SCATS 控制路口 589 个，单点控制路口 730 个，单点远程控制路口 101 个。交通监视系统有 1012 个路口和路段监视点，并设有 60 多个分控，智能卡口系统在市区建成 441 个方向的高清卡口点，每天正常率 95% 以上，每天过车量 600 万车次，最高 800 万车次；有 235 套闯红灯自动记录系统；已建成用于道路诱导信息发布的 208 个点位；已在市区建成 275 个点位和 412 个路段的流量、流速实时采集系统，该系统为诱导平台、“错峰限行”、“景区单双号”等各种交通管理措施提供强大、准确的数据支撑。与此同时，杭州市还实行了集中调度指挥和交通信息预报制度，在市区主干路、主要交叉口实行分级预警和干预机制，重点解决早晚高峰、节假日重要时段的路面交通问题。[22, 23]

2.2.2 城市智能公交系统

我国国内多个城市从20世纪90年代开始了智能公交系统建设方面的实践，尤其在近年来的“公交都市”的发展指引下，智能公交系统在多个城市取得了良好进展。

近年来石家庄的智能化公交建设取得了明显的发展，陆续完成了IC卡电子收费系统、智能调度系统、办公自动化系统、车场监控系统等基于运营生产和办公管理的信息化系统建设，基本实现了公交车收费电子化、生产调度智能化、办公管理自动化[24]，具体如下：

1）IC卡电子收费系统。石家庄公交IC卡已经累计达到近200万的发行量，IC卡日均使用量达到了80万人次；并完成了公交卡类型升级，逐步形成了完善的IC卡电子票证结构，实现了IC卡票款收入的自动清算划拨。

2）办公自动化系统建设。2006年石家庄公交的办公自动化系统开始启用，同时建成了OA自动化办公平台，实现了公司内部事务性工作的计算机辅助管理，如通知、发文、审批、报表、信息发布等无纸化办公，提高了办公效率，方便了内部管理。

3）智能调度系统（图2-3）。3200多辆营运车辆实现了GPS卫星定位，自动排班发车，通过5个调度中心、34个调度平台实现线路的集中智能调度。市公交总公司智能调度指挥中心可以实时监控各线路车辆的运行情况，同时在中山路、裕华路等道路上的60多组电子站牌可同步显示公交车的到站信息。公交车上安装监控调度一体机2300部，通过3G网络实时传输。在调度指挥中心不仅可以监控车辆运行状态，调度车辆，还可以通过车厢监控实时看到车厢内的视频图像。

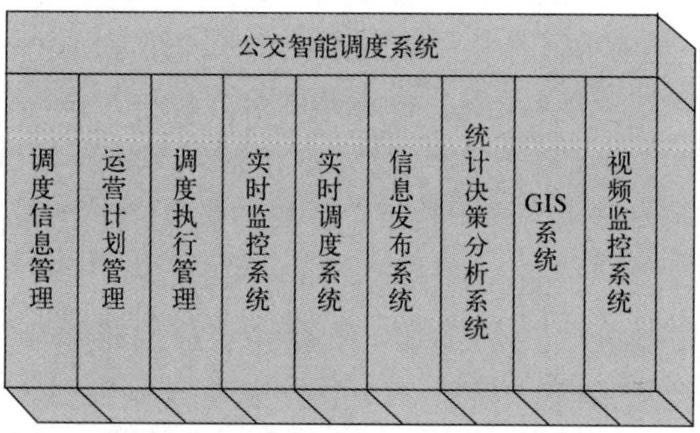

图2-3 石家庄公交智能调度系统的功能模块

4）场站视频监控系统。在9大公交停车场、54个始发站、10个加油加气站、63个收银点、10个充值点统一布设监控点位480多个，在智能调度指挥中心，可以通过网络实时调取各场站的视频图像，形成了统一的网络监控平台。

5）服务热线和便民查询系统。建立了服务热线系统，服务热线设15个座席，日均话务量1200多个。同时乘客还可以通过公交网站和手机APP查询公交信息。[24]

哈尔滨市出租汽车服务管理信息系统（图2-4）于2010年年初启动建设，已经完成了监控指挥平台一期工程和近9000套出租汽车车载系统安装工作。出租汽车服务管理信息具有监控指挥、信息发布、企业在线、综合运营分析、电召服务、服务质量监督考评、动态监管稽查等七大功能。出租车车载系统即 GPS 系统，具有车辆定位、轨迹回放、车内监听、图像上传、反劫报警等功能。[25]

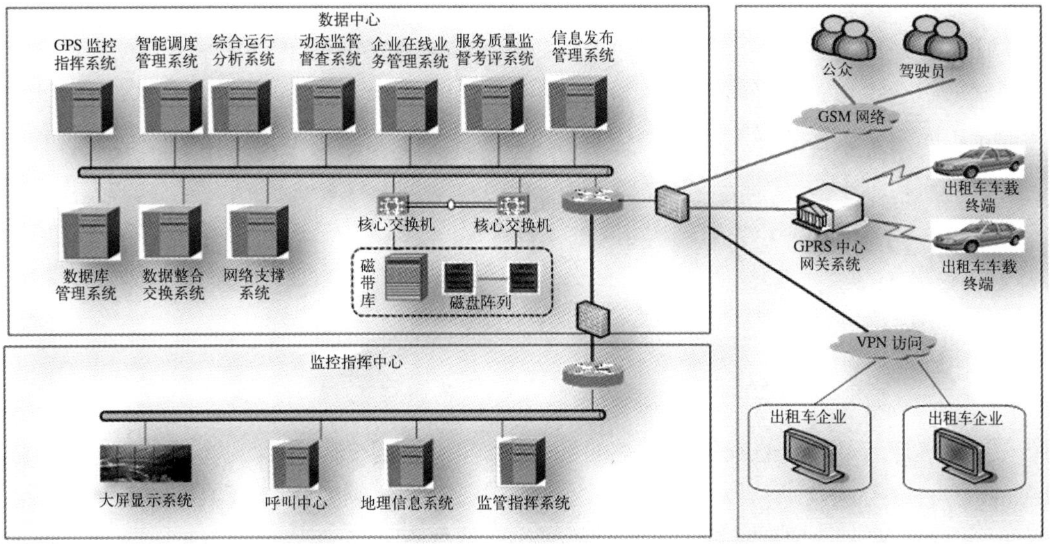

图 2-4　哈尔滨市出租汽车服务管理信息系统框架

太原市智能公交系统的总体建设目标是建立以公交智能调度营运生产子系统为主的太原市智能公交系统综合体系，整合提升现有的物资管理、IC 卡电子收费、财务电算化等信息系统，新增车辆定位调度、车辆维修保养、场站管理、OA 办公、人力资源管理、企业决策分析等功能，打造一个综合性、多功能的信息化核心平台，实现对全市公交运营车辆的集中监控、集中管理与调度、集中运营协调，以科学的手段，统筹全市公交运行网络的规划与设计，达到最佳公交服务水平。首期建设内容主要包括 2 个总中心（数据中心、指挥监控调度中心），6 个分调度管理实施中心，并可根据公交业务未来发展拓展至 36 个路队调度点和 2655 辆公交车 3G 终端（发车屏 36 块，电子站牌 112 块）。[26]

2012 年上海、宁波、绍兴、湖州、台州、常熟、兰州、白银 8 个城市已实现公交“一卡通”的互联互通，市民持“一卡通”可在 8 个城市内随意乘坐公交车。同时，上海“一卡通”开通了乘坐轮渡、地铁的功能。宁波市民还可刷“一卡通”租赁自行车。预计到“十二五”期末，全国城市“一卡通”互联互通的应用城市将达到 60 个。[27]

2.2.3　交通信息服务系统

交通信息服务系统在我国发展迅速，各城市不同程度地建立了交通信息服务系统。

北京市研究开发的道路交通流预测预报系统是全方位提供交通信息服务的基础子系统。该子系统以 GIS 电子地图的形式向用户提供五环路内所有主要道路的当前时刻及未来 5min、15min、30min、1h、2h 时刻的路况信息，包含路段上的交通流量、平均速度、占有率及饱和度等数据。除此之外，该系统还有拥挤评价、旅行时间服务、路况异常状态的动态分析和预警等功能，能够通过可变信息板、指挥中心大屏、交通广播台、网络信息服务、车载终端等途径对外发布信息。

南京市交通信息服务系统包括南京市智能交通诱导服务中心平台系统、江苏省交巡警高速公路指路服务系统、南京市智能交通广播服务系统、南京市智能交通诱导服务系统网站、南京市停车诱导服务系统等5个子系统，会聚整合各类交通信息资源，并通过合理可靠的服务软件系统构建智能交通信息服务平台。目前，南京市智能交通信息服务中心已接入超过11万个信息采集点，7000多辆出租车车载智能终端，8个隧道口和170个主要路口的视频监控系统，路况动态信息准确率达85%以上。该系统可为公众提供实时路况查询、动态路径诱导、公交查询、停车场车位查询和预订、交警服务信息免费告知、高速公路信息查询等服务。[21]

2.2.4 智能勤务模式

各城市交管部门一直在探索优秀的勤务模式，以最少的警力、最小的行政成本，获得最好的交通管理效果和最大的社会效益。其中，杭州市率先作出了表率，对现代城市交通管理相适应的交通勤务管理模式进行了有益的探索。

杭州市通过改变交警的传统路面巡逻执勤的模式，通过交警支队视频作战室、交警大队分指挥室和交警中队数字勤务室三级指挥系统的网络巡逻执勤模式，结合路边重点巡逻，实施“上下联动”机制，实现“桌面就是路面”，使科技应用直达基层民警，提升了交通管控效能，扩大了路面管理的覆盖面，加大了路面管理的密度和力度，提高了应对交通拥堵、交通事故等交通突发事件的快速反应能力，减少了道路交通事故和交通违法行为，提高了道路通行能力，缓解了交通拥堵，确保了城市道路交通的安全、畅通、有序。

2.2.5 交通安全系统

2008年2月18日，科技部、公安部、交通运输部联合签署了《国家道路交通安全科技行动计划》，按照“需求引导、自主创新、综合集成、重点突破、示范带动”的原则，围绕“人、车、路、环境”等要素，开展道路交通安全领域的关键技术研发，组织实施示范工程，为道路交通安全提供技术保障。“十一五”期间，为配合该计划的实施，中国政府启动了国家科技支撑计划“重特大道路交通事故综合预防与处置集成技术开发与示范应用”重大项目。

公安部重点研究了“全民交通行为安全性提升综合技术及示范”，“区域公路网交通安全态势监测、评估及应急指挥”，“道路交通安全执法技术及大范围应用”三大课题，在课题研究和应用示范上均取得了良好效果。

交通运输部组织开展了“山区公路网安全保障技术体系研究与示范工程”、“国家高速公路安全和服务技术开发与工程应用示范”和“营运车辆与客运安全保障技术开发及大范围集成应用”等研究工作。

2.2.6　城市智能交通新技术的应用探索

智能交通系统是一个涉及面广、综合各种高新技术的领域。随着现代交通技术与电子、通信、计算机等技术的发展，如RFID和微信的广泛应用，大数据分析与云计算技术的出现等，为智能交通系统的快速发展提供了强有力的支撑。

厦门市发挥RFID技术的实时交通信息采集优势，探索了一系列基于RFID采集数据的交通应用，验证了RFID技术在智能交通领域具有广泛的应用前景和极高的推广价值。2005年开始厦门在全市推行不停车收费系统，政府免费为全市车辆安装了RFID电子标签，用于各桥隧（堤）的不停车收费管理，系统运行多年来稳定可靠。目前厦门60.77万辆的本地籍汽车中有58.7万辆已经安装了RFID电子标签，安装率达96.6%；还有2.8万辆经常在厦门市区行驶的外地籍车辆也自愿安装了RFID电子标签。

2012年，厦门市提出建设一个汇集全市所有交通信息（包括港口、航空、铁路、公路、轨道和城市道路等），实现各部门互联互通，达到各系统协调联动，能够进行统一指挥控制的综合智能交通系统，并开工建设试验性工程。2013年1月1日，试验工程项目"厦门市智能交通控制中心"（Intelligent Transport Control Center，简称ITCC）投入试运行。目前厦门ITCC集成控制平台已初步形成了基于RFID射频采集的多元数据融合为基础的智能交通管理、控制与服务系统，有效地缓解了城市交通拥堵，提升了城市交通服务品质，提高了城市交通管理效益。

厦门市应用新媒体拓宽交通信息服务渠道。厦门交警微信公众服务平台作为ITCC的一项重要组成部分，于2013年1月1日和ITCC同时启动。其目的就是借助智能交通优势，发挥厦门微信公众服务平台的最大社会效能。陆续在全国首次推出了"微信查交通违法"服务、"微信自助移车"功能、"微信交通事故处理"功能等，已拥有超过20万订阅用户，在全国交通管理系统乃至公安系统，甚至在政务系统内，都是用户数最多，最具创新的应用之一。

大数据、云计算等技术为智能交通系统的发展提供了强大的工具。厦门、武汉等在智能交通规划设计中利用了大数据分析、云计算的概念与理念。天津等城市拟建设智能交通云计算中心。但同时大数据分析和云计算技术在智能交通应用领域同样面临着巨大挑战，包括数据安全性、数据处理硬件设施规范性、数据完备性、模型有效性等方面，这些都是未来需要继续探讨和解决的问题。

本章参考文献

[1] ITS Japan. Proposal of Future Creation through ITS: Realizing a Society Where Anyone Can Travel Comfortably Anywhere[R]. 2013.

[2] 王笑京. 新一代智能交通系统的技术特点和发展建议 [J]. 工程研究——跨学科视野中的工程，2014，6（1）：37-42.

[3] UTMS society of Japan[EB/OL]. [2013-08-10]. http: //www. utms. or. jp/.

[4] Senate Department for Urban Development and the Environment[EB/OL]. [2013-8-10]. http://www. stadtentwicklung. berlin. de/verkehr/lenkung/vkrz/index_en. shtml.

[5] Verkehrs Management Zentrale（VMZ）Berlin [EB/OL]. [2013-08-10]. http: //www. vmzberlin. de/web/ guest/home.

[6] I-95 corridor coalition Beyond Boundaries[EB/OL]. [2013-08-10]. http: //www. i95coalition. org/i95/ Default. aspx.

[7] Greater Houston Transportation and Emergency Management Center[EB/OL]. [2013-08-13]. http: //www. houstontranstar. org/.

[8] Vehicle Information and Communication System[EB/OL]. [2013-08-10]. http: //www. vics. or. jp/index1. html.

[9] RDS-TMC[EB/OL]. [2013-08-11]. http: //www. rds-tmc. co. uk.

[10] 511 deployment coalition[EB/OL]. [2013-08-11]. http: //www. deploy511. org/.

[11] 511 SF Bay[EB/OL]. [2015-04-18]. http: //www. 511. org/.

[12] Entune[EB/OL]. [2013-08-13]. http: //www. toyota. com/entune/.

[13] Smartway[EB/OL]. [2013-08-13]. http: //wiki. fot-net. eu/index. php?title=Smartway.

[14] d'Arcy, A. Germany's car-to-x communication system readies for launch [EB/OL]. [2013-8-13]. http: // www. bbc. co. uk/news/technology-23027763.

[15] Continental claims V2X standards ready for deployment by 2015[EB/OL]. [2013-8-12]. http: // telematicsnews. info/2012/11/09/taking-cars-will-become-standard-by-2015_n3093/.

[16] US: Volkswagen launches VW Car-Net telematics service[EB/OL]. [2013-08-12]. http: //telematicsnews. info/2013/07/31/us-volkswagen-launches-new-vw-car-net-telematics-service_jy4313/.

[17] BMW Connected Drive[EB/OL]. [2013-8-12]. http: //www. bmw. com/com/en/insights/technology/ technology_guide/articles/connecteddrive. html.

[18] Nissan's Robot Car Passes Its License Test [EB/OL]. 2013-09-26[2013-09-30]. http: //www. wired. com/ autopia/2013/09/nissan-autonomous-license/.

[19] Federal Ministry of Transport, Building and Urban Develepment. ITS Action Plan for the Roads - A framework for the coordinated evolution of existing and the accelerated introduction of new Intelligent Transport Systems in Germany over the period to 2020[R]. 2013.

[20] Barbaresso, J., et al. USDOT's Intelligent Transportation Systems（ITS）ITS Strategic Plan 2015-2019[R]. Intelligent Transportation Systems（ITS）Joint Program Office（JPO）,2014.

[21] 我国城市智能交通的应用简介 [EB/OL]. 2012. http://wenku. baidu. com/view/d729ff0b4a7302768e 9939e1. html.

[22] 陈茜，裘红妹 . 全国智能交通系统示范城市建设示例 [J]. 城市交通，2008，6（1）：33.

[23] 金向东 . 杭州市智能交通系统简介（杭州公安交警支队会议纪要）[Z]. 杭州：杭州公安交警支队 . 2013：1-3.

[24] 石家庄公交总公司，石家庄市公共交通总公司关于信息化工作的报告 [R]. 2012：1-3.

[25] 人民网 . 全国城市出租汽车服务管理信息系统试点工程启动会在哈尔滨举行 [EB/OL]. 2011-07-05. http://society. people. com. cn/GB/41158/15081199. html.

[26] 太原公共交通控股（集团）有限公司 . 太原公交智能管理系统项目可行性研究报告 [R]. 2012.

[27] 上海天津等30余城市年内实现公交卡通刷[N/OL]. 2013-01-07. http://society. people. com. cn/n/2013/0107/c1008-20110988. html.

第三章　智能交通系统体系框架

3.1　概述

3.1.1　国家智能交通系统体系框架

智能交通系统是一个涉及人、车、路、环境、机构、信息技术等多个领域的开放的复杂巨系统，因此涉及不同单位主体（公共部门及私人部门）、不同技术领域、不同交通参与者及不同的子系统等。为了对本国智能交通系统的发展有良好的指导，世界上众多国家和地区在发展智能交通系统的初期，纷纷制定了相应的智能交通系统体系框架。实际上，多年来美、日、欧及世界其他部分国家和地区的智能交通系统发展经验表明：在研究开发智能交通系统的初级阶段，开展系统体系框架的研究工作是智能交通系统全面发展必不可少的基础研究。它是发展智能交通系统的指导性框架，主要用于明确智能交通系统的开发目标，为标准的研究工作提供参考，避免重复研究和无计划开发，便于研究成果的大范围应用和智能交通系统技术的发展以及产业化实现等。

智能交通系统体系框架是一个适应国家或地区总体发展规划和支撑开发研究标准化的不同技术成果的通用框架，是一个从事智能交通系统研究开发工作的所有团体都应该支持的通用的体系框架。智能交通系统体系框架为政府机关制定智能交通系统的发展规划提供了基本原则，为智能交通系统的建设实施者提供可供参考的实施依据，在规划和准备智能交通系统项目的时候，体系框架可以为相关工作提供支持，并且可以为一个综合的智能交通系统项目提供基本原理。智能交通系统体系框架界定的标准结构体系可以确保不同系统间的可互用性、整合性，以及兼容性。

智能交通系统体系框架的主要功能如下[1]：

1）保证通过各种媒体提供给终端用户的信息的兼容性和一致性，即任何终端用户都能通过不同的媒介获得相同的信息。

2）保证不同交通基础设施的兼容性，从而可以保证在大范围内的无缝出行。

3）为地区、国家政府机关制定智能交通系统发展规划提供基本原则。

4）为信息服务商和设备制造商提供一个开放的市场，从而可以提供兼容的子系统。

5）确保设备制造商的规模经济，保证他们更具竞争力的价格和更廉价的投资；提供一个公开的市场环境，设备制造商可以以较小的风险提供产品。

智能交通系统体系框架的研究开发必须建立在目前可以利用的实验和许多团体已进行的工作之上，它必须位于一个足够高的抽象级别上，尽量避免对目前各个地区或生产厂商的设计和实施计划有所限制。体系框架的研究成果将提供一个参考框架，一系列的通用术语和一系列的推荐建议等。

作为一个参考框架，智能交通系统体系框架开发的核心主要包括：用户服务、逻辑框架和物理框架，即从逻辑的、物理的和通信的方面来描述一个框架所需要的体系组成部分，同时提供可用作参考的较高层次上的用户需求和系统需求，以及目前可以利用的标准的数据库。

作为一个通用术语表，它通过提供参考列表（如用户需求、功能、终端）使得全国范围内的智能交通系统运营者在交流实践和经验的时候比较便利。

同时，智能交通系统体系框架还为那些在成功开发智能交通系统的过程中发挥重要作用的方面提供参考建议，为一些关键的问题提供实践实例，为系统开发过程提供一些指导和建议，还包括建议一些新的和必需的标准等。

通过智能交通系统体系框架的建立，可以使得智能交通系统能够以合理的方式进行规划，成功地与其他系统进行整合，满足期望的性能等级，实现预期的效能，易于管理维护和扩展并满足用户的期望。

从 1993 年开始，美、日、欧就开始了智能交通系统体系框架的研究开发工作，到 1999 年为止都形成了各自的智能交通系统体系框架，对智能交通系统的发展起到了很好的指导作用，而且随着智能交通系统的不断发展，各国的智能交通系统体系框架都在不断地向前发展。例如美国最新的智能交通系统体系框架 7.0 版中增加了主动交通管理的用户服务，而欧洲最新的 FRAME（FRamework Architecture Made for Europe）则增加了协同系统（Cooperative System）的内容。

在美、日、欧智能交通系统体系框架的启发下，世界上很多国家和地区都进行了本国（或本地区）的智能交通系统体系框架的研究工作，如中国香港、新加坡、韩国以及欧洲的一些国家如法国、意大利等，并且在体系框架的指导下进行本国的智能交通系统研究工作。我国于“九五”期间也开始了中国智能交通系统体系框架的研究工作，并于 2001 年正式出版了《中国智能运输系统体系框架研究总报告》，来指导我国的智能交通系统研究工作的开展。

3.1.2 区域性智能交通系统体系框架

区域性智能交通系统体系框架可以用于特定的省市、城市区域或其他类型区域（如区域交通走廊等），而国家智能交通系统体系框架是开发区域性智能交通系统体系框架的基本模板。国家智能交通系统体系框架为区域性智能交通系统体系框架的开发提供了一些基本的构建元素：子系统和终端、界面（由数据流界定）、服务包、设备包和功能需求，区域性智能交通系统体系框架会有选择性地使用这些元素并进行个性化的定制以反映期望的区域交通系统。区域性智能交通系统体系框架的概念最早是由美国提出的，其基本定位是为保证地区智能交通系统项目实施过程中有效的部门协调和技术集成而建立的区域性架构。

一个区域性智能交通系统体系框架能够有效地弥补一个综合交通系统战略规划与支持该战略愿景的智能交通系统项目之间的隔阂。一个区域性智能交通系统体系框架的主要价值在于可以为包括智能交通系统在内的各类项目提供整体环境，从而使得每个项目都可以建设成为一个较大系统中的一部分，从而实现各部分的有机整合。区域性智能交通系统体系框架是用于可视化和连接区域内的整个智能交通系统的工具，由此可以使得一个区域内的各相关单位建设的智能交通系统能够相互兼容而不是互相竞争。因此，在交通规划阶段以及一个智能交通系统项目开发的初始阶段，一个区域性的智能交通系统体系框架是非常有用的。

3.2　美国国家智能交通系统体系框架

出于为相应标准的制定提供框架，为智能交通系统各子系统间的集成提供基础，确保用户选择的高度灵活性等方面的目的，1993 年美国交通部（DOT）正式启动了智能交通系统体系框架开发计划，目的是要开发一个经过详细规划的国家智能交通系统体系框架，可以用以指导智能交通系统产品和服务的配置，并在保持地区特色和灵活性的同时为全美国范围内的系统兼容与协调提供保证，同时允许在产品和服务上展开自由、公平的竞争。从 1995 年 2 月美国开始开发统一的国家智能交通系统体系框架，到 1997 年 1 月公布了美国国家智能交通系统体系框架（第一版）。之后每隔数年更新一版，2012 年 1 月，美国的国家智能交通系统体系框架已经发展到了 7.0 版本[2]。美国国家智能交通系统体系框架 7.0 版与 6.0 版相比主要在以下方面有较大改动。

1）主动交通管理，在 7.0 版中新增了三个服务包来支撑主动交通管理，包括：可变限速，动态车道管理和路肩使用，以及动态道路警告。

2）在国家智能交通系统体系框架主页上增加“体系框架使用”内容，主要用来描述如何使用智能交通系统体系框架来支撑交通规划、设计和项目开发。

3）与加拿大的国家智能交通系统体系框架保持一致：与美国类似，加拿大于 2010 年发布了加拿大智能交通系统体系框架 2.0 版，包括了一些方面的升级。这些升级也被包括进了美国智能交通系统体系框架 7.0 版以保持两国智能交通系统体系框架的一致。这些升级包括：用“服务包”的名词代替“市场包”，以及新增了两个服务包：多模式链接保护以及混合用户报警系统。

4）无线路侧检测：利用“无线检测”，通过评估实时传输到公共部门的由车载系统采集的数据，公共部门可以检查商用车辆及驾驶员的状态。这种方法能够极大地提高对商用车辆及驾驶员进行检测的次数，形成更有针对性的执法从而降低卡车及公交车辆的事故发生频率。

同时，在其他众多方面也进行了大小程度不等的升级，在此不再一一列出。①

图 3-1 为美国智能交通系统体系框架总体视图[3]。

① 2015 年 4 月发布了美国国家智能交通系统体系框架 7.1 版。

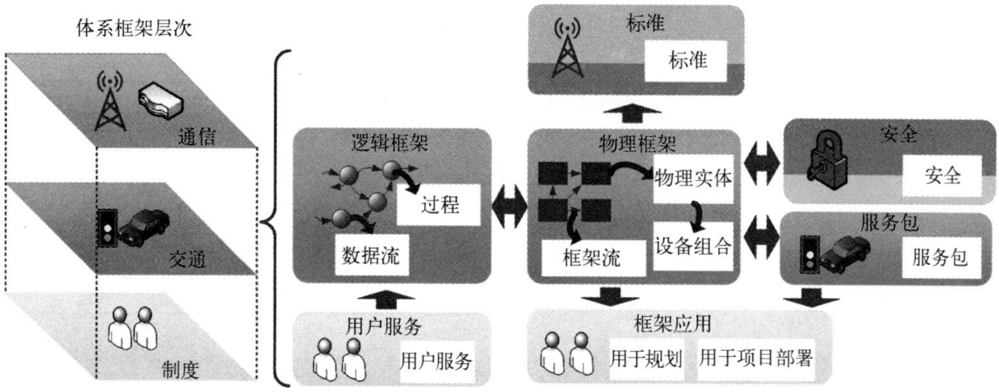

图 3-1　美国国家智能交通系统体系框架总体视图

3.2.1　主要内容

美国国家智能交通系统体系框架主要是为规划、定义和整合智能交通系统提供一个通用框架。美国国家智能交通系统体系框架是一个成熟的成果，体现了广泛的智能交通系统社区参与者的共享，包括交通实践者、系统工程师、系统开发人员、技术专家、咨询顾问等。

美国国家智能交通系统体系框架主要定义了：

1）智能交通系统所需要实现的功能；

2）实现这些功能的路上或车上的物理设备或子系统；

3）将这些功能和物理子系统连接到一个集成系统内的信息流和数据流。

美国国家智能交通系统体系框架主要的内容包括：框架体系层级、用户服务、逻辑框架、物理框架、服务包、标准和安全。

其中框架体系层级分为三层，制度层和两个技术层：交通层和通信层，这两个技术层都必须运行在制度层的范围之内。

制度层包括有效实施、运行和维护一个智能交通系统所需要的那些相关单位、政策、筹资机制和过程。制度层作为基本层的原因是：可靠的制度支持和有效的决策是有效的智能交通系统项目实施的先决条件，是确立智能交通系统目标和需求的层面。

交通层是指交通系统解决方案定义的层面，交通系统解决方案通过每个交通服务所需要的子系统、接口、潜在的功能和数据定义来进行定义。该层是国家智能交通系统体系框架的核心。

通信层为系统间提供实时准确的信息交换以支持交通系统解决方案。

3.2.2　用户服务

美国智能交通系统体系框架7.0版共确定了8个用户服务组和33个用户服务，见表3-1所列。

美国智能交通系统用户服务组和用户服务　　表 3-1

用户服务组	用户服务
旅行和交通管理	出行前旅行信息服务
	在途旅行信息服务
	路径诱导
	合乘匹配和预约
	出行者服务信息
	交通控制
	事件管理
	交通需求管理
	排放测试与缓解
	公路—铁路交叉道口管理
公共交通管理	公共交通管理
	在途公交信息
	个性化公交
	公交出行安全
电子付费	电子付费服务
商用车辆运营	商用车辆电子通关
	自动路侧安全检查
	车载安全和安保监测
	商用车辆管理
	危险货物安全和事故影响
	货物可动性
应急管理	应急通报与个人安全
	应急车辆管理
	灾难响应和疏散
先进的车辆安全系统	纵向避撞
	横向避撞
	交叉口避撞
	预防车祸的视觉增强
	安全准备
	碰撞前安全防护
	自动车辆驾驶
信息管理	归档数据
维护和建设管理	维护和建设运行

3.2.3 逻辑框架

逻辑框架是组织复杂实体和关系的辅助工具，其重点是系统的功能流程和信息流。开发一个逻辑框架有助于识别系统功能和信息流，并能指导开发新系统及系统升级的功能需求。逻辑框架独立于体制和技术，它不确定由谁或在哪儿实现系统中的功能。

作为国家智能交通系统体系框架的一部分，逻辑框架定义了应当做什么来支持智能交通系统用户服务。逻辑框架定义了执行智能交通系统功能的流程以及这些流程之间共享的信息或数据流。流程和数据流经过组合后可以形成特定的交通管理功能，且可以用数据流图（或泡泡图）进行图形化展示。在数据流图中，流程用泡泡（圆圈）表示，数据流用箭头表示。

图 3-2 和图 3-3 表示了简化的数据流图。[2] 注意在逻辑框架中，每个圆圈是一个流程，描述了要实施的一些逻辑功能。

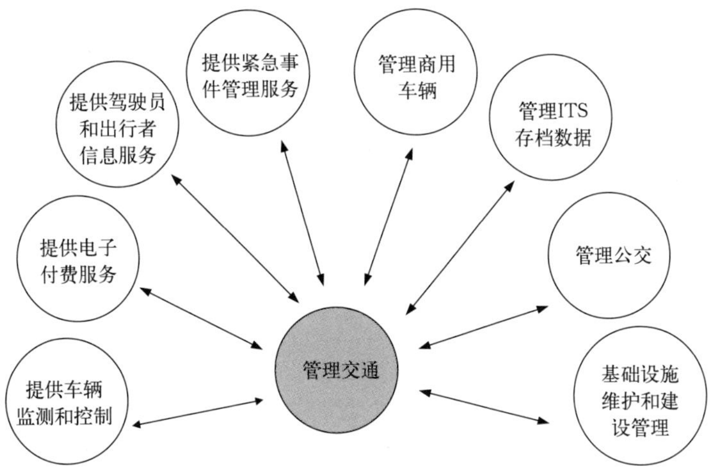

图 3-2 逻辑框架中的 9 个主要流程

图 3-2 表示了在最高层的国家智能交通系统体系框架中，"管理交通"流程（逻辑功能）（包括交通信号控制功能）与其他八个流程（逻辑功能）的相互交互。这 9 个逻辑功能又包括 57 项子功能。[4] 图 3-3 表示了一个逻辑框架功能分解的案例。

逻辑体系框架使用结构化分析技术，其内容包括了数据流图、流程说明和数据字典条目。

图 3-4 显示了智能交通系统所需要的功能以及在这些功能之间流动的信息。[2] 在这个数据流图中，使用了四类不同的符号，圆圈表示流程或者功能，箭头表示数据流并显示数据是如何流动的。平行线表示数据存储，代表了系统中处于静态的数据。四边形代表了终端（包括检测器、计算机、操作人员等，定义了体系框架边界）。在整个体系框架中，有多个层次的此类数据流图。

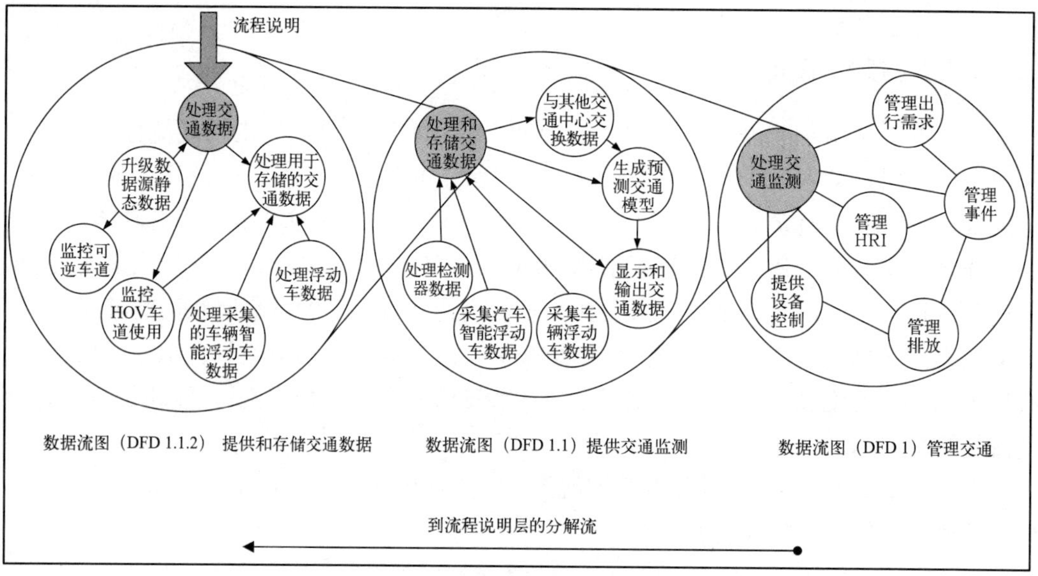

图 3-3 逻辑框架功能分解案例

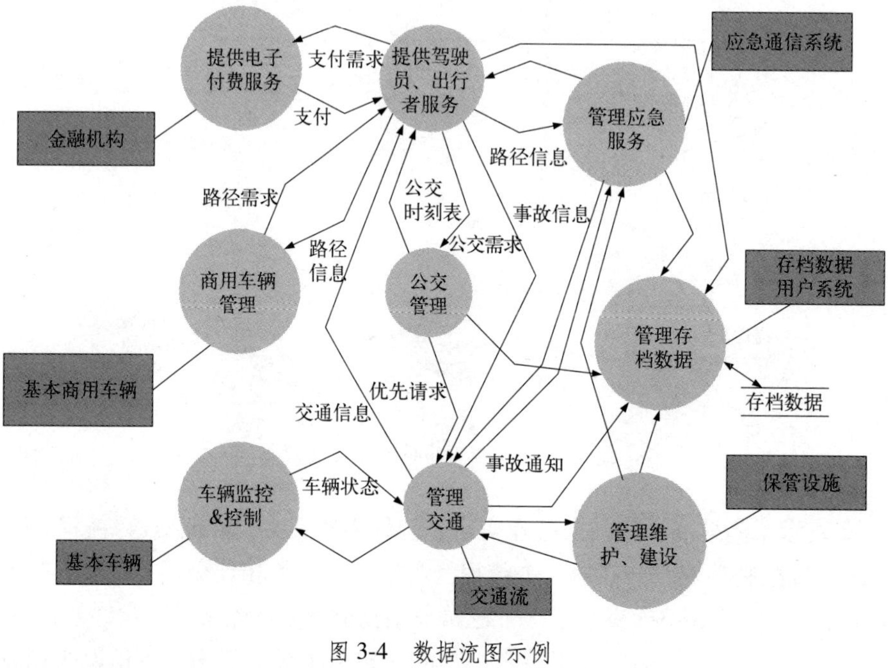

图 3-4 数据流图示例

3.2.4 物理框架

物理框架为逻辑框架中识别出的流程分配物理实体（在国家智能交通系统体系框架中称为“子系统”）。而且，逻辑框架中从一个子系统开始到另一个子系统结束的数据流被组成在一起成为物理框架中的框架流。也就是说，一个框架流可能包括一个或多个具体的数据流。这些框架流和它们的通信需求定义了子系统之间所需的接口，这形成了智能交通系统众多标准工作的基础。物理体系框架的开发将识别出不同交通管理单位之间期望的通信和交互。

图 3-5 描述了逻辑框架和物理框架之间的关系。[5] 虚线表示了逻辑框架中的功能或流程与物理框架中的子系统之间的关系，以及逻辑框架中的数据流和物理框架中的框架流之间的关系。

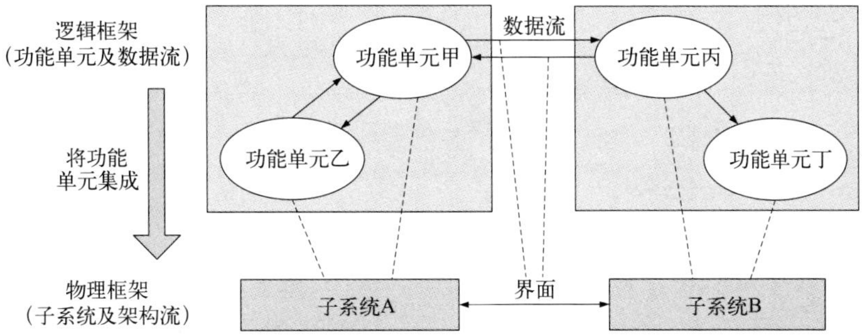

图 3-5　逻辑框架与物理框架

图 3-6 显示了 22 个交通子系统和 4 个一般的通信链路 [2]，通信链路用于在子系统之间交换信息。该图表示了物理框架的最高层次。在确定物理框架中的子系统时，在考虑了制度问题、技术限制和能力等因素的基础上，主要考虑实现地点，对可能由一个实体完成的逻辑框架中各功能进行组合得到子系统。子系统可以与交通管理系统的物理实体粗略地对应并分为四大类（大四边形）：中心、外场、车辆和出行者。

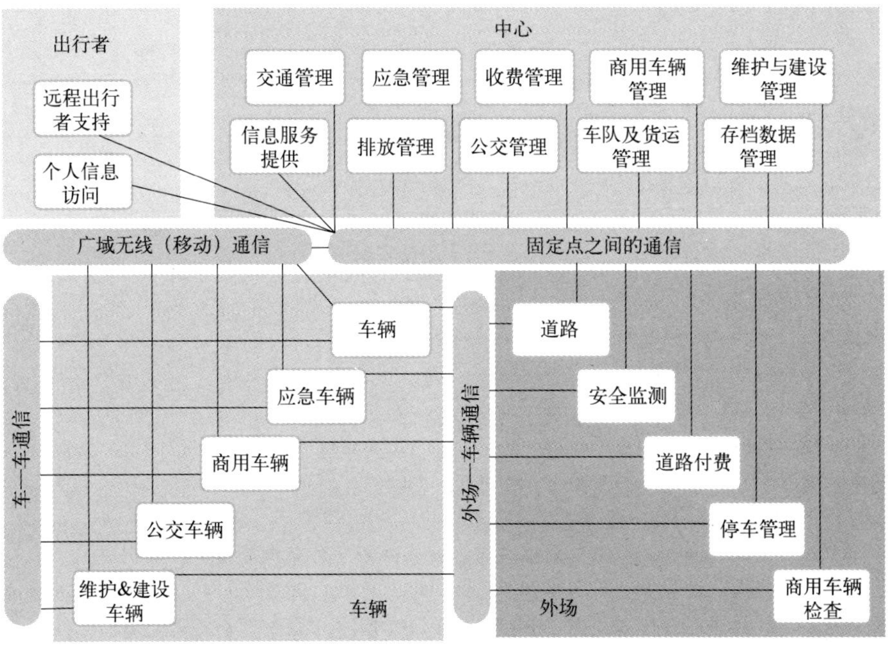

图 3-6　美国国家智能交通系统体系框架子系统及通信

除了上述的22个子系统，物理框架还定义了连接到不同实体的接口，这些实体被称为“终端”，代表了位于体系框架边界上的系统。体系框架并没有定义终端的功能性要求，只是定义了接口。例如气象服务就是一个终端的例子。除了“系统”之外，终端还用于表示运行子系统的人员（例如交通指挥中心运行人员）。目前美国国家智能交通系统体系框架中共定义了76个终端。

这里再举一个例子说明如何用物理框架表示智能交通系统的实施[5]，以基本的交通信号控制系统为例，在物理框架中与22个子系统中的2个子系统相关：交通管理子系统和道路子系统，如图3-7所示。

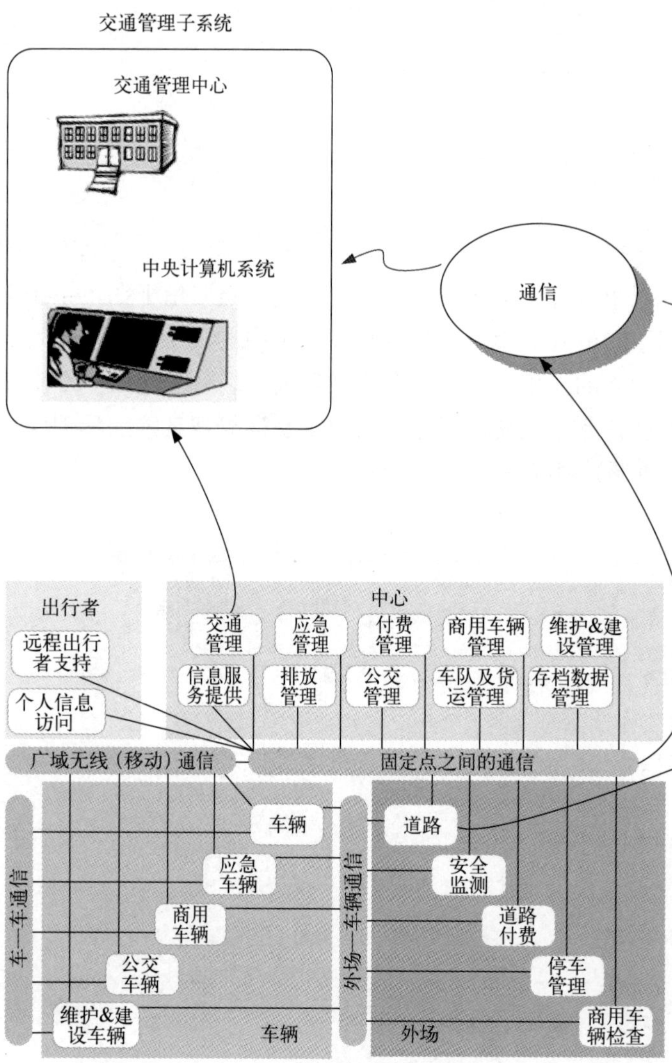

图3-7 交通信号控制系统相关物理框架

图3-7将子系统图中的子系统与实际的设备进行了关联表示，从中心子系统连出的

箭头连到了交通管理中心的管理人员，从外场子系统连出的箭头连到了一系列的现场设备：信号灯、检测器、视频摄像机、信号控制机，从固定点通信连出的箭头连接到了中心与现场设备之间的“通信”圆圈。

交通管理子系统和道路子系统以及必要的通信共同提供交通信号控制系统的如下典型功能：

1）区域交通信号协调；

2）主干道信号协调；

3）自适应信号控制。

交通管理子系统的功能由交通管理中心中的中心设备来实现，例如计算机、交通控制平台、视频切换和显示系统等。

道路子系统的功能由现场安装的设备来实现，例如交通信号控制机、信号灯、车辆检测器、视频摄像机等。

固定点到固定点的通信包括框架中各类子系统进行数据交换以实现其功能所必需的设备，这些子系统包括交通管理子系统和道路子系统。这些通信服务可以由单位自有的通信设施来实现，也可以租借通信服务商的链路。

当然，交通管理子系统和道路子系统也提供其他的一些功能，而非仅仅是与交通信号控制系统的内容相关。

3.2.5 车联网体系框架

到 2015 年，针对车联网的发展，美国又提出了车联网参考实施框架（Connected Vehicle Reference Implementation Architecture，简称 CVRIA）[6]，形成了将车联网环境整合到国家智能交通系统体系框架中的基础。开发 CVRIA 主要用于识别车联网环境中的关键界面来支持将来的分析，从而用来识别以及优先设立一些标准制定活动。

CVRIA 主要从以下四个视角进行开发：

1）组织机构——描述组织机构之间的关系以及这些组织机构在车联网环境中的角色。

2）功能框架——描述满足系统需求的抽象的功能元素（过程）和它们之间的逻辑交互（数据流）。

3）物理框架——描述物理实体对象（系统和设备）、它们的应用目标以及这些物理实体对象之间的高级别接口。

4）通信框架——描述各层的通信协议，这些协议需要用来支持车联网环境中的物理实体对象之间的通信。

另一个描述 CVRIA 的角度是从应用的角度出发，CVRIA 基于一系列在不同车联网项目中定义的应用。CVRIA 共包括四大类应用：环境、可动性、安全和支持，见表 3-2 所列。

CVRIA 的应用领域及应用组　　表 3-2

应用领域	应用组及包括的应用
环境	AERIS（Applications for the Environment: Real-Time Information Synthesis）/ 可持续出行（包括互联的生态驾驶、动态的生态驾驶、信号控制交叉口的生态型到达和驶离、生态型协作式自适应巡航控制、生态型综合交通走廊管理决策支持系统、生态型车道管理、生态型多模式实时出行者信息服务、生态型匝道控制、生态型智慧停车、生态型速度协调、生态型交通信号配时、生态型公交信号优先、充电站管理、低排放区域管理、路旁照明）
	道路气象（包括改进的维护决策支持系统，为出行者提供道路天气告知和预警，为应急响应人员提供道路天气信息和诱导，为货运公司提供道路天气信息，为维护和车队管理系统提供道路天气信息，天气响应型交通管理的可变限速）
可动性	边境（包括边境管理系统）
	商用车辆车队运营（集装箱安全、集装箱和拖盘运行数据）
	商用车辆路侧运营（Smart Roadside Initiative）
	货运先进的出行者信息系统（货运费用优化、货运独特的出行规划）
	Misc（Ad Hoc Messages）
	规划和性能监控（性能监控和规划）
	公共安全（包括先进的自动碰撞通知传播，应急通信和疏散，为应急响应人员提供到达事故现场前的引导，为驾驶员和工作人员提供事故现场工作区警告）
	交通网络（包括协作式自适应巡航控制、排队预警、速度协调、用于交通运行的车辆数据）
	交通信号（包括应急车辆优先、货运车辆优先、交通信号控制系统、行人可动性、公交信号优先）
	公交（包括动态合乘、动态公交运行、集成化多模式电子支付、间歇性公交专用道、为视觉障碍出行者提供路线 ID、智能停车换乘系统、公交连接服务、公交停车站需求）
	出行者信息（先进的出行者信息系统、接受停车空间可用性及服务信息、出行者信息——智慧停车）
安全	公交安全（公交—行人指示、车站处公交车辆预警、公交车前的车辆右转预警）
	V2I（Vehicle to infrastructure）安全（包括曲线路段速度预警、超大型车辆预警、信号交叉口人行横道行人预警、平交铁路道口预警、闯红灯警告、减速区预警、专用车道预警、现场气象影响预警、停车标志辅助、违反停车标志警告、工作区危险预警、前方工作区预警）
	V2V（Vehicle to Vehicle）安全（包括盲点预警及车道变化预警、车辆失控预警、不能超车预警、紧急电子刹车灯、紧急车辆警报、前向碰撞预警、交叉口通行辅助、碰撞前的动作、情景感知、尾随预警、车辆紧急响应）
系统支持	核心服务（包括核心授权、数据分配、基础设施管理、目标注册和发现、系统监控）
	安保（安全及证书管理）
	信号相位和配时（信号相位和配时）

对于某个具体应用，如交通信号控制系统，则会从组织机构、功能体系、物理体系、需求四个方面进行说明，物理体系框架如图 3-8 所示。[6]

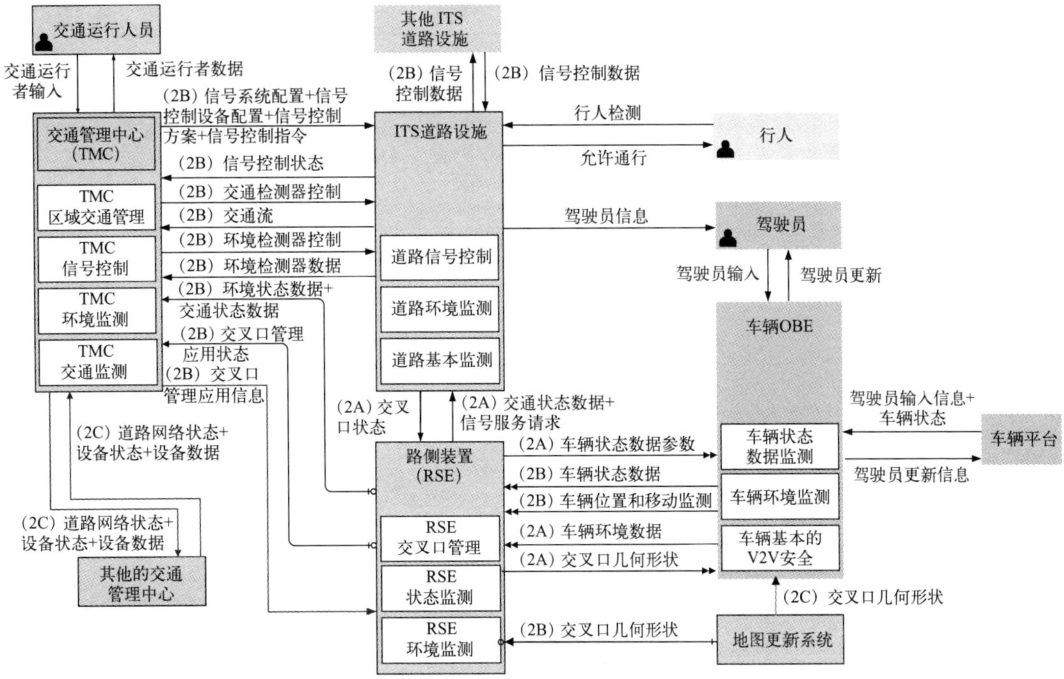

图 3-8 智能交通信号系统物理体系框架

3.3 欧洲的智能交通系统体系框架

欧洲智能交通系统体系框架现在常称为“FRAME”（FRamework Architecture Made for Europe）体系框架。欧洲智能交通系统体系框架的第一版是由 KAREN 项目完成的，2000 年发布，目前体系框架的很多内容还是当时确定的。2004 年通过 FRAME-S 项目进行了一些内容的更新，2008 ~ 2011 年进行的 E-FRAME 项目将体系框架的内容进一步扩展，将协同系统(Cooperative System)包括在内。FRAME 体系框架主要包括两大部分内容：用户需求和功能领域，用户需求用来描述智能交通系统能够提供什么，而功能领域用来显示如何能够实现这些功能。

3.3.1 用户需求

最新的欧洲FRAME体系框架包括了1个综述和9个用户需求领域,49个用户服务组，见表 3-3 所列。[7]

3.3.2 功能领域

由于包括了协同系统，FRAME 体系框架所支撑的主要功能领域扩展到了 9 个，如图 3-9 所示。[7]

欧洲 FRAME 体系框架用户需求　　表 3-3

用户需求领域	用户服务组
综述	体系框架属性
	数据交换
	适应性
	约束条件
	连续性
	费用 / 效益
	可扩展性
	可维护性
	数据质量
	鲁棒性
	安全性
	安保
	用户友好性
	特殊需求
	隐私
	通信
基础设施规划及维护	交通规划支持
	基础设施维护管理
执法	监管 / 执行交通规则
金融交易	电子金融交易
紧急服务	紧急通知和个人安全
	应急车辆管理
	危险品及事故告知
出行信息及诱导	出行前信息
	出行途中信息
	个性化信息服务
	路径诱导及导航
交通、事故及需求管理	交通控制
	事故管理
	需求管理
	协同系统——交通安全
	协同系统——交通效率
	协同系统——增值及其他服务

续表

用户需求领域	用户服务组
智能车辆系统	视觉改善
	自动车辆驾驶
	纵向防撞
	横向防撞
	安全准备
	车祸前碰撞预防
货运及车队管理	商用车辆预检
	商用车辆管理程序
	自动化路侧安检
	商用车辆车载安全监控
	商用车队管理
公共交通管理	公共交通管理
	需求响应型公交服务
	合乘管理
	在途公共交通信息服务
	公交运行安全管理

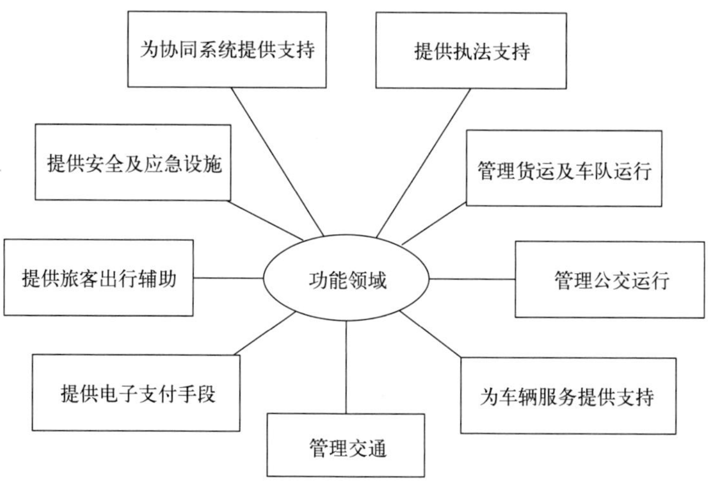

图 3-9　FRAME 的主要功能领域

1）为执法提供支持；
2）管理货运及车队运行；
3）管理公交运行；
4）为车辆服务提供支持；
5）管理交通；
6）提供电子支付手段；
7）提供旅客出行辅助；
8）提供安全和应急设施；
9）为协同系统提供支撑。

每个功能领域中的一些功能都需要与其他功能领域中的一些功能进行通信，例如：管理交通领域的某个功能所采集的数据需要共享，因为其他领域中的一些功能（如出行规划）也需要这些数据。这些功能领域之间的通信联系可以由图 3-10 所示数据流图来展示。

为了让每个功能领域中的功能项发挥作用，需要其能够从外部世界采集信息并将信息提供给相应的外部世界的用户，功能项所需要的与外部世界的关联由图 3-11 所示“关系图”来表示。[7]

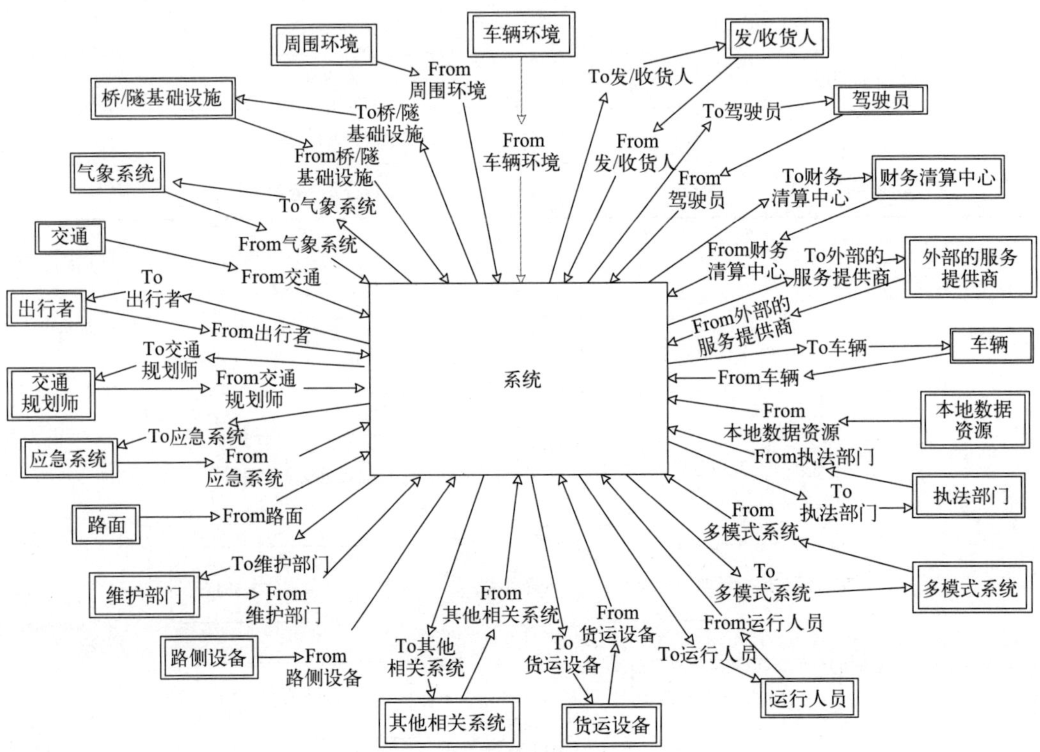

图 3-10　FRAME 体系框架关系图

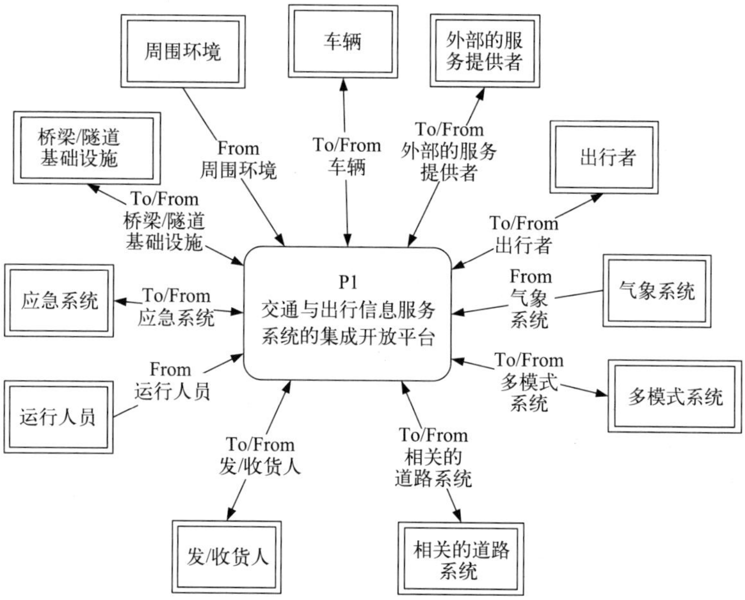

图 3-11　集成的城市交通与出行信息服务系统关系图

3.3.3　协同系统

协同系统是指一旦车辆能够相互通信，并且能够与路旁设备或中心通信后，所能够实现的道路交通服务。很多协同系统的应用和服务的特点是能够比其他形式的智能交通系统提供更个性化的服务。通过无线通信技术，可以不需要路侧设备或VMS（Variable Message Signs）就为出行者提供实时信息。在欧洲，协同系统可以初步划分为如下领域：

1）交通安全，如道路危险预警、车道利用、速度管理、碰撞预警、弱势交通参与者预警；

2）交通效率，如交通流优化、先进的自适应交通信号控制、车内诱导、灵活的车道分配；

3）货运及车队管理，包括装载区管理、休息区停车等；

4）增值及其他服务，包括eCall紧急呼叫、改善的路径诱导及导航、保险服务。

协同系统是未来智能交通系统发展的一个方向，但是与其他的智能交通系统相比，其实施需要涉及更多的技术和部门，故存在着实施、组织等方面的问题，例如在组织方面，每个子系统都可能是由某个人或某个单位所拥有或运行，那些需要很多子系统的智能交通系统服务将需要一系列的公共及私人部门参与，这将会使得系统的建设、运行变得较为复杂，尤其涉及该服务是否要为与安全无关的信息付费的问题。智能交通系统体系框架能够分析和讨论数据归属等问题，基于此则可以建立一个完整的商业模型。同时，对于协同系统的发展，由于某一服务往往不止有一个单位的参与，因此，需要建立一个模型来确定每个单位如何参与来提供服务，而智能交通系统体系框架可以为模型建立提供基础，如图3-12所示。

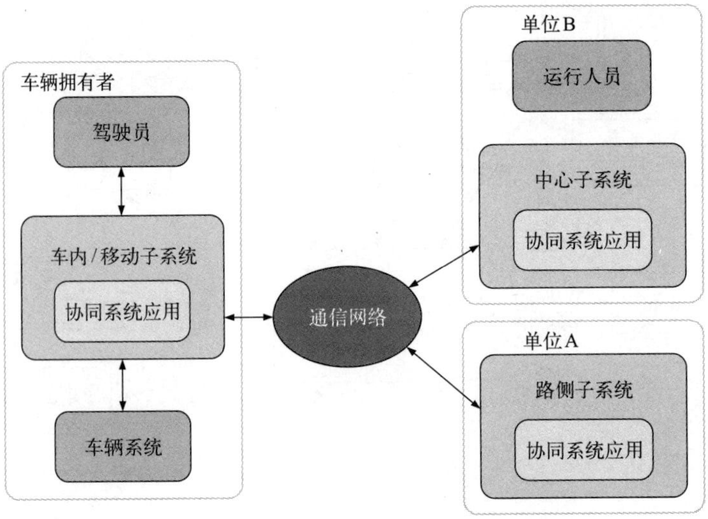

图 3-12 含有责任组织的协同系统框架示例[8]

3.4 日本的智能交通系统体系框架

为了更有效地建立一个集成的智能交通系统，使日本的智能交通系统具有可扩展性，并且促进国内和国际的标准化工作，日本进行了智能交通系统体系框架的研究工作。[9]日本在进行智能交通系统体系框架开发的过程中，主要遵循了以下四大步骤：①定义用户服务；②建立逻辑框架；③建立物理框架；④系统标准化。

3.4.1 用户服务

在最初的“日本智能交通系统综合计划书”（The Comprehensive Plan For ITS in Japan）中划分出 20 项用户服务，并从用户角度考虑添加了一项内容。在 9 个开发领域内实现这 20 项用户服务（外加 1 项额外的），56 项特定用户服务，172 项子服务。9 个开发领域为：①导航系统；②电子收费系统；③辅助安全驾驶；④交通优化管理；⑤提高道路管理效率；⑥公共交通支持；⑦提高商用车辆运行效率；⑧行人支持；⑨突发事故车辆运行支持。具体内容见表 3-4。

日本智能交通系统用户服务内容 表 3-4

开发领域	用户服务	特定用户服务
先进的导航系统	提供路径诱导交通信息	为驾驶员提供路径诱导交通信息
		为驾驶员提供其他交通方式信息
		预先提供路径诱导信息
		预先为驾驶员提供其他交通方式信息

续表

开发领域	用户服务	特定用户服务
先进的导航系统	提供目的地相关信息	预先提供目的地信息
		为驾驶员和其他人员提供目的地等信息
		在服务区、停车区及其他区域提供目的地相关信息
电子收费系统	电子收费	收费道路上的电子收费
		停车场、轮渡等的电子收费
安全驾驶辅助	提供驾驶及道路状况信息	提供道路状况信息
		提供附近车辆和其他物体信息
	危险预警	前方车辆或物体的危险预警
		邻近区域车辆的危险预警
		冲突车辆的危险预警
		驾驶员或车辆状况的危险预警
	驾驶辅助	对前方车辆危险的辅助驾驶
		对附近车辆危险的辅助驾驶
		对前方冲突车辆危险的辅助驾驶
		因驾驶员异常状况的辅助驾驶
	自动公路系统	一般车辆的自动巡航
		服务车辆的自动巡航
交通管理优化	交通流优化	交通管理规划支持
		交通管理及交通管理设施运行支持
		泊车措施支持
		先进的驾驶员辅助
		警员工作支持
		维持交通秩序
		交通信号优化
		路径诱导
		动态车道控制
	事故管理中提供交通管制信息	非常情况下的交通管理支持

续表

开发领域	用户服务	特定用户服务
提高道路管理效率	改善维护运行工作	道路管理工作的支持
		道路管理工作的改善
		优化交通管制
		改善灾难恢复效率
	特许商用车辆管理	特许商用车辆管理
		危险品运输车辆信息采集
	提供道路危险信息	提供道路危险信息
公共交通支持	提供公交信息	提供公交运行和公交换乘信息
		支持出租车和需求响应型巴士的使用
	公交运行及运行管理辅助	实行公交优先
		提供公交运行及其他信息等
提高商用车辆运行效率	商用车辆运行管理辅助	提供商用车运行等信息
		提供货物信息
		提供其他交通方式运行信息
	商用车自动组队	商用车自动组队
行人支持	行人路径诱导	提供行人路线设施、路径等信息
		行人路径诱导
	避免人车事故	利用交通信号控制确保行人安全
		确保机动车环境中的行人安全
		提供行人位置和其他信息
应急车辆运行支持	应急车辆运行支持	紧急事件通知
	应急车辆路径诱导与应急活动支持	应急车辆诱导和应急行动支持
	在先进的信息通信社会中使用先进的信息	在先进的信息通信社会中对信息的利用
		利用多种交通方式相关的信息
		智能交通系统功能先进的信息通信社会的协作

3.4.2 物理框架

日本物理框架的最高层次与美国类似，如图 3-13 所示。

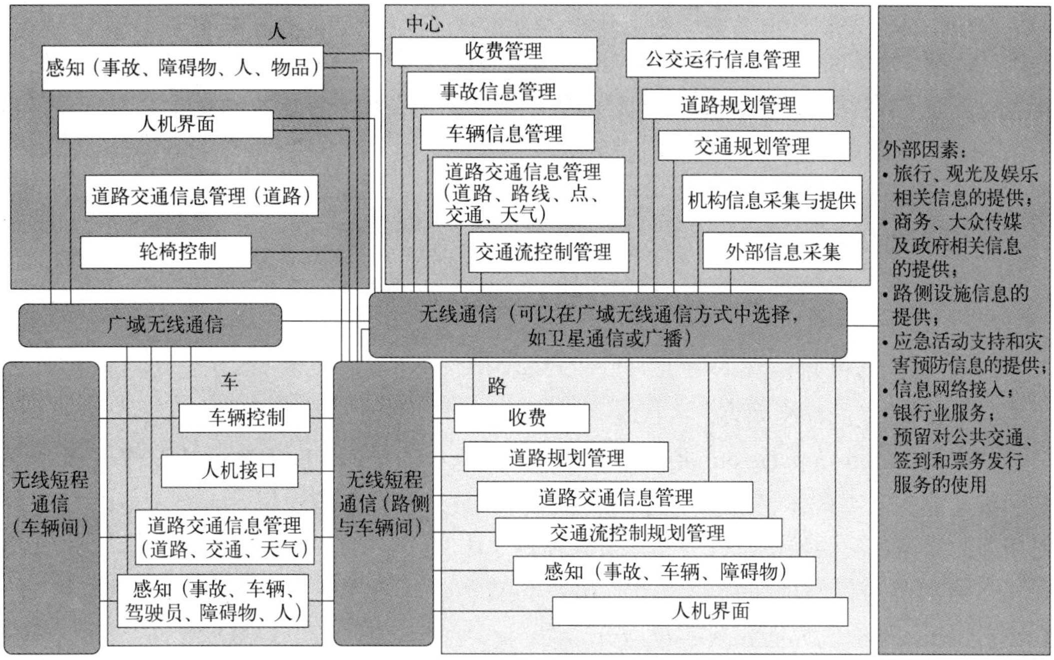

图 3-13　日本智能交通系统物理体系框架[9]

3.5　体系框架的应用

3.5.1　体系框架辅助工具

智能交通系统体系框架包括用户服务、逻辑框架、物理框架、通信体系以及应用系统或者服务包等多个部分，相互之间关系较为复杂，且涉及内容众多，因此，为了推进基于国家智能交通系统体系框架的应用，部分国家（如美国、中国等）在开发智能交通系统体系框架的同时，亦开发了辅助工具，这里以美国的 Turbo Architecture 为例简单介绍一下。[10]

为了推动国家智能交通系统体系框架有效支撑区域、城市层面智能交通系统的发展，美国在制定智能交通系统体系框架的同时，亦同步开发名为“Turbo Architecture”的应用软件。Turbo Architecture 是一个交互式的软件应用，能够辅助交通规划人员和系统集成人员使用国家智能交通系统体系框架作为起点来开发区域或项目级别的体系框架。

Turbo Architecture 首先把国家智能交通系统体系框架的内容作为基础数据库提供给用户，用户按照地方智能交通系统实际情况和相关部门的设置情况将本地智能交通系统的规划内容和现有重大项目映射到本软件系统，则 Turbo Architecture 就会输出一个与国家体系框架内容衔接并与其他各地框架兼容的地方智能交通系统体系框架。如果各地智能交通系统的规划内容和现有重大项目在国家框架中找不到对应的内容，则 Turbo Architecture 亦支持新内容的开发。[4]

Turbo Architecture 主要提供如下功能：开发一个区域体系框架；开发一个或多个项目的体系框架；维持区域和项目体系框架之间的一致性；生成一系列体系框架的报告、图形和表格；为区域智能交通系统体系框架创建一系列的网页和可以出版的文件。

Turbo Architecture 的用户界面包括：[2]

1）功能需求支持；

2）项目排序支持；

3）运行相关的概念（例如角色与责任）；

4）利益相关者；

5）支持的协议列表；

6）用户定制的标准列表。

其中的 Turbo Conversion 功能能够自动转换已有的 Turbo 数据库，从而使它们能够与国家智能交通系统体系框架的当前版本保持一致，并且为用户提供一个方便的方式来使用新的体系框架的特征。这个转换可以很快完成。

当然，要想很好地使用该工具，用户必须非常熟悉国家智能交通系统体系框架。Turbo Architecture 的界面如图 3-14 所示。

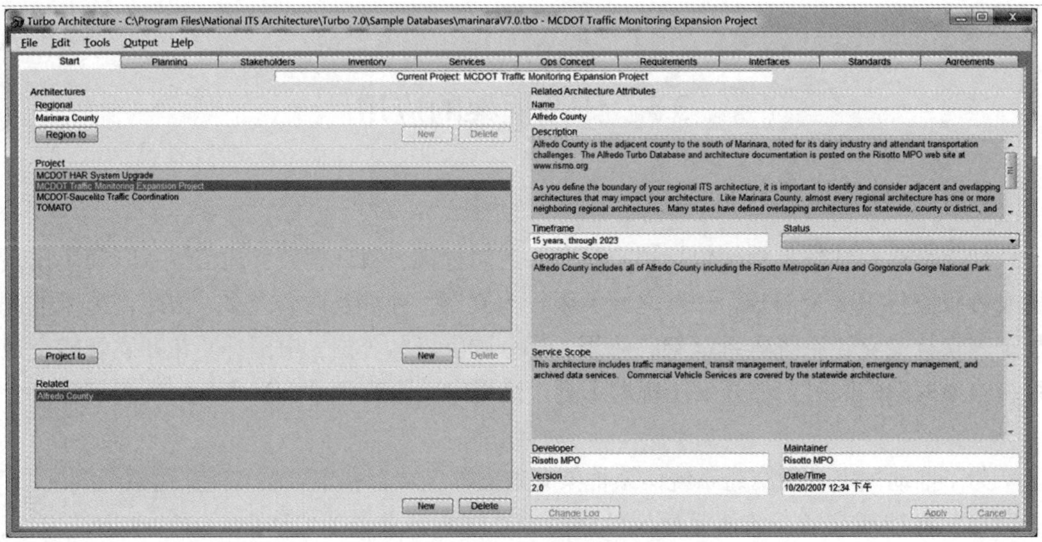

图 3-14 Turbo Architecture 的典型界面

3.5.2 体系框架支撑智能交通系统规划设计

除了在国家层面建立智能交通系统体系框架外，还可以在区域层面、城市层面等不同层面建立智能交通系统体系框架。国家智能交通系统体系框架的一个重要作用就是作为基础来支撑地区或城市层面智能交通系统体系框架的开发。作为一个通用性、基础性的框架，智能交通系统体系框架应当在国家、区域、城市或某个领域的智能交通系统规划设计中发挥重要作用，体系框架主要是用于使用自上而下的方法进行综合智能交通系统的规划和实施中，如图 3-15 所示。[8]

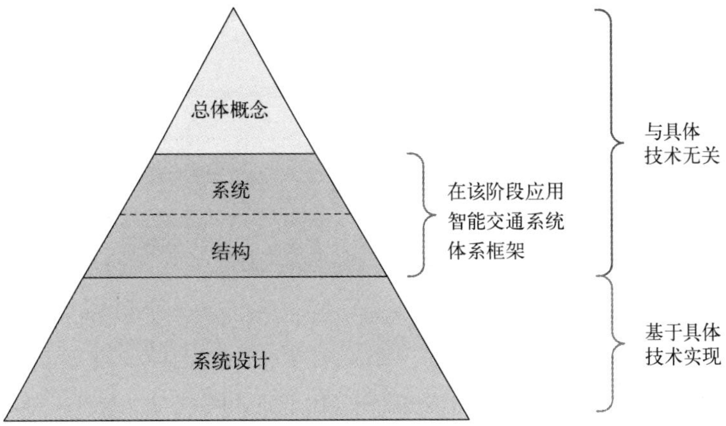

图 3-15 智能交通系统规划过程中体系框架的应用

智能交通系统的规划设计总体上可以大致分为三个阶段，总体概念、系统结构、系统设计，总体概念和系统结构阶段基本上与具体的实现技术无关。总体概念阶段主要是建立参考模型，涉及实施智能交通系统的相关部门的决策或选择，在该阶段智能交通系统体系框架无法提供什么具体支持。在系统结构架构阶段的成果使得智能交通系统企业能够生产相应的装置及系统来为用户提供服务，虽然这些企业的产品各具特点，但都需要满足总体概念和系统结构阶段所确定的用途。

智能交通系统结构包括众多的体系结构：实现智能交通系统服务的功能由逻辑体系结构界定，在逻辑体系结构中并不强加任何明确的技术解决方案；而物理体系结构则明确了智能交通系统实施中的系统组成部分及其之间的联系；通信体系结构则明确了系统组成部分之间的通信需求；组织机构体系结构则明确了拥有、管理和运营每个系统部分的单位或人员及其他组织机构相关事宜；信息体系结构则描述了使用的信息及其属性和关系。

在规划过程中的系统结构阶段，需要参考体系框架进行。在该阶段，体系框架中所确定的用户服务、功能模块、设备及系统等可以作为进行系统结构规划设计的参考。

在项目开发层面，一个维护良好的体系框架能够为项目的启动提供一个很好的工具，以区域性智能交通系统体系框架的应用为例，如图 3-16 所示。区域性智能交通系统体系框架的内容，例如利益相关者以及他们的义务和责任（包括在运行概念中）以及一系列的协议能够支撑项目运行概念。功能需求则是一种高级别的需求，能够支撑系统需求的开发，而接口和智能交通系统标准则能够支持项目设计。体系框架中的子系统和终端的概念用于定义项目工程实施中的设备组合和功能需求等；框架流用于定义界面，而相关的智能交通系统的标准则全部来自国家智能交通系统体系框架中的定义。

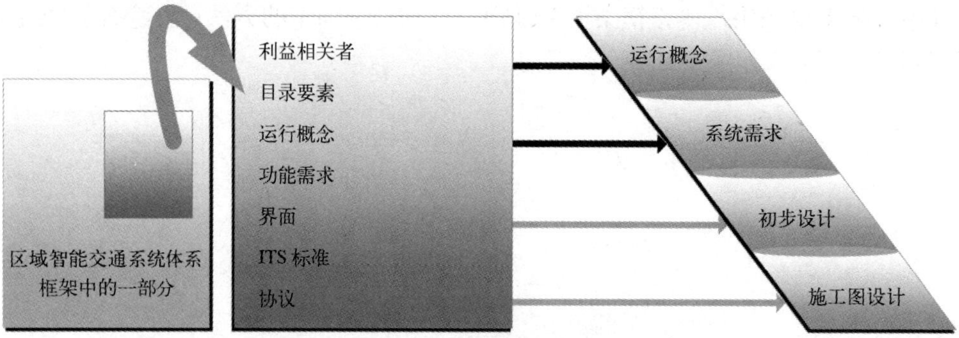

图 3-16　区域智能交通系统体系框架在智能交通系统规划设计中的应用

本章参考文献

[1] 陆化普，李瑞敏，朱茵编著 . 智能交通系统概论 [M]. 北京：中国铁道出版社，2007.

[2] The National ITS Architecture 7.0.[EB/OL]. 2015. http://www.iteris.com/itsarch/.

[3] Operations, U.F.O.o. The Architecture View[EB/OL]. [2015-7-21] http://www.iteris.com/itsarch/html/menu/hypertext.htm.

[4] 张可等 . 智能交通系统体系框架构建方法与应用 [M]. 北京：人民交通出版社，2013.

[5] U.S Department of Transportation Intelligent Transportation System Joint Program Office. Developing Traffic Signal Control Systems Using the National ITS Architecture[R].1998.

[6] Connected Vehicle Reference Implementation Architecture. [EB/OL]. 2015-03-25. http://www.iteris.com/cvria/index.html.

[7] Drupal. The FRAME Architecture[EB/OL].2011.[2015-04-01] http://www.frame-online.net/.

[8] The FRAME Architecture and the ITS Action plan Project. [EB/OL].[2015-03-10]. http://www.frame-online.net.

[9] National Police Agency, Ministry of International Trade and Industry, Ministry of Transport, Ministry of Posts and Telecommunications, Ministry of Construction. System Architecture for ITS in JAPAN[R]. 1999.

[10] United States Department of Transportation. Turbo Architecture[EB/OL]. 2015. [2015-02-03]. http://www.iteris.com/itsarch/html/turbo/turbomain.htm.

第四章　智能交通系统的规划设计

4.1　智能交通系统规划设计的基本思路

智能交通系统的规划、设计是从一个全新的角度对城市或地区的综合交通系统进行功能定位，与传统的综合交通系统规划有相通之处，但也有明显的差异，在智能交通系统的规划设计中重点需遵循如下基本思路：

1）以信息的共享和深度利用作为城市或地区智能交通系统发展的基石。在当前的信息化时代甚至数据化时代，数据信息已经成为新的资源，包含着知识和智慧的数据、信息已逐步超越土地、资本、劳动力等传统生产要素的价值，成为最为关键的生产要素之一。综合交通系统数据及信息的获取、储存、处理、传播和扩散导致了综合交通系统运行效率的提高以及生产力的提升，同时提升了综合交通系统的服务水平，重视信息的共享和深度挖掘利用已经成为改善综合交通系统的重要支撑，因而在城市或地区综合交通系统中发挥着极端重要的作用，亦是在智能交通系统的规划设计中必须强调的重点。

2）以技术创新和应用创新作为城市或地区智能交通系统发展的动力。城市或地区的智能交通系统应当以智慧城市、新型城镇化建设等为契机，在夯实基础应用效果的前提下，结合信息通信技术的最新发展，适应于不断发展变化的社会经济大环境，不断推动智能交通系统中的技术创新和应用创新，以实现智慧、人文、绿色的新型城镇化发展目标。

3）以改善市民生活品质、实现交通“以人为本”作为智能交通系统发展的落脚点。智能交通系统的发展目标最终是要对每个交通参与者用最少的资源支持最大的交通需求。因此，智能交通系统的建设应当紧扣“以人为本”这条主线，通过构建支撑城市发展的综合智能交通系统，形成基于大数据、智能挖掘、智能车辆等的全新的综合交通基础设施和运行支撑体系，使综合交通系统逐步达到安全、和谐、便捷、以人为本的可持续发展状态。

4.2　智能交通系统规划设计的工作阶段

在进行智能交通系统规划或设计工作的过程中，主要的几个基本工作阶段如下：[1]

1. 进行城市 / 区域交通运输需求调研

在进行城市 / 区域智能交通系统规划或设计的初始阶段，就应该确定目前交通系统存在的主要问题，而这些问题又是智能交通系统能够起作用进行解决或缓解的，即要明确当前发展阶段下城市 / 区域对智能交通系统发展的需求。例如，比较理想的情况是可以从调查未来智能交通系统各类使用者的需求出发，包括运输公司、分销公司、客车和货车经营者、交通出行者、商业机构、私营机构、国家和城市政府机构等，通过对各类交通系统使用者的调查来获得城市 / 区域对智能交通系统发展的需求。

同时,智能交通系统的规划/设计需要反映当前社会经济总体政策和交通政策的主题,例如促进经济发展、保持环境可持续性、改善交通安全水平等。

另一方面，还需要对整个城市 / 地区的综合交通系统现状进行综合的调查，具体的调查内容及需求见第五章。需求调研的一个目标是要保证智能交通系统的基本配套设施，从而在可能的情况下利用现有的项目和基础设施作为跳板。

2. 梳理已有智能交通系统

对于智能交通系统规划 / 设计而言，其中一项重要的工作是要清晰地梳理规划 / 设计范围内现有的智能交通系统和所提供的服务，包括已经建设完成并正在运营的以及正在开发建设的。在智能交通系统规划 / 设计中，对这些已有系统必须给以充分的重视，需要根据现实的需求和未来的发展确定是否保留或升级这些系统，抑或是在未来通过投资进行新的系统建设以改善系统能力。

同时，对现有的智能交通系统进行深入分析整理，还能够为未来智能交通系统的发展内容提供借鉴和基础，例如交通管理部门已经建设城市交通信号控制系统，那么在此基础上就可以考虑增加应急管理、先进的信息服务系统等，最终形成集成化的城市智能交通管理系统。

3. 形成良好的规划 / 设计机制与团队

在智能交通系统规划 / 设计中，需要注意的是，不是单靠一个规划 / 设计单位的技术团队就可以完成全部的工作，而是必须将智能交通系统所涉及的若干不同的各类团体都考虑进来，并且以某种恰当的方式参与到智能交通系统的规划、设计中。

智能交通系统建设的根本目标是为了改善交通运输系统的运行状况，这也是众多交通相关部门的愿景，因此，需要各相关单位参与到智能交通系统的规划设计中来，以便通过智能交通系统的建设将愿景变为现实。而且如何协调各个相关单位的地位也可能是未来实施和运营智能交通系统的一个重要方面 [1]。如果各部门的利益能够被很好地考虑进智能交通系统的规划设计中，则新的系统的开发建设将会容易得多。因此，关键参与者之间的密切联系是整个智能交通系统规划设计乃至建设实施过程中所必需的。

需要注意的是智能交通系统规划设计所涉及的单位或组织可能比较广泛，但是起主要作用的是关键的少数单位，例如公路的经营机构，负责主要干线公路和地方道路的交通部门，交警和其他交通管理部门或企业等。

4. 明确规划设计的优先项和内容需求

在前面的准备工作做好之后，就要着手实施具体的规划设计工作。智能交通系统规划设计应着重于确定智能交通系统所能够提供的服务以及要建立的应用系统，即明确规划设计工作中的优先项，而这些内容则应当能够从国家智能交通系统体系框架得到支撑。当然在智能交通系统规划设计中一定需要注意本地特点，尤其是通信网络等。

同时在进行智能交通系统的规划设计中还需要注意解决公私合作关系和公共部门之间的合作关系问题。智能交通系统所涉及的每个机构都有自己的不同历史、文化与标准操作程序，使得建立必要的合作关系时困难重重。有的智能交通系统如信号控制系统，通常只是属于交通管理部门内部使用，可能并不存在多个公共部门之间合作的问题，而交通应急救援系统（例如在高速公路上）则会涉及高速公路公司、路政部门、公安交通管理部门、消防部门、医疗部门、专业施救公司等多个公私单位，在系统规划设计中需充分应对好这种情况。

在进行具体的智能交通系统规划设计中，需要考虑以下几点：

1）系统实施完成后应该达到什么水平的服务——从覆盖率、质量、产品开发及用户的互动的角度出发考虑。

2）在将来实施系统的过程中可能会遇到什么样的问题，由此需要在规划设计中予以规避。

3）系统实际实施之后是什么样子，即系统实施之后能够实现的功能。

4）系统实施之后会带来哪些收益和效果，需要为这些规划、基础设施和运营投资的理由是什么。

5. 专业小组推进具体工作

以提供规划、设计咨询服务单位的技术人员等为核心形成智能交通系统规划、设计小组，并且充分整合智能交通系统各利益相关单位的相关人员，形成分工明确、责任清晰的智能交通系统规划、设计工作推进小组。有智能交通系统利益相关单位人员的参与，不仅有助于最终成果得到关键参与者的认同，同时有利于智能交通系统规划、设计各相关单位的准确定位，以及参加人员的角色清晰化。

6. 形成规划设计文档

在前述工作的基础上，形成成果文件。

4.3　基于系统工程流程的智能交通系统建设

4.3.1　概述

智能交通系统发展至今，无论从研究和应用来看，智能交通系统都是由基础设施、运输工具、运输对象、组织管理体制、信息通信技术等部分构成，同时与外界系统如环境、经济、人文、其他各类信息系统等有着千丝万缕的联系，因此，虽然智能交通系统类似于一个信息系统，但是由于其复杂性，亦可视为一个复杂的社会技术系统。或者说，智能交通系统主要是一个技术系统，但是其应用必须是在社会系统中，故会受到众多社会系统因素的影响。

社会技术系统的概念最早是从 Tavistock Institute 的一项研究中发展起来的[2]，社会技术系统理论认为一个“组织”是由社会子系统与技术子系统为核心构成，同时需考虑环境子系统。对于社会子系统与技术子系统而言，如果只强调其中的一个而忽略另一个，就可能导致整个系统的效率低下。

作为典型的社会技术系统，智能交通系统的发展需要应用“系统工程”的理念和技术来支撑，同样，在智能交通系统的规划设计中，也必须充分重视系统工程流程技术的应用。

系统工程的基本目标是成功开发一个系统，虽然有很多指标用来衡量系统是否成功，但有一些基本的衡量系统开发是否成功的目标，例如投资在预算之内，按期完成，满足技术需求和用户的期望等。

在智能交通系统的发展中应用系统工程的技术主要有如下一些关键概念：

1）要考虑系统的整个生命周期。“系统工程”思维不仅仅考虑系统从开始建设到建设完成的阶段，还要考虑系统开始建设前的规划、设计阶段以及系统建设完成后的运行、维护以及系统废弃或更迭的阶段。

2）要重视利益相关群体的参与。“系统工程”思维使得在系统实施过程中的全部阶段都要考虑各类利益相关者的参与，从需求识别阶段到确认系统阶段等。各利益相关者的参与是智能交通系统能够获得成功的关键。

3）尽早理解项目风险。风险越早被识别和解决，其对项目费用和项目进度的影响就会越小。

在智能交通系统的发展中应用系统工程的理念主要有如下一些效益和费用。

系统工程的理念能够改善智能交通系统项目成果质量，降低项目实施延期的风险以及成本超支问题，增强项目建设完成后满足用户期望的可能性。同时可以改善智能交通系统项目利益相关者的参与度以及更好地对最终成果以及开发过程进行描述。系统工程理念的应用也有利于在整个系统生命周期中形成可持续性，通过在初始阶段正确地进行系统建设从而降低运行成本以及降低后期修改的需求。

系统工程思想的应用虽然能够带来上述的益处，但是也会导致一些相应的费用。一般而言，应用系统工程的思想在项目的初始阶段（即直到施工图设计阶段）会产生较多的费用。但是这些在规划、设计阶段增加的额外的费用却能够显著降低在项目实施阶段由于规划、设计的不明确造成返工而导致成本超支的风险。当然，应用系统工程的思想的支出还取决于项目的大小、复杂性及风险的数量。

4.3.2 系统工程流程的应用

近年来，相关研究领域已经开发了多个不同的系统工程的流程，其中比较典型的是图 4-1 所示的“V”模型，该模型也是美国交通部（DOT）在智能交通系统发展中所采用的模型[3, 4]，其主要原因之一是该模型展现了一些有关项目开发初期阶段与项目成果之间关系的系统工程的关键原则①。

① 本节内容以编译为主。

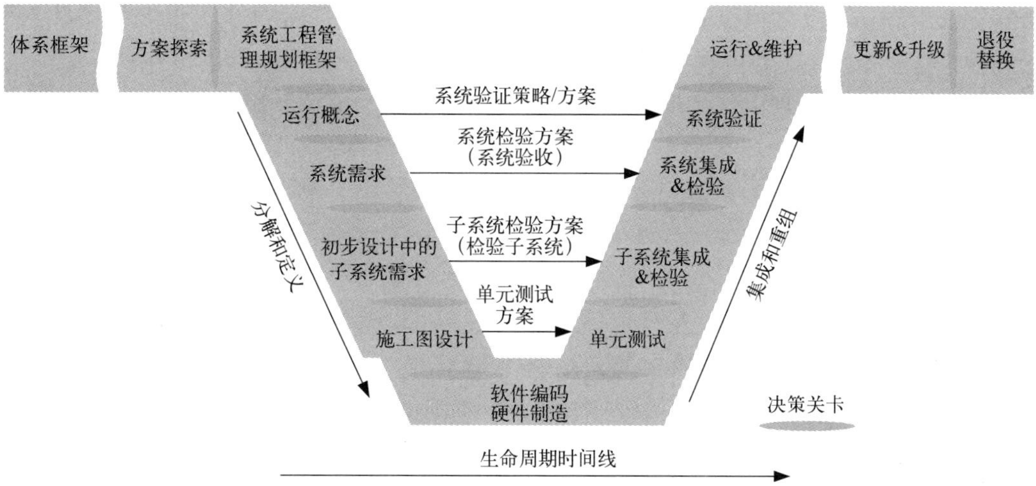

图 4-1 系统工程的“V”模型

1. 体系框架

系统工程流程中的第一步是要考虑在智能交通系统体系框架（或智能交通系统规划）中对于要开发的系统是如何进行描述的。智能交通系统体系框架（或智能交通系统规划）描述了智能交通系统所有的利益相关者、已经实施的智能交通系统、目前正在实施的智能交通系统以及未来将要实施的智能交通系统。作为“V”模型中的第一步，其主要目标是将要规划设计的智能交通系统纳入一个城市或区域整体的智能交通系统体系框架或规划中。

2. 方案探索

该步骤是用于实施一些初级阶段的可行性分析、效益分析或者需求评估以促进智能交通系统的规划设计与实施，其结果是对一些可选项目方案形成特定的费用—效益分析。该步骤的输出结果是对问题的定义，系统的关键技术、需求、目标，愿景的细化等。该步骤提供了项目进一步推进的理由，该步骤可能会基于最优的费用—效益分析将一些备选项目进行整合或分解。该步骤是整个流程中第一次遇到“决策关卡”(图4-1中椭圆所示)，这意味着在该步骤中要进行明确的决策。在该步骤中的“决策关卡”是要获得管理支持和许可以便使项目进入可以获得资助阶段。对于一些新建系统，往往需要该步骤，而对于一些系统升级等项目，这个步骤往往可以忽略。

3. 系统工程管理规划

每个进入到实施阶段的智能交通系统项目都需要进行规划。首先，智能交通系统拥有者进行一系列的总体规划和进度计划，从而识别需要什么样的规划以及在较高的组织层面上的项目实施进度计划。这些规划通过接下来的一些步骤（从运行概念到施工图设计）来完成。这些规划成果一旦被系统拥有者批准，就成为项目开发和实施的控制性文件。因此，该步骤的关键成果是系统工程管理规划文档。

系统工程管理规划是传统项目管理规划的扩展，但控制着智能交通系统项目的技术发展。它是管理系统工程的顶级规划，定义了项目的系统工程部分将被如何进行组织、架构以及管理，以及如何控制总体的工程流程来提供满足用户需求的产品。该系统工程管理规划是整个系统工程流程中创建的第一部分文档，用来说明项目是如何被开发的。

系统工程管理规划识别了项目开发过程中所有需要的文档和规划。系统工程管理规划的初始版本（有时称为系统工程管理规划框架）往往在项目初始阶段就被开发出来，而且通常并不是很大或很复杂的文件，因为只是起到一个大纲性的作用。尽管系统工程管理规划在智能交通系统项目开发中是一个相对较新的概念，但是却是管理项目技术方面的一个非常重要的工具。该文件应当是项目拥有者用来管理承包人工作和进展的初级工具。《智能交通系统工程指南》（Systems Engineering Guidbook for ITS）[4] 中给出了下面步骤中讨论到的系统工程文件的模板和案例。

4. 运行概念

该步骤的目标是能够清晰地给出要开发的系统的高级视图，以便每个利益相关者都能够很好地理解项目。这个基础性文件将对整个系统进行架构并确定项目的技术路线。一个良好的运行概念能够从每个项目利益相关者的角度回答系统的 Who、What、Where、When、Why 以及 How 的问题，如图 4-2 所示。[5]

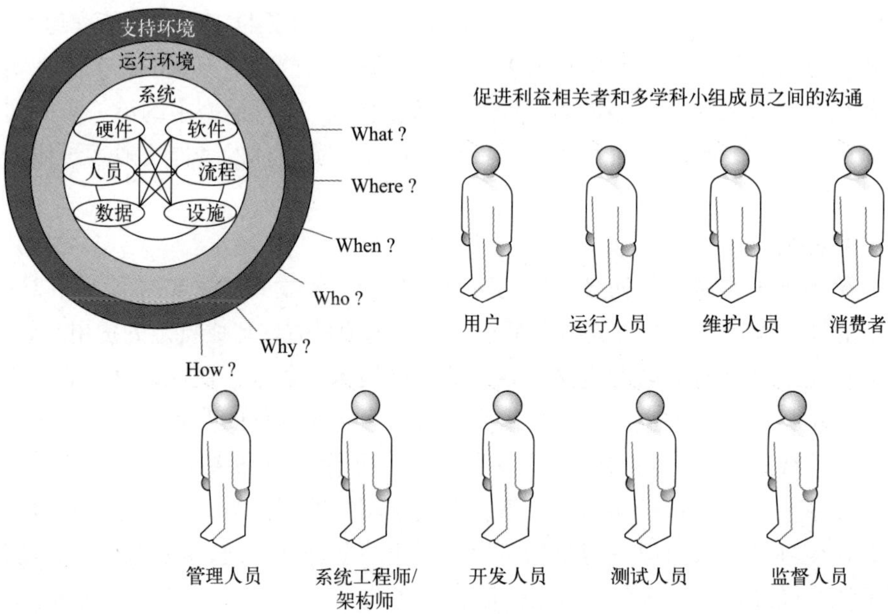

图 4-2　运行概念

运行概念是系统工程流程中的第一个关键的输出，形成了下一步骤中需求定义的基础。系统工程流程中的运行概念阶段用于确保系统开发人员的文档能够显示出对用户需求的完全理解。

该步骤体现了系统工程流程中的一些关键概念：①让所有的利益相关者都参与，他们的输入是开发运行概念的关键；②聚焦于问题和用户需求；③以终为始，也就是说要定义关键的系统成果以及关键的运行和维护考虑。

为了实现这些步骤，运行概念说明了未来愿景系统运行的方式以及未来愿景系统如何满足利益相关者的需求和期望。在该步骤中，系统工程流程“V”模型显示了第一个从左（分解和定义侧）向右（集成侧）的箭头，意味着系统验证策略或计划的创建。运行概念定义了用户需求，而且在该步骤中，系统工程流程的使用者可能会为需求的确认创建一个计划，从而用来支持后面描述的系统确认步骤。

5. 系统需求

一个成功的智能交通系统项目的最重要的贡献就是对满足利益相关者需要的清晰的需求描述。需求又可以分为多种，例如功能需求定义了系统必须做什么，性能需求定义了系统要在何种程度上实现其功能，各类的非功能需求则定义了系统必须运行在什么条件下等内容。

需求分析阶段是一个重要的阶段，每个智能交通系统项目都必须有清晰的文字版的需求分析。当然，该步骤并不意味着必须为每个项目都重新编写全新的需求说明，除非是需要完全新建的系统。一些需要改善或升级的现有系统可以在已有的系统需求的基础上进行建设。

在需求分析阶段让所要建设的智能交通系统的利益相关者参与进来是非常重要的，因为正是这些利益相关者是进行需求分析的最主要的专家，包括系统应当具备的功能，系统能够多好地完成其功能以及系统必须在什么状况下运行。系统工程师的工作是从利益相关者处抽取出这些信息。该步骤的成果是一系列的需求文档，能够充分地表述前一阶段定义的用户需求。如“V”模型所示，系统需求形成了创建一个系统验证规划的基础，该规划为每个需求定义了一个确认案例和方法。系统需求还能够追溯到用户需求从而显示所有的用户需求是否都得到了满足。可追溯性是系统工程流程中的一个重要概念。

6. 初步设计中的子系统需求

系统工程的方法要求在定义解决方案之前首先定义问题，“V”模型中在该步骤的工作主要集中在识别和定义需要解决的问题方面。初步设计阶段是第一个定义项目解决方案的步骤。因此，这是一个重要的转换步骤，将之前各阶段所定义的需求与下面阶段将要建立和实施的设计框架进行关联。

初步设计阶段的一个主要成果就是将系统分解为多个子系统并且定义子系统之间的关键界面。完成这项工作的一个方法就是为智能交通系统建立一个项目级的体系框架，即整个项目所涉及的各个智能交通系统集成的体系框架。该体系框架可以是一个智能交通系统体系框架（类似于智能交通系统国家体系框架中的体系框架）或是一个更为具体点的由主要部分和通信联系构成的框架。

考虑到系统的复杂性，每个子系统的需求可以参考系统需求定义的方式进行定义及文档表述。

该步骤将形成初步设计成果。

7. 施工图设计

在施工图设计阶段，设计团队要定义智能交通系统将会被怎样进行建设，该步骤的聚焦点是如何定义智能交通系统。为了执行该步骤，每个子系统都需要由如下要素进行进一步的定义：硬件、软件、数据库、通信等。这些要素需要由相应领域内的设计人员来针对具体的部分形成文档成果。如果有需要定制的硬件或软件，则需要设计人员对这些部分进行详细的设计。在实际中，智能交通系统所应用的硬件基本上都已经存在，因此只有很少的硬件需要专门的设计。而软件的定制则是常见的事情，因为虽然大多数的智能交通系统项目都是使用供应商的软件，但是其中很多时候需要针对用户特定的项目需求进行定制开发。

施工图设计中包括对界面的详细定义，这包括对于用于连接项目中的各种硬件子系统或模块的通信的详细定义。该阶段另外的一个成果是创建单元计划，以便用于核实这些单元能够满足详细的设计说明。

8. 软硬件采购或开发

该步骤包括硬件制造、软件编码、数据库部署和已有成熟产品的采购及配置等。系统所有者和利益相关者会利用计划好的定期检查来监控整个实施过程，例如代码走查和技术审核会等。与此同时，也会进行单元测试来检验产品是如何满足施工图设计的。当该阶段完成时，开发的产品应该已经可以用于进行单元测试了。

9. 单元测试

通过软硬件开发后形成的系统单元模块可以用来验证是否与原定的单元验证计划相符。单元测试的目的是验证所开发的单元是否能够满足施工图设计的要求。而对于供应商提供的成熟的软硬件，其单元测试主要是测试软硬件是否满足系统对其功能的需求。

10. 子系统集成及检验

在该步骤，在子系统层面上对多个单元进行集成及检验，也就是说，子系统要满足其特定的需求。在进行实际的检验前，可能需要一个测试启用前检验来确定子系统是否已经能够用于检验。

当确定子系统可以用来检验后，则进行子系统的检验。当完成某一层级子系统的集成和检验后，则以同样的方式进行下一级子系统的集成和检验，持续进行这样的过程直到所有的子系统都进行了集成和检验。

子系统集成和检验的一个关键因素是本质上其需要不断地反复。一般而言一个项目将首先集成系统的一部分，然后进行检验，再集成其他一些部分，再进行检验，如此循环以完成整个系统的集成。对于复杂的系统尤其需要如此，但是对于只包括很少子系统或模块的系统，则可以快速地完成该步骤。

11. 系统集成及检验

在系统工程中，检验和验证是不同的，检验是用于确认一个产品能够满足其特定的需求，而验证是指一个产品能够实现其预期用途。也就是说，检验用来确保正确地制造产品，而验证则是用来确保制造正确的产品。这是很重要的区别，因为有些案例表明很多精密的产品能够满足所有的需求但是最终未能达到其目的。

系统检验经常包括两个部分，第一部分是在一个受控的环境中进行（通常称为出厂试验），第二部分是在系统真正要运行的环境中进行（有时也称为现场测试或检验）。

12. 初步的系统部署和系统验证

在系统部署过程中，项目开发小组将智能交通系统安装到运行环境中，并且将系统运行的职责转交给将要拥有和运行系统的组织机构。转交的内容包括配套设备、文档、运行培训和其他支撑系统运行和维护的产品。作为该步骤的一部分，在转交系统前要进行验收测试，从而来确认系统在运行环境中是否如预期一样表现良好。该步骤可能要持续数周来完成以确保系统能够长期圆满地运行。有时也称为系统老化测试，因为有很多系统问题会是系统在实际环境中运行了一段时间后才会逐渐显现。

13. 系统验证

当智能交通系统通过了系统检验且被部署到运行环境中后，就需要进行系统验证。使用早期开发的系统验证计划，智能交通系统开发小组或系统拥有者、运营人员就可以进行测试以确定部署的系统是否满足最初在运行概念阶段所识别的需求。作为验证的结果，可能会出现一些新的需求。

14. 运行和维护

在初步的系统部署和系统验收后，智能交通系统便进入到了运行 & 维护阶段。在该阶段，系统将按照预期的设计进行运行。在该阶段中，日常维护和员工培训同时进行。该阶段是系统生命周期中最长的一个阶段，直到系统废弃或者更新，可能会持续数年时间甚至更长的时间（如几十年时间）。需要注意的是，很重要的一点是要有足够的资源来支持系统必需的运行和维护工作，否则系统的寿命将因此而大大减小。

15. 系统更新和升级

一旦系统投入使用，则将面临各种的更新和升级。这些更新和升级可以通过回到“V”模型的相应阶段来实施。

在更新和升级中使用“V”模型有助于维护系统完整性（保持系统组件和支持文档之间的同步）。当采用这种方法时，在初始开发阶段形成的系统工程文档也能够在系统更新或升级中被更新。系统工程流程的一个主要成果就是准确完整的文档集。

16. 系统废弃或更迭

最终，每个智能交通系统都将因为各种原因而废弃或者更迭。有些系统是难以继续满足用户的需要，或者持续运行下去是不划算的，或者是系统的有些关键部分已经被淘汰而无法进行有效维护（例如国内通常使用的违法抓拍系统的关键部件——抓拍摄像机更新换代非常频繁，导致外场设备难以保持多年的应用而需要经常地更换）。无论是什么原因，系统拥有者都将需要考虑系统的废弃或替换。下一步将会是开展一项研究以评价系统废弃或替换的费用和效益。

从“V”模型的角度来看，这相当于回到概念探索阶段，在一个恰当的对称“V”图中，最后一步是规划步骤从而产生一个新的项目——系统替换。

4.4 智能交通系统规划

规划往往是指时间尺度比较长，涉及范围比较宽，比较有原则性的对策与考虑。一个城市或地区的智能交通系统的发展是一个长期的过程，而具体的某个智能交通应用系统的建设则是这个长期过程中的一个步骤和阶段，通过一个个的步骤和阶段形成一个完善的面向某个城市或地区的智能交通系统。国家智能交通系统体系框架的出台也是为这样一个长期的过程提供技术上的支撑和总体的指导。而将各个阶段中建设的智能交通系统整合起来形成良好的综合性的智能交通系统的关键就是对城市或地区的智能交通系统进行良好的规划，以便能够对未来智能交通系统的发展进行有效的统领。

作为综合交通系统的重要组成部分，智能交通系统并不是孤立存在、独自发展的。从内外环境看，它既与综合交通系统内部的各个基础系统、交通工具、出行者等都存在密切联系，又与交通系统外部的各种组织机构、外部环境及其他因素存在相互关系，且这些因素也是存在着种种不确定性因素，因此，亦需要智能交通系统的规划来协调未来的智能交通系统的发展。

目前对于智能交通系统的规划尚存在一些误区，人们往往觉得或者因为未来时间尺度长、变化因素多而无法作出良好的规划，或者认为干脆就不需要进行智能交通系统的规划而直接由一个个项目去推进即可，也在现实中导致了大家对智能交通系统规划的不重视或即使有了规划却不能发挥良好的作用。

4.4.1 一般方法

与道路交通系统规划已经形成较为成熟的定量与定性相结合的分析方法相比，智能交通系统的规划目前尚无成熟的技术体系可供参考，一般而言，可以在参考信息系统规划方法的前提下，结合智能交通系统的特点进行有针对性的改进。

当具体从事规划工作时，在分析过程中可以参考管理科学中常用的 SWOT（Strength、Weakness、Opportunity、Threat）分析方法[6]。该方法为进行智能交通系统的规划所需的分析提供了一个基本的思维框架，即在智能交通系统的规划过程中，可以参考 SWOT 分析方法，来分析一个城市或地区的智能交通系统所面临的这四个方面。

优势：为了实现城市 / 地区或某个部门未来智能交通系统发展的某个目标，目前影响范围内具备怎样的条件，特别是在当前的快速发展环境下，与其他地区、城市或部门相比，自身具有哪些方面的优势，例如基础、人才、通信等。

劣势：不同的城市 / 地区在发展智能交通系统的过程中，由于受到城市本身社会经济发展水平的限制，不可避免地存在着某些方面的弱项，将会影响到未来智能交通系统的发展，因此，对于所面临的不足或弱项的清醒认识是智能交通系统发展成功的一个重要条件。

机遇：近年来，我国的社会经济发展迅速，智能交通系统亦面临良好的发展机遇，机遇主要是指环境条件中的有利因素和未来可能的发展方向[6]。智能交通系统的发展是在一定的环境中实现的，必须能够抓住机会，将智能交通系统变成现实从而促进智能交通系统的发展。

风险：主要是指环境条件中的不利因素和可能出现的问题[6]。“预则立，不预则废”，必须对于可能出现的风险与威胁有充分清醒的认识，将客观存在的消极因素的影响降到最低。

在宏观背景分析明确后，可以实施智能交通系统的具体规划工作，智能交通系统的规划是一项复杂的任务，由于受到众多外界环境的影响，存在着较大的不确定性，需要有一定的规划方法的支持。

结合目前一些常用的信息系统的规划方法，建议在智能交通系统规划过程中可以将BSP（Business System Planning）方法和CSF（Critical Successful Factors）方法进行整合应用。

BSP方法的特点是全面、详细地对组织的基本业务活动进行分析，从而确定其信息需求，为有针对性地进行信息系统建设提供坚实的基础。其基本思想是虽然组织的人员乃至结构是处于经常变动中，但是其基本业务则是相对稳定的，因此，从长远发展的角度看，智能交通系统的建设必须针对基本业务开展。BSP方法的核心要点是：紧紧围绕基本业务；必须从全局角度出发，全面考虑各个环节、各个层次的管理过程与信息需求；必须对整个系统提供完整的、一致的信息服务；系统建设成果在基本业务不变的情况下应基本不受组织人员、结构变化的影响。[6]

CSF方法的基本思路是从组织内外的环境出发，找出影响智能交通系统建设、决定项目成败的方方面面的制约因素，通过调动各方面人员的知识与经验，用科学的方法找出其中的关键因素，针对这些因素安排相应的资源和力量，从而形成智能交通系统的战略规划，其关键包括：明确战略目标，识别发展战略的成功因素，选择和确定关键成功因素，确定针对关键成功因素的性能指标及要求，针对关键成功因素确定智能交通系统的方向与战略。[6]

BSP方法的基本思路是全面分析（类似的还包括有总体数据规划方法、信息系统工程方法等），突出长远目标，从而有助于理清智能交通系统发展的指导思想与思路；而CSF方法的基本思路是重点突破，能够较快地集中于要害，适于在较短的时间内针对紧迫问题提出战略与对策。[6]而智能交通系统的发展一方面要注重长远，另一方面也要主动解决现实问题，因此，将两种方法进行结合，充分借鉴两种方法的特点并进行融合，对于形成智能交通系统的规划方案具有良好的指导意义。两种方法的具体内容可以参考相关教材。

4.4.2　关键因素

智能交通系统发展规划是基于一个城市/地区或部门的角度，从长远的战略目标出发，对未来智能交通系统的发展进行总体规划，从而能够安排相应的智能交通系统项目的建设发展。规划可视为智能交通系统总体发展战略与具体项目之间的联系和桥梁。

对于智能交通系统规划而言，其关键的要素主要包括如下方面：

1. 发展目标的确定

正确地设定发展目标是智能交通系统规划工作的核心任务。智能交通系统发展目标的设定应当是建立在对城市/地区或部门现状及未来发展状况的充分调研、分析基础之上，应能够体现城市/地区或部门在比较长的一段时间内对智能交通系统所要达到的目标和要求的期望。

在设定发展目标时，应当注意目标需要较为具体，应当具有可检查性、可测量性。发展目标必须能够针对城市 / 地区或部门未来的发展需求，进行确切的、可以进行检查的表述。同时应当是能够基于现有的技术力量、资金和人力条件所能够实现的。科学、切实、实事求是的智能交通系统发展目标是智能交通系统发展建设成功有效的必要前提。

2. 内外环境的分析

智能交通系统是一个典型的社会技术系统，不是一个孤立地运行在计算机软硬件环境中的简单的信息系统，因此，其有效运行必然受到内外环境的制约和影响。对于这种影响，在智能交通系统的发展规划中必须进行充分的分析。

1）技术环境的影响，作为整合众多高新技术进行集成应用的系统，智能交通系统的发展在很大程度上受到众多技术发展的影响，不断出现的各种先进的信息通信技术等为智能交通系统的发展提供了可能的选择余地，但是到底是哪种技术能够真正满足智能交通系统的应用环境、适用条件等，还有待于进行现实应用的检验。

2）管理环境，主要是指进行智能交通系统建设的部门内部的管理体制与业务习惯等。智能交通系统的建设是为部门的工作服务的，因此，部门的管理体制和业务习惯等在很大程度上决定着智能交通系统建设完成后能否真正地发挥其充分的作用。有时虽然技术上可行，但是受到管理体制或人员习惯的约束，可能导致智能交通系统的应用不佳。

3）社会环境，作为一类社会技术系统，智能交通系统很大程度上受到社会环境的影响，既有与智能交通系统建设单位相关的机构、部门、人员，也包括广泛的交通参与者，因此，在智能交通系统规划过程中，充分考虑到有业务联系或者信息交流的部门、机构以及广大的交通参与者，有助于提高规划的有效性。

3. 愿景战略的选择

确定愿景战略是智能交通系统发展规划的核心内容，也是影响未来智能交通系统建设内容、建设时序等的重要因素。智能交通系统发展规划中愿景战略的选择主要包括如下方面：①确定建设的策略：是全面展开还是重点突破；是自主开发还是外包服务；这些都需要在发展规划中结合所能够使用的人力、物力、财力、资源等加以确定。②确定建设的步骤，例如要明确从什么方面做起，合理地划分智能交通系统的发展阶段，有计划有步骤地达到长远的目标。

4. 规划落实的组织保证

在当前的城市发展过程中，离不开各类规划的指导，然而，当前的社会经济体制下，不可避免地存在着相当一部分的规划在实际操作中没有起到良好的作用，固然有因为重视不够、水平不佳导致规划成果水平低下的因素，也有由于缺乏有组织的保障支持而使得规划流于形式难以实施。而作为综合交通体系规划中的一个专项，智能交通系统的规划有时也免不了类似遭遇，从而使得再好的理念、再先进的思想也无法得以实施。

因此，作为城市 / 地区或部门智能交通系统发展的总体纲要性文件，智能交通系统规划必须能够融入日常的工作，并且在未来智能交通系统的发展过程中通过主要负责人的明确、专职的主管人员及专门的实施机构等保障措施，来推动智能交通系统规划在智能交通系统发展过程中的指导性作用。

4.5　智能交通系统设计

对于智能交通系统的设计而言，首先也需要从分析建设背景、已有现状等入手，对需求进行深入分析并进行初步设计，初步设计完成之后则进入施工图设计阶段，在这里主要介绍一下施工图设计阶段的相关内容。

4.5.1　具体应用系统设计

在完成需求分析、总体框架设计等步骤之后，就进入应用系统设计阶段，智能交通系统设计项目的具体设计内容应因不同项目的设计范围而定，对某个具体的智能交通系统的设计主要是要完成需求分析、体系框架设计、系统功能（性能）设计及用户对象确定等内容。

在具体设计中，针对某个系统，需要注意既要考虑系统常规的功能，也要考虑项目所在地对系统可能提出的特殊需求，同时要注意系统的设计中要满足最新的相关国家及行业标准规范。

通常每个系统的设计框架可以按照如下框架展开：①概述：简述项目的总体功能、定位、未来发展、设计范围等；②系统框架：对本系统的逻辑、物理乃至通信框架进行设计，并需要考虑与整个项目之间的关系；③系统功能设计：对项目的功能进行详细设计，即回答系统究竟“怎样做”才能够满足用户的需求；④软硬件技术指标设计：结合系统功能设计及技术发展趋势，确定系统软硬件恰当的技术指标；⑤点位及实施方案设计；⑥使用对象分析；⑦其他。

在部分系统的设计中，需要注意的是有的系统需要对软件平台进行深入的分析，在系统功能确定后，需计算出系统所需处理的各种类型数据的数据量，同时要考虑系统并发用户数和网络带宽，由此来选择相关软件平台（如地理信息系统平台、数据库平台乃至操作系统等）。

4.5.2　系统数据设计

数据设计往往是在智能交通系统的应用系统功能确定后，对各系统涉及的管理、应用等方面的各类数据进行分类和对属性项等进行定义的说明。智能交通系统所涉及的数据可以分为如下几大类：地理空间数据、业务系统数据和支撑数据。

地理空间数据是智能交通系统运行的基础数据，是智能交通系统众多数据、设备等管理的基础平台，地理空间数据一方面应当充分考虑地理信息系统（GIS）的要求，另一方面结合智能交通系统的需求确定恰当的图层结构和数据格式要求。

业务系统数据是智能交通系统中最为关键和重要的部分，格式多样，包括视频、图片、语音、文本、数字等，且处于实时更新当中，此为智能交通系统数据设计的关键和核心。

支撑数据主要包括机构人员角色配置、业务配置、工作流配置、惯用语定义、统计报表定义等。

对数据的设计一般针对每类数据要给出数据的基本定义，涉及的系统以及数据基本属性。

数据设计中有一点需要注意的是系统的接口设计。

传统的智能交通系统往往是独立开发的，例如信号控制系统、交通违法行为监测记录系统、卡口系统等，因此，这些系统都有各自的数据库，然而，近年来的发展表明这些系统之间需要进行数据的交互，因此，就需要能够实现相互之间的数据互访，而且由于交通管理的需要，每次的数据访问都希望是能够快速无阻。

选择一个系统接口的决定因素是访问的频率和速度，而且与所涉及的数据格式是否兼容也有关系。

需要注意的一点是是否有智能交通系统需要频繁、重复和高速地访问主数据库。同时，两个系统的数据库可能是以不同的格式进行存储，这时可能就需要特殊的接口软件或是需要额外的编程才能完成定制的软件接口，来实现数据的链接。在设计文档中，需要考虑这种额外的编程将会花费多少资金。

当然有时也可能考虑使用复制软件或者转换功能来作为数据源的接口。确立某种程序来支持数据传输的频繁发生是另一种选择。有时，数据库技术的所有这些讨论，会使得设计人员发现设计对象单位正在使用过时的技术，从而引发在将来的智能交通系统建设过程中将整个单位的数据库迁移到一个新的标准数据库平台上。

由于部分交通部门是有多种层级关系，例如公安交通管理部门，对某个层面进行的智能交通系统的数据库的设计必须要考虑到上级层面的相应的数据库的要求。

4.5.3 运行环境设计

系统的运行环境通常由硬件、软件、安全和支撑平台等四部分组成，一般而言，在智能交通系统的设计中，硬件、软件一般是在应用系统设计中对每个应用系统所涉及的软硬件进行技术指标等方面的设计。而安全、支撑平台则往往可以用单独的章节进行设计分析。

对于运行环境的设计，基于应用系统所确定的软硬件，可以首先确定安全平台，其次是支撑平台。

安全平台是为保障智能交通系统安全、稳定、有效地长期运转所必须考虑的重点内容之一。智能交通系统的建设往往涉及多个部门、多个网络，同时各个部门都有需要保密的数据，因此，安全平台首先需保障各个智能交通系统应用系统的安全，其次是确保所选择的数据库、操作系统等软件平台是安全的，再次就是要确保所选择的服务器、网络等硬件平台是安全的，最后是确保系统运行的环境（如电力等）是安全的。因此，在进行智能交通系统设计时，针对相应的智能交通系统所有选择都必须严格遵循国家《信息安全等级保护管理办法》的要求进行，根据系统确定的保护等级选择安全技术和安全产品。

支撑平台在此主要是指数据存储、备份系统以及网络通信系统等。数据是智能交通系统运行的核心和支撑，因此，各类数据的存储、备份是各类智能交通系统的核心功能，也是智能交通系统能够安全运行的主要部件，智能交通系统的各类业务价值最终都体现在数据上，因此在智能交通系统的数据备份存储系统的设计过程中必须严谨、准确、科学。同时在数据备份存储系统的设计中必须充分考虑未来系统运行数据的积累以及未来系统扩展的需要，在存储容量、技术架构等方面需要留有充分的余地。

通信网络建设是智能交通系统的重要组成部分和高效运行的重要保障，其主要功能是为各种支撑平台、智能交通系统应用系统提供网络支持，保证系统的正确连通和正常运行。智能交通系统的通信网络将涉及众多方面，包括外场设备与中心之间的通信、不同中心之间的通信等，对于带宽等需要根据实际需求进行计算、预测，充分考虑未来的可扩展性，确定系统的网络架构和网络带宽以及建设方式。

4.5.4　信息共享设计

随着国内智能交通系统在各个地方、各个部门如火如荼地开展，众多的单位都积累了丰富的信息资源，然而由于传统的管理体制和观念，单位与单位之间往往不愿意进行信息的共享，形成了一个个的“信息孤岛”，当然，某些“信息孤岛”的形成也与当时的技术水平有关。

目前，随着大家对信息价值的充分认识，以及智慧城市建设的需求，对于各部门与智能交通系统相关的信息进行共享已经成为未来智能交通系统发展所必需。在智能交通系统的设计中，有关信息共享的设计主要是针对智能交通系统的数据资源，明确参与智能交通系统的各部门之间，与其他政府部门、社会团体（例如企事业单位）之间哪些资源可以共享，以及如何共享的问题。

对于信息共享的设计，最重要的是首先要充分做好共享信息资源的调查工作，在对现状及未来建设系统的信息资源充分了解的基础上，有针对性地提出所设计的智能交通系统的信息资源共享的方案。

在有些智能交通系统项目中，可以共享的资源除了基本的数据信息外，还可能包括网络和软硬件设备，这些需要根据不同的设计对象有针对性地进行考虑，形成良好的设计方案。

4.5.5　投资概预算

投资概预算是智能交通系统设计的关键内容，其合理与否直接涉及未来系统建设的投资额度和费用效益比。智能交通系统的投资概预算就是要在系统的建设投资及今后的运维投资方面给出详细的设备及相应工程量、数量、单价和总金额，还需要考虑耗能、租赁等费用清单，为系统的建设、运行打下一个良好的财务基础。

4.5.6　建设运营管理

智能交通系统的建设运营管理主要是要对系统建设进度的安排、建设的模式及运维模式进行探讨。

由于当前智能交通系统的建设也开始逐渐考虑以某种方式引入私人资本，因此，除之前在智能交通系统建设中常见的“政府自建”外，以租代建、租建结合等模式也开始出现，并且随着 PPP（Public-Private-Partnership，即公私合作模式）的发展开始出现多种形式。然而，每一种 PPP 模式都有其优缺点，不同地区在不同发展阶段的选择都不同，各地需因时、因地、因事慎重进行选择。

同样，运维模式也包括自主运维和服务外包两种，其选择亦需因时、因地、因事慎重进行。

总之，作为典型的社会技术系统，智能交通系统的规划设计尚无一定之规的模型与技术方法，一方面可以参考信息系统规划设计的一些基本概念、思路和方法，另一方面也要注意智能交通系统不同于传统信息系统的特殊方面，即除涉及技术方面的问题，还要涉及社会方面的众多问题，最明显的如由于技术的应用带来的体制机制调整问题等。

事实上，智能交通系统的形成一方面是物理领域（例如道路、车辆、信息通信技术等）的发展和支撑，一方面也受到制度领域（例如公共和私人部门等）的制约和影响，因此，在分析和理解智能交通系统这样一个复杂社会技术系统的过程中，需要一种综合的工具来支撑对物理领域和制度领域的全面思考。当前对于社会技术系统的分析已经开始有一些可供参考的方法，例如 CLIOS（Complex, Large-scale, Interconnected, Open, Sociotechnical）过程，在智能交通系统规划设计过程中可以有所参考和学习。

本章参考文献

[1] C. Miles, J., 陈干主编 . 智能交通系统手册 [M]. 王笑京译 . 北京：人民交通出版社，2007.

[2] Long, S.. Socioanalytic Methods: Discovering the Hidden in Organisations and Social Systems[M]. Karnac Books, 2013.

[3] United States Department of Transportation, Federal Highway Administration, Systems Engineering for ITS—An Introduction for Transportation Professionals[R]. 2007.

[4] FHWA and Caltrans. Systems Engineering Guidebook for ITS, Version 3.0[R]. 2009.

[5] American Institute of Aeronautics and Astronautics. Guide for the Preparation of Operational Concept Documents[R]. 2012.

[6] 陈禹主编 . 信息系统分析与设计 [M]. 北京：高等教育出版社，2011.

第五章　现状及需求调查

对城市或区域的总体发展情况、交通系统现状、交通需求特性、交通信息化发展水平、城市信息化水平等进行全面、深入的调查，从而为城市或区域智能交通系统的规划和设计提供可靠的依据，是制定科学合理的智能交通系统规划或设计方案的基本前提和极其重要的环节。通过现状调研及分析，全面、准确地认识城市/地区的综合交通系统发展水平、智能交通系统发展水平等，找出目前该城市/地区综合交通系统所面临的问题，对于智能交通系统规划或设计的成功具有决定性的作用。

与城市综合交通体系规划相比，进行城市/区域智能交通系统的规划或设计所需进行的调查工作量或许较小，例如不需要进行较为繁杂的居民出行调查等，但是由于智能交通系统本身特点，其所需要的调查工作亦有其独特之处。进行合理、科学、有效的综合调查，是智能交通系统规划或设计的重要内容之一。本章将对现状及需求的调查内容方式等进行介绍。

5.1　调查内容

智能交通系统规划和设计需要对城市的整体发展情况、综合交通系统的状况等进行充分的调研和分析，调查内容主要包括城市总体发展状况、交通现状、交通管理现状、交通安全现状、已有智能交通系统现状、相关行业发展政策等。根据智能交通系统发展规划或设计的不同需求，上述调查内容的详细程度会有所差异。

5.1.1　城市总体发展状况

智能交通系统的发展与城市总体发展状况密切相关，城市总体发展状况是制定智能交通系统发展规划和进行智能交通系统项目设计的基础资料，城市总体发展水平决定了城市智能交通系统的建设水平。

城市总体发展状况的调查内容主要包括研究对象城市的地理位置、自然条件、行政区划，社会经济的发展状况，人口的发展状况，城市空间用地形态布局及规模，所在城市群（或区域）的发展特点，城市或区域产业发展特点等，相关数据可从城市总体规划、城市用地控制性规划、社会经济发展规划等相关规划文本和城市统计年鉴中获得。

在社会经济总体发展状况中还需要特别关注城市在“智慧城市”方面的发展状况，尤其是“智慧城市”发展规划中对智慧交通的总体规划状况，智能交通系统的规划和设计应在遵循智慧交通整体规划的前提下进行更加深入、细致的研究。

5.1.2 城市交通现状

城市交通现状主要从交通供给和交通需求两个方面进行调查分析，交通供给主要包括城市路网总体状况、公交运输系统状况、停车状况、出租车状况、道路运输管理状况等，交通需求主要包括居民出行、机动车出行、非机动车出行状况等。进行城市交通供需情况的调查，可以了解城市交通系统目前主要存在哪几个方面的供需矛盾，在进行智能交通系统的规划或设计时进行着重解决。

1. 路网状况

主要包括城市主要出入口的道路情况，城市不同等级道路的详细统计情况（如快速路、主干路、次干路的分区分类统计表及每条道路交叉口的数量等），路网的特点等，相关数据可从城市建设规划部门获得；如果是面向综合交通系统的智能交通系统规划或设计，则还需要考虑包括铁路、车站、港航、航空等在内的各类交通基础设施的建设情况。

2. 公交运输系统状况

主要包括公交线路分布情况、站点覆盖情况、场站情况，公交客运量及变化趋势、公交客流分布情况，公交换乘率、时耗、出行交通分担率，智能公交系统的建设情况等。相关数据可从公交管理部门或运营公司获得。

3. 停车状况

主要包括城市停车规划，公共停车场、临时停车场、路边停车、配建停车场的数量和分布状况，停车场利用情况（在用、未用、挪用、收费情况，利用率情况等）、停车诱导系统的建设情况等。相关数据可以从停车主管部门获得。

4. 出租车状况

主要包括出租车数量，出租车相关信息系统的建设和运行情况（如 GPS 定位系统、GSM 系统、报警系统等）。相关数据可从出租车主管部门获得。

5. 道路运输管理状况

主要包括货物运输场站分布，运输企业数量和规模，运输车辆（客运、货运）数量，近几年的客、货运输量等。相关数据可从运管部门获得。

6. 交通需求状况

主要包括居民出行情况（如出行目的、出行方式、出行次数、出行量分布、出行时耗等）、机动车出行 OD 分布、非机动车出行分布状况等。相关数据可从规划部门的出行调查资料中获得。

5.1.3 交通管理现状

交通管理现状主要从交通管理机构、机动车和驾驶人情况、交通组织管理情况、勤务管理情况、交通设施管理情况等几个方面进行调查分析，研究目前交通管理工作中存在的问题，为智能交通系统的规划或设计提供决策依据。

①交通管理机构现状

主要包括城市交通管理的相关职能部门的机构设置、人员配备、装备配备情况等。

②车辆和驾驶人现状

主要包括城市近几年的机动车保有量、小汽车保有量、驾驶人数量等，相关数据可从公安交通管理部门获得。

③交通组织管理现状

主要包括目前采取的交通管制措施（单行、限行、禁行等措施及其分布状况），路口或路段非机动车、摩托车的交通组织和管理情况，行人过街设施的设置情况，过境交通的组织，重要交通节点及大型活动区域的交通组织，突发事件预案，交通组织管理措施配套设备需求，交通管理规划情况等，相关数据可从公安交通管理部门获得。部分调查表格见表 5-1、表 5-2 所示[①]。

单行道路设置及抓拍设备建设情况表 **表 5-1**

序号	单行道路名称	上游交叉口	上游交叉口	抓拍设备建设情况
1				
2				
3				
4				
5				

危化品运输线路及抓拍设备建设情况表 **表 5-2**

序号	危化品车辆运行线路	抓拍设备建设情况
1		
2		
3		
4		
5		

④勤务管理现状

主要包括勤务管理制度、模式、考核办法，勤务管理系统的建设情况等。

⑤交通设施管理现状

主要包括路口、路段灯控情况，交通标志设置情况，交通标线施划率，隔离设施的设置情况，路口渠化率，路口灯控率，交通管理设施建设、管理、维护的模式、制度和流程等。部分统计表格见表 5-3。

① 本章中的表格形式仅为部分参考表格，与其他很多未在书中一一列出的表格一起构成调查表格。

部分交通管理设施统计情况表　　表 5-3

序号	应渠化路口数量	合理渠化路口数量	应设信号灯路口数量	已设信号灯路口数量	规范设置信号灯路口数量
1					

5.1.4　交通安全现状

交通安全现状主要从交通事故和交通违法两个方面进行调查分析，研究目前交通事故、交通违法的规律性特点，从而在智能交通系统的规划或设计中提出针对性的措施。

1. 交通事故状况

主要包括近几年交通事故数据报表，事故多发点的位置，事故多发的原因，事故逃逸情况及逃逸分布，存在安全隐患的路口、路段分布情况，交通安全隐患排查整改情况，危险品运输路线分布情况，交通安全管理机构设置情况，交通事故接处警模式，交通事故快速处理情况，医疗急救点分布情况等，相关数据可从公安交通管理部门及卫生部门获得。交通事故数据的总体统计样表见表 5-4。

交通事故数据统计样表　　表 5-4

年份	交通事故总数	死亡人数	受伤人数	经济损失	事故数增长率	死亡人数增长率	受伤人数增长率	经济损失增长率
2011 年								
2012 年								
2013 年								
2014 年								
2015 年								

2. 交通违法现状

主要包括近几年的交通违法统计情况，重点违法行为统计情况（如机动车违反禁令标志、违法停车、违反信号灯指示、超载、超速、逆向行驶、机动车不按规定车道行驶等），违法行为需重点整治路段、点位分布情况等。重点违法行为的统计样表见表 5-5。

重点违法行为统计样表　　表 5-5

违法代码	代码内容	数量	比例
1039	机动车违反规定停放、临时停车，妨碍其他车辆、行人通行的		
1344	机动车违反禁令标志指示的		
1345	机动车违反禁止标线指示的		
1208	机动车通过有灯控路口时，不按所需行进方向驶入导向车道的		
1303	机动车行驶超过规定时速 50% 以下的		
1302	机动车不按交通信号灯规定通行的		

续表

违法代码	代码内容	数量	比例
1018	机动车不在机动车道内行驶的		
1019	机动车违反规定使用专用车道的		
6011	在高速公路或城市快速路以外的道路上行驶时，驾驶人未按规定使用安全带的		
1603A	机动车行驶超过规定时速 50% 以上不足 100% 的		

3. 运营车辆违法情况

对于智能公交系统、客货运车辆智能监管、指挥调度系统等智能交通系统的建设，还必须了解当前各类运营车辆的典型违法行为，并结合其可能的后果在智能交通系统的规划或设计中予以考虑。

5.1.5　已有智能交通系统现状

从规划和设计两个层面对智能交通系统的建设现状进行调研分析时，调研的内容和深度会有所区别，智能交通系统建设规划主要从宏观角度了解系统的建设现状，包括系统采用的技术路线、系统结构、功能、布局等；智能交通系统设计过程中由于要考虑原有设备的充分利用，对系统建设现状的了解要更深入、细致，包括系统所采用的设备的类型、型号、主要技术参数等都要调研清楚。

以城市智能交通管理系统的规划或设计为例，其主要调研内容如下：

1. 交通指挥中心现状

主要包括交通指挥中心大厅、机房、决策室、广播间等的建设情况，现有设备型号、数量等。

2. 路面道路交通管控系统现状

主要包括交通信号控制系统、交通视频监视系统、交通违法行为监测记录系统、交通流信息采集系统、交通信息发布系统等的建设情况。

1）交通信号控制系统。主要包括现有路口数，信号灯控路口数，已建系统的结构、主要控制功能，相关部门对系统的建设需求等。

2）交通视频监视系统。主要包括已建系统的结构、主要功能，中心设备主控情况，外场设备点位分布情况（含点位分布图、点位分布清单等），相关部门对系统的建设需求等。

3）交通违法行为监测记录系统。主要包括已建系统（含闯红灯自动记录系统、超速监测记录系统、闯禁行监测记录系统、违反禁令标志监测记录系统、人行横道道路交通安全违法行为监测记录系统等）软硬件设备型号、系统运行情况、系统通信网络结构、中心联网可控情况、外场设备点位分布情况等。

4）交通流（事件）信息采集系统。主要包括已建系统的设备厂家、型号、配置，与中心联网方式，外场设备点位分布情况（含城市快速路、主干路、次干路及支路外场点位分布图、点位分布清单等），相关部门对系统的建设需求等。

5）交通信息发布系统。主要包括交通信息发布系统的结构、功能、设备配置、发布方式、发布内容、接口等，LED（Light Emitting Diode）交通诱导标志的厂家、型号，与中心联网方式，外场设备点位分布情况（含城市快速路、主干路、次干路及支路外场点位分布图、点位分布清单等），相关部门对系统的建设需求等。近年来还需要注意新型交通信息发布手段利用的调查，如互联网页、微博、微信、信息服务 APP 等。

6）机动车缉查布控系统。主要包括本地机动车缉查布控系统的建设情况、前端设备的接入情况，公路车辆智能监测记录系统的设备厂家、型号、配置、与中心联网方式，外场设备点位分布情况等（含外场点位分布图、点位分布清单）。

3. 警用车辆及单警定位系统现状

主要包括已建系统设备厂家、型号、具体配置，与中心联网方式，警车车载设备、移动警务通等定位设备的运行情况、数据接入情况，相关部门对系统的建设需求等。

4. 通信系统现状

主要包括通信网络的总体架构，有线通信网络的网络类型、带宽、设备厂家、型号、运行状况等，无线通信（350M/800M 无线集群通信系统等）网络的设备型号、规格、运行状况等，当地移动通信运营商网络建设情况，以及网络安全情况等。

5.1.6 其他相关行业发展政策

城市 / 地区智能交通系统的发展不仅与城市 / 地区的总体发展规划相关，而且在很大程度上还受到行业整体发展的影响，智能交通系统的规划和设计必须遵循行业相关发展规划的要求，如中央部委、所在省（自治区、直辖市）、所在地市（州、盟）道路交通安全“十二五”、“十三五”规划、道路交通管理科技信息化发展规划、交通运输业信息化发展规划等，同时，也要考虑与相关部委统一部署的相关平台的信息交互和关联，如公安交通管理综合应用平台、全国互联网交通安全综合服务平台等。

5.2 调查方式

前述各类调查内容中，对于不同的调查内容需要采用不同的调查方式，总体而言，可以综合采用现场勘查、问卷调查、业务实践、座谈等方式。现场勘查主要用于对交通流状况的观测，对已有智能交通系统运行状况的调研等等；问卷调查可以用来调查普遍性的问题，主要用于对未来需求的了解，对现状问题的了解等；业务实践，主要用来了解组织中主要业务流程的具体细节；座谈是用来了解组织主要业务、需求等的常用方法。

在调查组织上，需要注意以下方面的问题。

1）成立现状及需求调查机构：智能交通系统的规划、设计有时涉及众多的相关部门以及内外场环境，因此，需要多个部门、机构及人员的配合，需要成立由多类人员组成的调查机构，以确保调查工作的顺利开展。

2）做好调研计划及与用户的沟通：在进行调研开展之前要明确调查任务的划分及计划，列出所需要的调研大纲，其中具体确定每一步调查的内容、对象、时间、地点、方式和方法等。部分调查在进行之前需要对用户或者调查人员进行培训，使其理解调查的目的、过程和方法，从而能够积极主动地配合和参与到调查中来。

3）规范化处理：主要是需要提前做好调查中使用的表格、问卷等，以便于在实际调查中用于沟通、协调和实施调查。

4）注意全面开展和重点调查相结合：智能交通系统的规划既需要对整个城市 / 地区或部门的交通系统现状进行全面的了解，以便能够制定发展计划，同时也需要重点关注调查目前交通系统中所存在的问题，重点关注智能交通系统建设所能够解决和应对的问题。

5）要注意深入细致的调查：由于部分智能交通系统与交通管理等业务密切相关，因此，需要根据组织的具体情况来进行功能的设计和系统的建设等，调查的目的之一就是要彻底搞清楚组织内的一些业务管理工作运行的机制、所在的环境以及工作过程等。

5.3　现场勘察内容

从设计的层面对智能交通系统进行调研时，除了要对目前系统所采用的设备的类型、型号、主要技术参数等进行调研外，还要进行系统拟建设点位的详细勘察，用于系统涉及的工程量的统计及概预算的编制，具体勘察内容如下。

1. 路口勘察

路口的主要勘察内容包括路口的车道划分、交通信号灯的设置情况、信号机的安装位置、视频监视设备的设置情况、闯红灯设备的设置情况、路口杆件、管道等配套设施的建设情况等，具体的勘察内容见表 5-6。

路口勘查信息样表　　表 5-6

勘察内容			北	东—北	东	东—南	南	西—南	西	西—北
现状调查	车道分布	右转车道								
		直行车道								
		左转车道（是否左弯待转）								
		直右车道								
		直左车道								
	信号灯	右转方向指示信号灯								
		直行方向指示信号灯								
		左转方向指示信号灯								
		机动车信号灯（满屏灯）								
		其他信号灯（如调头信号灯）								
	信号机位置									
	闯红灯设备									
	视频监视设备									
现有视频监视点方位										

续表

勘察内容	北	东—北	东	东—南	南	西—南	西	西—北
现有监视点杆件高度、悬臂长度								
拟安装视频监视设备杆件（考虑并杆、单独设杆情况）								
拟安装闯红灯设备杆件悬臂长度（考虑并杆、单独设杆情况）								
闯红灯管道长度（与最近的行人灯杆处窨井的距离）								
出口车道数								

2. 高点视频监视前端点位的勘察

高点视频监视前端点位的主要勘察内容包括拟安装视频监视点所在建筑物的名称、方位、建筑物的高度、电源接入情况、通信（光纤）接入情况等，具体的勘察内容见表 5-7。

高点视频监视点位勘察样表 表 5-7

勘察时间		勘察人员	
点位名称		监视道路名称	
所在建筑物名称			
建筑物高度			
所在建筑物的方位			
电源情况			
管道情况			
窨井情况			

3. 交通流（事件）信息采集系统前端点位的勘察

交通流（事件）信息采集系统前端点位的主要勘察内容包括点位所在道路名称、点位名称、距上下游交叉口距离、上下行车道数、取电点情况、光纤接入点等，具体的勘察内容见表 5-8。

交通流信息采集系统点位勘察样表 表 5-8

勘察时间		勘察人员	
道路名称		点位名称	
上游交叉口名称		下游交叉口名称	
与上游交叉口的距离		上行车道数	
与下游交叉口的距离		下行车道数	
中间隔离带宽度		隔离带树的高度	
上行非机动车道宽度		下行非机动车道宽度	
上行机非隔离带宽度		下行机非隔离带宽度	

续表

电源情况	
管道情况	
窨井情况	

4. 交通信息发布系统前端点位的勘察

交通信息发布系统前端点位（主干路、次干路、支路）的主要勘察内容包括点位所在道路名称、点位名称、距上下游交叉口距离、上下行车道数、取电点情况、光纤接入点等，具体的勘察内容见表 5-9。

地面道路交通信息发布系统点位勘察样表　　表 5-9

勘察时间		勘察人员	
道路名称		点位名称	
上游交叉口名称		下游交叉口名称	
左侧道路上游交叉口名称		右侧道路下游交叉口名称	
上行机动车道数		下行机动车道数	
下行机非隔离带宽度		隔离带树的高度	
电源情况			
管道情况			
窨井情况			

交通信息发布系统前端点位（快速路）的主要勘察内容包括点位所在道路名称、点位名称、上下游匝道名称、上下行车道数、取电点情况、光纤接入点情况等，具体的勘察内容参考表 5-10。

快速路交通信息发布系统点位勘察样表　　表 5-10

勘察时间		勘察人员	
快速路名称		点位名称	
点位位置			
上游匝道名称		下游匝道名称	
上行机动车道数		下行机动车道数	
下行匝道相关路口名称		点位与下行匝道的距离	
电源情况			
管道情况			
窨井情况			

5. 停车诱导系统前端点位的勘察

停车诱导系统前端点位的主要勘察内容包括点位所在道路名称、点位名称、点位位置、距停车场距离、停车场车位数、取电点情况、光纤接入点情况等，具体的勘察内容见表 5-11。

停车诱导系统前端点位勘察样表　　表 5-11

勘察时间		勘察人员	
道路名称		点位名称	
点位位置			
距停车场的距离		停车场的车位数	
所在道路车道数		所在道路宽度	
电源情况			
管道情况			
窨井情况			

6. 公路车辆智能监测记录系统前端点位的勘察

公路车辆智能监测记录系统前端点位的主要勘察内容包括点位所在道路名称、点位名称、上下行道路车道数、宽度、取电点情况、光纤接入点情况等，具体的勘察内容见表 5-12。

公路车辆智能监测记录系统前端点位勘察样表　　表 5-12

勘察时间		勘察人员	
道路名称		点位名称	
点位位置		道路朝向	
道路下行方向名称		道路上行方向名称	
上行车道数（含应急车道）		下行车道数（含应急车道）	
上行道路宽度		下行道路宽度	
是否有中间隔离带		隔离带宽度	
电源情况			
管道情况			
窨井情况			

第六章　智能交通系统项目评价

虽然与交通基础设施建设动辄数亿的投资相比，智能交通系统的投资尚很难达到这样的规模，但是近年来国内一个智能交通系统项目投资额达到数千万乃至过亿也是比较常见的。智能交通系统的实施将对社会、经济、环境等方面产生较大的影响，因此，无论在智能交通系统项目实施之前或实施之后，各类相关人员都会非常关注智能交通系统所能够带来的各种效益。例如，在项目实施前，决策单位关注的是智能交通系统的投资建设将会给城市、区域综合交通系统的运行带来什么样的效果，给交通参与者带来什么样的效益；在项目实施完成后，运行单位亦将关心所建设的智能交通系统真正给综合交通系统的运行带来了什么样的效果。因此，对智能交通系统项目的实施进行效益分析评价是智能交通系统建设过程中的重要组成部分之一。而从智能交通系统发展起步开始，各国在智能交通系统体系框架中就将智能交通系统的评价作为关键组成部分之一。

智能交通系统的评价工作一直是智能交通系统发展过程中的重要工作之一，而一个精心构建的智能交通系统评价方案是开发任何智能交通系统项目的必要组成部分。以美国为例，除了对智能交通系统评价方法的不断研究完善外，美国建立了智能交通系统费用效益分析数据库①，对一些地区所实施的各类智能交通系统项目进行费用效益的分析评价，从而可以为其他地区的类似项目的实施提供参考。

6.1　智能交通系统项目的效益

要对智能交通系统项目的建设进行评价，其前提是首先要清楚认识智能交通系统项目建设可能带来的效益。智能交通系统所能带来的效益可以从不同的角度分类，最为常见的是从效益的角度分类或者从用户的角度进行分类。

6.1.1　不同领域的效益

智能交通系统的效益会涉及到社会、经济、环境等多种方面，有的可以直接量化评价，而有的则难以直接量化评价，这也导致了智能交通系统项目评价中的困难。具体而言，智能交通系统的效益主要可以分为如下领域。[1]

1. 运行效率方面的效益

通过智能交通系统的建设提高综合交通系统的运行效率是发展智能交通系统的初衷，因此，也成为各类智能交通系统项目建设的主要目标之一。智能交通系统项目在系统运

① http://www.benefitcost.its.dot.gov。

行效率方面的主要效益代表就是减少旅行时间（同样的出行距离情况下）和提高旅行时间的可靠性。例如当前建设的各类智能交通管理系统就是从改善交通运行秩序等角度入手，通过提高道路通行效率等手段来提高道路的平均运行速度，减少拥堵发生的机会或降低拥堵持续的时间。而各类的实时交通信息服务系统的诞生也是引导大家合理选择出行时间、出行路线及出行方式，从而减少旅行时间并提高旅行时间的可靠性。当然也需要注意各类智能交通系统在提高交通系统运行效率方面的有效性和局限性，任何智能交通系统发挥作用的范畴都有一定的背景条件。

从商业运行系统的角度来看，基于精准定位、实时通信等技术的智能公交系统、商用车辆管理系统等也为运输企业带来了综合的效益。例如智能公交系统能够提高公交车辆运行的可靠性，优化调度，提高生产效率等，而货运商用车智能管理系统则可以改进供应链的流程，实现快速的货物转运，选择高效的货运路径，提高车辆的利用效率等。以 UPS（United Parcel Service）为例，研发了一个名为 ORION（On-Road Integrated Optimization and Navigation）的系统，为其旗下的货运车辆提供优化后的行驶路径，从而每年带来明显的经济效益、环境效益等。例如“到 2013 年底，ORION 已经在大约 1 万条线路上得到使用，这让公司节省了 150 万 gal（加仑）燃料，少排放了 1.4 万 t 的二氧化碳”[2]。

2. 安全效益

安全是交通运输系统永恒的主题，智能交通系统的重要效益之一也是体现在安全方面，汽车主动安全系统、车路协同系统、智能车辆乃至自动驾驶车辆等系统的研究都是从车辆的角度来改善道路交通安全水平，而这些系统的效益可以从实验测试或者是实车运行中来进行监视，然而这些系统（尤其是最高级的自动驾驶等）短时间内难以全球实施。而另外一些智能交通系统如高速公路监控系统、危险预警系统、可变限速系统乃至违法抓拍系统等则在某些方面体现出了在安全方面的效益。例如瑞典主要道路的超速抓拍系统有效减少受伤事故 26%[1]，而我国近年来大规模应用的各类违法抓拍系统虽然尚无太多公开的效果评价，但是根据调研来看也在改善道路安全水平方面发挥了积极的作用。其他的一些智能交通系统，如紧急报警系统、应急救援系统等的发展使得事故响应时间得以缩短，从而可以提高事故后受伤人员的存活率等指标。在城市中，通过科学合理的交通信号控制系统的实施，如优化行人过街等待时间、协调控制等方式，提高行人、自行车等交通参与者的安全水平。

3. 提高资源利用率

在基础设施方面，一些交通管理措施如车道管理，包括 HOV（High-Occupancy Vehicle）车道、潮汐车道、可变限速、使用路肩等，能够使基础设施的使用效率最大化，而各类智能化的交通信号控制系统和高速公路管控系统在提高道路基础设施的利用效率方面也发挥着重要的作用。电子收费系统则可以大大提高收费站的收费效率。提高资源利用率的一个间接效果就是节约了满足同样需求的需要新增基础设施的建设成本，该部分节约的成本亦将是不菲的效益。

甚至在交通工具方面，各类的打车软件、拼车软件等也提高了车辆的利用率，在可能减少机动车出行总量的同时为更多的人提供了舒适的出行环境。

4. 能耗及环境效益

各类智能交通管理系统能够通过调整交通流的运行状态，使其运行速度较为均衡，从而使得交通流中的车辆的能耗和排放双双降低。目前国内外已经出现考虑环境因素而进行的智能交通系统的研究及实际应用，如欧洲 ERTICO 当前的研究主题之一就是生态型智能交通系统。一些逐渐发展的智能交通系统也在降低能耗和排放方面逐渐显现出明显的作用，例如停车诱导系统通过引导驾驶员快速找到停车位，可以减少因为寻找停车位的无效交通的排放和对环境的影响。

6.1.2　不同用户的效益

从交通系统中不同用户的角度来看，各类智能交通系统能够为各类用户提供不同的效益，众多的交通参与者乃至其他团体都可以从各类智能交通系统中获得相应的效益[1]。

1. 交通出行者

能够最直接从智能交通系统中获益的当属各类的交通出行者。对于各类驾驶员而言，通过智能交通管理、出行信息服务、商业车辆运行等系统的建设，可以更加安全，减少旅行时间，增加旅行时间可靠性，方便停车等。对于公共交通的用户而言，通过智能公交系统等的建设，可以获得更可靠的公交信息，更短的行程时间和更加容易的换乘。对于行人、骑车者等弱势群体而言，智能交通系统亦能够为其提供更为安全的出行环境和更为便捷的出行服务，例如日本研究的行人导航系统等。

某些智能交通系统的建设则可以使每个交通参与者都能够获益，例如提高交通基础设施应对极端事件的可靠性，如恶劣天气、公共安全事件及严重的事故或事件等。根据美国 NTIMC（National Traffic Incident Management Coalition）的估计[3]，美国公路上大概 1/4 的拥堵是由交通事故引起的，而事故在道路上每多持续 1min，就会导致额外的 4min 的延误。因此，通过提高交通事件应对效率可以有效改善出行环境。

2. 交通专业人员

无论是交通规划设计人员还是交通网络与系统的运营者和管理者，都可以从智能交通系统的建设中获益。对于交通规划设计人员而言，智能交通系统的实施一方面为其规划设计工作提供了大量的数据支撑，同时也为其实现规划设计目标提供了支撑，例如：如果是要提高路网通行能力，则部分智能交通系统的实施可以使路网通行能力最大化；如果是要控制区域内的交通总量，则智能交通系统可以通过发布信息、实施拥堵收费或间断性关闭道路或车道等来实现限制目标。

对于交通网络的管理者而言，近年来我国智能交通系统建设的主体——智能交通管理系统能够有效提高道路运行效率，提高管理者的工作效率，改善道路网络的运行状况。对于各个交通系统的运营者（如客货运公司等）而言，智能交通系统能够有助于实现更加安全和可靠的运行，提高运行效率，且在特定的情况下给予货物运输、公共交通或行人优先权等。

3. 当地居民和企业

建设智能交通系统的区域或城市的居民和企业也可以从智能交通系统的建设中获益，

通过智能交通系统的建设，可以使街道变得更加安静和安全，居民区孩子们、老年人更加安全。由于交通流运行更加平滑，可以减少交通噪声和尾气排放。

企业或商店也可以从智能交通系统中获益，智能交通系统可以提供更加便宜、更加安全和管理到位的货物配送。而通过改善货运运输环境，制造业也能够降低成本，给用户提供更可靠的服务。另一方面，在购物时间，购物者和观光者能够安全快速地通过城市中心，则商业部门能够从更容易到达的顾客群体中获益。

6.2 评价目的及内容

6.2.1 评价目的

智能交通系统的评价是对智能交通系统项目的经济合理性、技术合理性、社会效益、环境影响和风险等作出评价，为实际的智能交通系统项目提供一个综合、全面的评价结果，为项目的可行性研究、实施、效果以及方案比选和优化、决策提供科学依据，为已有的系统运作优化提供依据，还可以帮助投资者对将来的投资作出决定。

具体而言，智能交通系统项目评价的目的通常包括以下四个方面：[4]

1. 理解智能交通系统项目实施所产生的影响

对智能交通系统项目进行评价的目的之一是为了能够更好地理解智能交通系统项目本身以及与其相关的交通运行的改善之间的关系。经过评价，可以充分地理解智能交通系统项目对交通系统及其使用者产生的影响，以及对社会、经济和环境等方面带来的影响。同时，更好地认识智能交通系统项目所产生的影响也有助于其他类似智能交通系统项目的实施优化。

2. 对智能交通系统带来的效益进行量化

当投资者决定要投资一个项目时，无论是政府部门还是私人机构，都希望能够量化自己投资的效益，能够对项目所能带来的回报做到心中有数。在对智能交通系统进行评价时，需要回答诸如“为什么一定要进行这项投资？”以及“我们如何才能达到预期的效果？”等这样的问题。然而，在对智能交通系统项目的效益进行量化的时候，必须注意到智能交通系统项目除一部分项目可能带来直接的经济效益外，更多地会带来直接的社会效益和间接的经济效益，因此，如果智能交通系统项目的评价仅仅局限于评价项目的直接经济效益，就只能对决策者和其他的一些非技术的参与者有用。因此，如前所述，智能交通系统项目评价将涉及较为广泛的领域。

3. 为投资者提供决策辅助

智能交通系统项目的评价结论所提供的信息可以帮助投资部门（公共部门或私营企业）优化投资，同时也可以辅助投资者对将来项目的投资和实施作出决定。智能交通系统的评价结论所提供的信息也有助于私人机构在智能交通系统项目的商业运作中作出明智的决定，而就目前的发展趋势来看，在智能交通系统投资领域，无论是政府部门还是私人机构都似乎无法全部涵盖智能交通系统全部的投资方面，而政府与私人机构之间密切有效的合作分工是中国智能交通系统顺利发展的必要条件。

4. 优化已实施的智能交通系统

在智能交通系统项目实施完成并投入使用后，进行智能交通系统项目评价可以帮助已有的交通设施和交通系统识别需要改进的方向，从而使管理者和设计者能够更好地管理、调整、改进、优化未来系统的运作及设计。

6.2.2　评价内容

要确定智能交通系统项目的评价内容，首先需要明确智能交通系统项目发展的目标，总体而言，智能交通系统项目实施的目标包括[5]：①提高安全水平，降低事故总量以及降低伤亡事故率；②提高可动性，降低旅行时间延误和旅行时间变化性，提高旅行时间可靠性；③增加道路通过量或有效通行能力；④提高交通参与者的满意度；⑤提高生产力，降低成本；⑥改善能耗和环境，降低排放及能源消耗；⑦推进智能交通系统相关产业的发展等。

针对上述智能交通系统项目的发展目标，从实际应用的角度出发，可以确定智能交通系统评价的内容主要包括如下方面[6, 7]：

1. 社会效益评价

智能交通系统建设所带来的效益的一个特点是往往缺乏直接的经济效益，而更多的是间接的社会经济效益，因此，对智能交通系统所带来的间接的社会经济效益应当成为智能交通系统项目评价的主要方面。智能交通系统项目的社会效益评价是指从宏观角度出发，分析智能交通系统项目建设完成投入使用后对城市 / 地区或某区域的经济、社会发展产生的影响，并结合实际调查数据，对系统应用后在提高行驶速度，减少出行时间，降低出行成本，提高交通安全水平，土地及交通基础设施投资费用节省以及技术进步等方面作出定量定性的分析。具体而言可以考虑如下方面：

1）交通运行状况改善的评价：例如从交通拥堵（指数）、路网运行速度、路段运行状况、交叉口运行状况 4 个维度开展分析，对建设前后的状况对比分析和评价，得出交通运行状况改善的评价结果。

2）交通安全状况改善的评价：例如从交通事故 4 项指标、万车死亡率、严重交通违法种类和趋势、交通事故直接和间接损失 4 个维度开展分析，对建设前后的状况对比分析和评价，得出交通安全效益的评价结果。

3）交通管理效率的改善：从交通执法效率提高、警情处置快速反应能力提升 2 个维度开展分析。

2. 经济效益评价

具体而言，可以将社会经济评价分为财务评价和国民经济评价。财务评价主要集中在直接的经济效益方面，即从财务的角度出发，在国家现行的财税制度和价格体系之下，确定投资单位在智能交通系统项目实施之后可以获取的经济利益，从而来判别项目的财务可行性，需要注意的是，由于众多的智能交通系统项目所带来的是更多的间接的社会效益，故一般缺少直接的财务效益。国民经济评价则是从宏观的角度出发，综合考虑智能交通系统项目前述可能的效益，并且将多个社会效益（如从降低行车成本、减少出行时间）转化为间接的经济效益，以此来确定智能交通系统项目的实施对整个地区或者城市带来的影响。

3. 环境能源效益评价

智能交通系统对交通系统运行效率的改善将带来环境能源方面的效益。智能交通系统项目的环境效益评价是指定量、定性地分析由于智能交通系统项目的建设应用提升了交通系统的运行效率，从而对城市大气、噪声、微粒等所产生的各种直接或间接的影响。智能交通系统项目的能源效益则主要考虑在智能交通系统项目建设应用后，由于运行效率的提高（即机动车运行效率的改善）而减少的机动车能源消耗量，以及由此产生的能源结构调整效益等。

4. 技术评价

技术评价是指从技术的角度出发，通过对项目中各技术指标、参数的分析和测算，从系统的功能和技术层面对智能交通系统项目进行评价，考察项目的实施是否达到了设计中原定的技术要求。因此，技术评价是为了明确智能交通系统（或项目）满足原定技术需求和达到预期目标的程度的评价，以技术先进性、技术适用性和技术可靠性为前提，从取决于系统结构各部分特征的系统性能和基于系统设计的运行性能两个方面对技术的可行性进行的评价。

从一个智能交通系统项目建设、实施、运行的角度而言，上述四点是其评价的最主要、最核心的内容，也是回答智能交通系统项目建设实施水平的主要支撑。除此之外，在部分城市或地区进行智能交通系统项目的建设可能还需要的是结合当地产业的发展进行产业化的评价等，但该评价可以聚焦某个实施的智能交通系统项目，抑或可以针对整个行业并结合当地的发展。

6.2.3 评价指标体系

智能交通系统范围广泛，从目前国内城市或地区所实际应用的系统对象来看，也包括了智能交通管理系统、智能公交系统、商用车辆管理系统、交通信息服务系统等多个方面，其效果则从交通系统运行效率、交通安全水平、交通服务水平、交通秩序、公交运行效率等多个方面得到了体现。因此，在进行智能交通系统建设项目评价时，需要结合所建设智能交通系统潜在的效果，从多个目标的角度出发，综合考虑智能交通系统项目实施在各个方面的影响，对智能交通系统项目实施效果的多个方面进行定量计算和定性分析，从整体的角度出发，评价智能交通系统建设的总体水平。

结合智能交通系统项目建设及运行所能够带来的效益，在智能交通系统项目评价中可能用到的部分指标体系如下：

1. 财务评价

在财务评价方面，主要考虑的评价指标包括：投资回收期、财务内部收益率、财务净现值、借款偿还期、投资利润率、投资利税率、资本金利润率等方面。

2. 社会经济评价

在社会经济评价方面，智能交通系统项目的影响及可考虑的评价指标主要包括：降低出行成本（包括货币成本及其他成本等），提高出行速度（或减少旅行时间），减少旅行时间变化性，提高旅行时间可靠性，减缓土地资源及交通基础设施投资强度，推动产业进步，满足交通需求等。

3. 运行效率评价

在交通系统运行效率改善方面，以道路交通系统为例，智能交通系统的影响评价指标可包括：路口（路段）通行效率、各路段平均运行速度、信号控制路口排队长度（包括平均排队长度、最大排队长度等）、信号控制路口平均延误、一定长度路段的平均旅行时间及旅行时间可靠性（或变化性）等。而在智能公交方面，则可以考虑的评价指标包括：公交分担率、公交运营速度、公交准点率、乘客满意度等方面。

4. 交通安全评价

提高交通安全水平已经成为众多智能交通系统建设的主要目标之一，在交通安全评价方面，常用的指标包括：交通事故发生频率、交通事故严重程度、某类型交通事故的变化、车辆损失、人员伤亡损失、交通事故导致的交通拥堵损失等方面。

5. 能源环境评价

能源环境方面的评价指标主要包括：各类交通污染物排放量的减少，交通噪声的降低，单位行车距离能源消耗的减少，能源结构的调整等等。

6. 交通管理部门效率的提高

除了前述对社会、经济、交通运行、安全及能源环境能够带来直接或间接效益外，智能交通系统建设的另外一个主要功能是可以改善各类交通管理部门的运行效率，如道路交通管理部门、公交管理部门等，具体的评价指标可以结合相关交通管理部门的工作目标等进行确定。

7. 技术评价

该方面的评价属于对智能交通系统项目建设本身的一种评价，在当前智能交通系统技术发展变革异常迅速的时代，在智能交通系统建设过程中如何能够确保系统在技术上的先进性与应用中的实效性密切结合是非常重要的一点，技术上的评价主要需要考虑系统功能、数据存储、处理的速度等、技术适应性及可靠性、系统的可扩展性与灵活性等方面。

总体而言，智能交通系统建设项目的评价指标体系需要结合各个智能交通系统项目建设的具体目标与应用目标进行选择与确定，评价指标体系的确定是智能交通系统项目评价中的重要一环。

6.3　评价阶段及步骤

6.3.1　评价阶段

智能交通系统的评价主要体现在两大阶段。第一阶段为项目实施前，即在智能交通系统的可行性研究、发展规划及方案设计阶段，在该阶段对智能交通系统项目的经济合理性、技术可行性、社会效益、环境影响和项目风险等进行预测和评价，其目的是确定智能交通系统项目的投资范围，选择需要实施的系统和确定用户需求，为项目的可行性研究、方案的比选和优化、投资决策提供支撑。第二个阶段为项目实施完成之后的后评价，对智能交通系统进行后评价的目的主要是对智能交通系统的投资效果以及智能交通系统对社会、经济及环境等方面所产生的实际效果进行评价，以确定建设和运营的智能交通系统是否实现了预期的性能和满足用户的需求，从而体现智能交通系统投资的价值和意义。该阶段的评价可以用于不断地改进和优化智能交通系统，从而为接下来的系统的实施提供反馈。

在具体执行过程中，进一步细化后可以分为如下阶段：[6, 7]

1）事前评价：也可以称为“前评价”或“前评估”，是指在智能交通系统项目实施之前所进行的评价，例如为了确定项目是否可行，通常进行的项目可行性研究即为事前评价。在可行性研究中往往需要对项目的经济可行性、社会经济效益等进行分析，其中将涉及大量的智能交通系统项目评价的内容，但在该阶段由于评价所用的参数基本上都是预测的结论，因此具有一定的不确定性。而在项目设计阶段，为了更好地预测项目实施后的效益，一般也建议在设计方案中增加与评价相关的内容：一是与可行性研究中类似的对项目实施的财务评价、社会经济效益等进行评价，二是在设计方案中要初步确定项目建设完成后的评价方法、评价手段及实施过程等，以便能够在项目开始建设之前就能够着手准备进行项目建设后评价所需要的各类数据。

2）中间评价：是指在智能交通系统项目实施过程中的评价。该种类型的评价是在项目实施过程中动态地考核该项目达到阶段目标的程度，并据此动态调整项目计划。

3）事后评价：是指在智能交通系统项目完成后进行的评价。事后评价是智能交通系统项目评价的最重要的部分，其目的是为了定性及定量地掌握智能交通系统项目达到预期目标的程度，检查项目及其实施计划是否考虑周全，预期的风险程度估计是否反映该项目在实施中和实施后的状况等，以判断项目所带来的效益。根据当前智能交通系统发展的状况，应当在智能交通系统项目实施完成后全部进行事后评价，以使为智能交通系统的实施、发展提供支撑。

4）跟踪评价：智能交通系统项目的许多效益并不是在项目刚完成时就体现出来的，尤其是宏观经济效益（例如对区域经济发展的贡献），这就要求在项目完成若干时间后再对项目的效益进行评价，包括在系统升级阶段前后进行的评价，以期真实地反映项目的实际影响。

下面重点介绍一下实施前评价和实施后评价。

1. 实施前评价

在智能交通系统实施前评价中，需要注意如下一些问题[1]：

1）智能交通系统的建设要与整个城市或地区的交通系统的政策目标相协调，因此，在评价分析过程中，需要明确清晰的城市或地区的交通系统发展的政策目标；

2）在实施前评价的评价指标体系的选择上，要考虑评价的目标之一是为了商讨并确定要实施的智能交通系统项目，因此，要注意选择的评价指标体系要与主要议题相关且容易被决策者所理解。

3）要综合考虑各类方案（包括“什么也不做”，“做最少的事情”，“其他非智能交通系统的项目”以及要考虑的智能交通系统项目）进行对比研究分析。

4）要注意智能交通系统项目的建设在带来某些效益的同时也可能会对部分交通参与者或部分交通子系统带来副作用，需要在实施前的评价中有深入细致的分析。

5）由于实施前的数据相对实施后而言肯定是匮乏的，因此，如何基于有限的数据或资源，且充分考虑未来环境可能会发生的变化，是实施前评价中必须解决的问题。

2. 实施后评价

智能交通系统项目实施后的评价往往是回答如下一些问题：系统的实施是否满足交通发展目标，系统实施的效果是否达到最初设想的情况，系统还有哪些需要改进的地方，等等。

实施后的评价步骤可以参考下一节的内容，在此主要探讨一下在实施后的评价中需要注意的一些问题：

1）要注意能够分析识别出所建设的智能交通系统的全部影响，包括有益的和无益的，直接的和间接的，计划内的和计划外的。

2）注意进行实施后与实施前的情景对比分析来评价智能交通系统项目实施的效果。

3）在评价指标的确定上，与实施前评价类似，要注意选择具有可操作性的，能够反映系统建设目标和交通系统发展政策目标的指标。

4）如果可能，应当较为全面系统地对智能交通系统的效果进行评价，应当尽量扩大评价的范围而非只是选择一个区域中的某个典型路口或路段进行评价。

5）如果有可能，需要注意评价的时段要足够的长，以便对智能交通系统项目建设的短期效果和长期效果都可能进行评价。

6）所给出的评价报告中要包括全面的评价内容，除了正面的结论外，如果存在负面的影响，也需要进行报告。

6.3.2 评价步骤

智能交通系统项目的评价需要有一套较为明确的步骤和流程来推进，根据当前国内外的一些相关工作，建议主要的一些步骤如下[5]：

步骤 1：成立评价工作小组

进行智能交通系统项目的评价首先要有专门的评价小组。一般而言，每个项目参与单位和利益相关单位都应当安排至少 1 人参加智能交通系统项目评价工作小组，并经协商后指定工作小组的领导者。为了使得评价工作切实有效，该工作小组的领导者应当在整个项目开发和实施期间定期与相对独立的评价工作人员进行交流。经验表明，尽早成立项目评价小组有利于推动项目的合理规划，并避免项目后期阶段的意外情况。而对于评价策略的开发制定阶段，非常重要的一点是项目的每个利益相关单位都能够参与进来。对于评价小组而言，需要明确进行评价的原因以及评价结果为谁所用。

目前国内常常采用的一种智能交通系统事后评价的方式是聘请第三方（如高等院校、科研院所或规划设计院等）进行独立的智能交通系统评价，有时往往缺乏项目应用单位或其他利益相关群体的参与，今后需要能够有更为全面的人员参与智能交通系统评价。

步骤2：制定评价策略

制定评价策略是进行智能交通系统项目评价实施的重要前期工作。评价策略主要包括对要评价项目的描述以及明确那些希望该项目成功实施的关键利益相关单位。同时还要考虑该项目目标与整个智能交通系统目标领域的相关性，例如安全、可动性、效率、生产力、能源与环境以及用户满意度等，即要确定评价目标，在明确目标的指导下去有针对性地收集资料，获取与项目评价相关的信息。

该阶段的一个主要目标是将参与者的注意力进行集中，以便去识别在他们的项目中上述哪些目标领域是需要优先考虑的。可以由评价工作小组的各个参与者为每个目标的重要性设定相应的权重值，比较简单的办法就是按照百分制对每个目标领域进行打分。之后对这些个人打分进行整合形成整体的排名，通过形成的整体排名确定评价的优先考虑领域。例如在目前城市道路交通管理领域的多个智能交通子系统中，信号控制系统的首要目标为提高运行效率，违法行为监测记录系统则是降低违法行为的数量从而提高安全性等。而智能公交系统的主要目标则应当是提高公交运行效率，提高公交信息服务水平等目标。

在确定评价目标领域之后，就可将用于进行项目评价的资源根据评价目标的优先程度进行分配。因此，确定评价目标领域优先度的过程实际上也是各个项目参与者之间消除异议、形成团队合作的过程。

评价目标之后要确定评价指标体系。评价指标体系是衡量某个智能交通系统总体目标的具体标志，不同评价指标反映系统的不同方面，评价指标体系的建立是为了更有效地对智能交通系统的效果进行量化处理与评价。

步骤3：制定评价工作计划

当在评价策略中明确了项目的目标、评价的优先领域及评价指标体系之后，就可以通过设想一些情形来对评价方法进行不断的优化调整，例如使用“如果—那么”的表述来反映对智能交通系统项目期望的输出。以交通信号控制系统为例，其建设的一个可能的目标是通过降低追尾事故改善交通安全水平。如果评价策略中包括这个目标，则评价方案中就需要制定相应的情景来检测这个目标。即：如果实施了协调信号控制方式，则协调信号控制的路口的追尾事故应当有所下降（或者说下降了某个具体数值，例如10%）。在评价方案中应当识别出所有可能的情形并且明确相应的不同测试的数量。

除了定量考虑系统和子系统性能的情形外，评价方案还需要考虑所要进行的定性分析。例如评价内容还需要考虑项目与整体智能交通系统发展的协调一致性问题、使用者的接受程度、制度方面的问题。而由于智能交通系统的复杂性，制度方面的问题是尤其需要注意和考虑的问题。例如近年来兴起的打车软件，尤其是专车功能，虽然在某些方面和领域比较受欢迎，但是也直接引起了众多制度方面的问题，包括行政管理、法律问题等。在智能交通系统项目的评价过程中，对于这些方面的问题也需要进行相应的考虑。

步骤4：制定一个或多个测试方案

在评价工作计划的指导下，为推进评价工作的开展，针对不同的评价指标，需要制定相应的测试方案。在评价方案中所确定的每个测试内容都需要一个测试方案。一个测试方案将详细地说明如下内容：如何进行测试，识别完成测试所需要的人员、设备、材料、规程、进度表和资源等。

例如对于一个出行者信息服务系统的评价而言，可能需要考虑进行某些出行者群体的调研，受信息服务系统影响而导致的路径转换的调研，旅行时间调查，并且要对历史数据进行分析以及进行出行者的访谈调研等。

步骤5：采集和分析数据及信息

该步骤是智能交通系统评价中的主要工作量所在，在该步骤中需要实施每个明确的测试方案。在该步骤中，智能交通系统项目的实施单位和评价小组需要进行密切配合，由此有助于节约智能交通系统项目评价所需要的时间和费用。而且，如果在智能交通系统项目规划或设计阶段就对项目建设完成后的效果尽早地进行了项目评价设计，则有可能可以将评价所需数据的自动采集包括在智能交通系统项目的实施方案中。在项目建设完成乃至评价完成后，所建设的自动数据采集还可以用于今后项目建设方来不断地优化系统。

当前智能交通系统项目评价中需要注意的一点就是对自动数据采集手段的利用，对于一个涵盖全市或较大区域的智能交通系统进行评价，如果很大程度上还是依赖人工数据采集，则不可避免地会存在评价范围不足等问题，例如实施了150个信号交叉口的信号控制改造及优化，如果使用人工进行150个信号控制交叉口的延误采集、排队长度采集等，则将耗费巨大的人力、物力、财力，需要较长的时间，且数据质量可能不高。因此，在智能交通系统项目评价过程中需要注意充分利用原有的和新建的信息采集手段，例如使用带卡口功能的闯红灯自动记录系统进行两交叉口的车牌比对就可以得到交叉口间车辆的行驶时间进而得到检测到的车辆的延误，从而有效地支撑信号控制系统的评价工作。

另外一个需要注意的关键点是在项目实施之前对现状交通流运行状况的采集，由于有些指标需要对项目实施前后的指标值进行对比评价，而一旦项目实施后，交通运行状况就会发生改变，无法再回到项目实施之前的状况，因此，对于欲实施智能交通系统项目后评价的城市或地区而言，需要注意在项目实施之前对交通运行状况进行相应的数据采集。

步骤6：准备最终的评价报告

评价过程的最后一步是形成一系列的相关文件，包括所制定的评价策略、评价方案、评价结果、评价结论以及建议等。比较好的一种做法则是将整体报告整合后形成摘要报告提交给决策者。完成最终的评价文件后需要将评价文件发给评价工作小组中的每个人。

6.4 评价案例

6.4.1 案例概况

×× 市智能交通系统评价范围包括该市市区的道路，在系统评价中，主要从指标体系建立，智能交通系统评价指标确定，针对不同评价指标的对比时间划分，基于系统前端设备采集数据的处理和分析四个方面完成了对系统建设及应用的综合效益评价指标整体分析。

×× 市智能交通系统评价以交通运行状况为基础，主要对 ×× 市智能交通系统建设及应用的交通运行效率、社会经济效益、交通安全效益、管理效率效益等相关指标进行评价，评价指标中的车辆路段旅行时间、路段平均速度、道路路段里程等数据样本主要来源于城市路网路段上的系统前端设备采集的基础数据和过车行驶数据。

选择系统前端设备安装初期的数据做为交通运行特性评价指标、社会经济效益评价指标以及交通安全效益中的部分评价指标的建设前数据，选择评价数据调研时期的结束时间点数据作为建设后数据，将该前后时间点数据进行对比分析评价。

6.4.2 建设基本情况

×× 市智能交通系统建设的总体结构如图 6-1 所示。

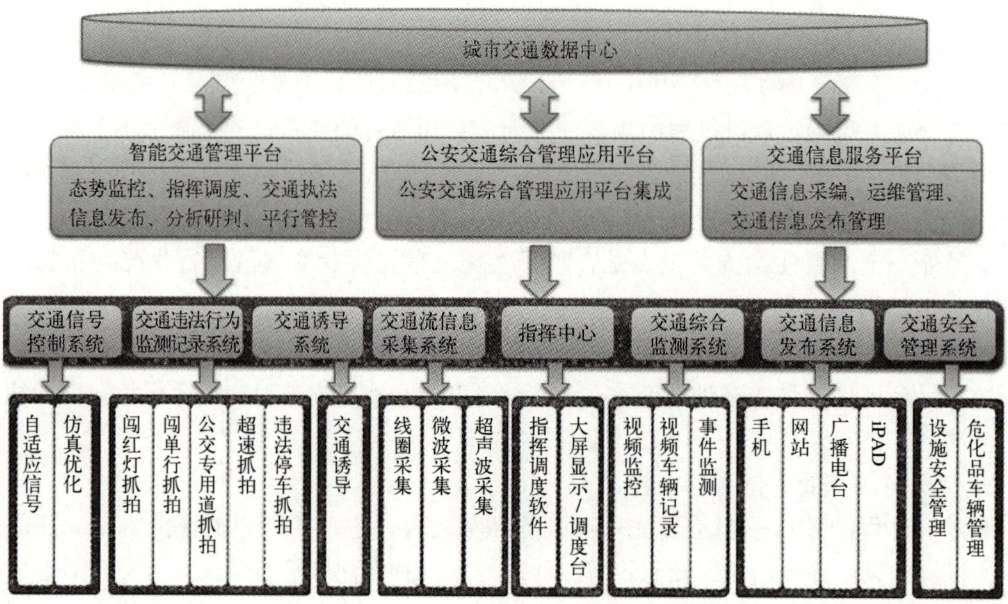

图 6-1 ×× 市智能交通系统建设总体结构

1. 一个中心

一个中心，即城市交通数据中心，主要是用于收集、存储、处理各种交通数据，为各平台与系统提供数据支撑与计算服务。

2. 三大平台

1）智能交通管理平台：主要是为交通管理提供各种应用服务，包括：态势监控、指挥调度、交通执法、诱导信息管理、安全设施管理、分析研判、交通平行管控等交通管理功能。

2）交通管理综合应用平台：主要是指公安部统一建设的交通管理综合应用平台，本项目主要是集成交通管理综合应用平台，从交通管理综合应用平台获取车驾管基础信息，把违法处理数据提交到交通管理综合应用平台。

3）交通信息服务平台：主要包括交通信息采编、交通信息发布管理、交通信息服务运维管理。

3. 八个系统

1）交通信号控制系统：主要是收集交通流信息，对道路进行自适应信号控制、拥堵控制、应急与多系统联动控制，并通过交通仿真系统对控制方案进行仿真分析与优化。

2）交通违法行为监测记录系统：主要是对闯红灯、闯单行、占用公交专用道、超速、乱停车等违法行为进行抓拍取证。

3）交通诱导系统：主要是通过行车诱导标志、停车诱导标志，发布交通路况信息、交通管制、交通事件等信息，对出行者进行出行诱导。

4）交通信息发布系统：提供多渠道的动态交通信息发布机制，建立个性化的信息发布与数据分享体系。为驾驶人提供基于实时路况的动态导航服务，为公共交通出行用户提供任意点到点的公交换乘查询、城市交通枢纽信息，并为各种出行者提供个性化的信息定制与数据分享服务。

5）交通安全管理系统：实现对城市道路智能交通设备统一管理，包括外场设备设施、指挥中心相关设施，能够在统一的用户界面展示，一目了然，便于交通管理者对辖区交通安全设施进行综合掌控。

6）交通流信息采集系统：主要是采集道路的交通流量、平均车速、占有率等交通信息，为交通信息服务、交通信号控制、分析研判提供交通信息。

7）指挥中心系统：包括升级改造 122 接处警系统、高清 DLP 组合显示屏、调度台、机房等相关基础设施。主要利用各种外场设备资源，以及实时获得的警力警情信息，对日常勤务、警情处置、多系统联动控制任务、重大活动进行交通指挥。其中指挥调度软件集成在智能交通管理平台中。

8）交通综合监控系统：主要包括高清监控、卡口 / 视频车辆记录、事件检测。

× × 市智能交通系统建设的系统结构如图 6-2 所示。

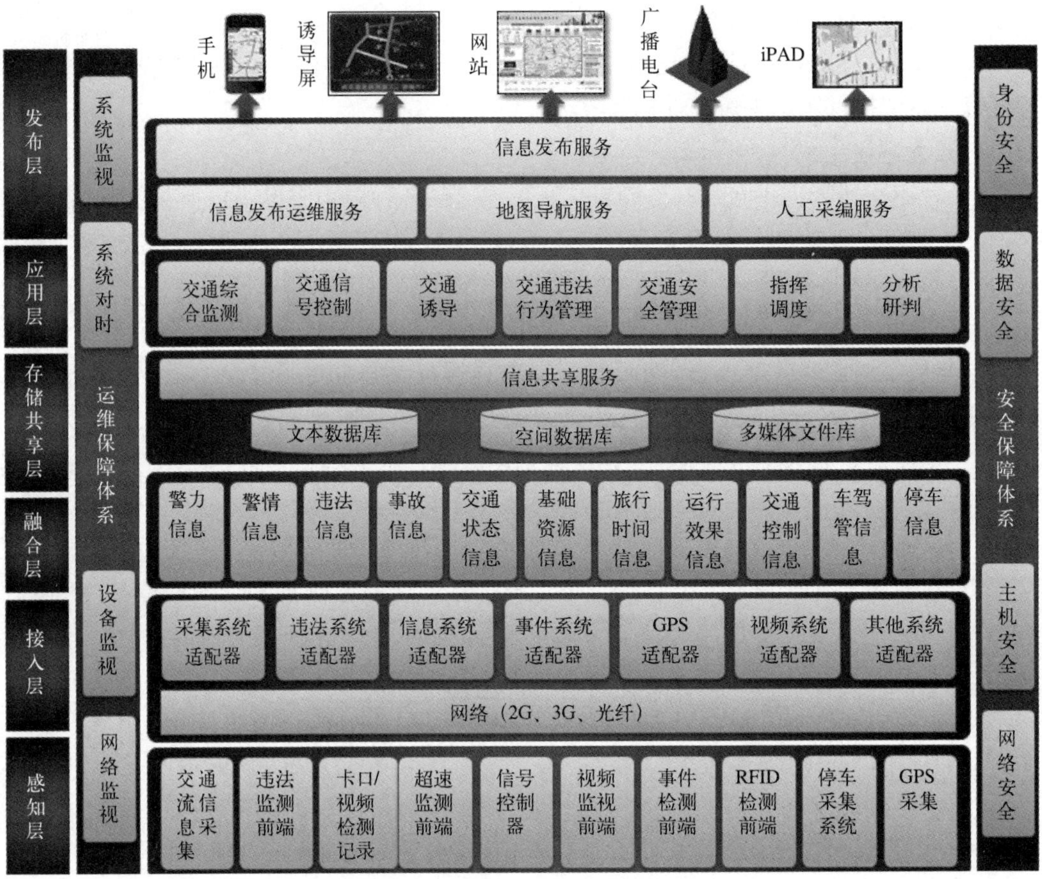

图 6-2　××市智能交通系统架构

整体系统包括六个层次，两个体系：六个层次分别是系统感知层、接入层、融合层、存储共享层、应用层、发布层；两个体系分别是运维保障体系和安全保障体系。各层次和体系的主要作用如下：

（1）六个层次

1）感知层：主要包括智能交通系统的各种外场采集设备，是智能交通系统建设的基础，为其他上层应用提供基础的交通实时数据。

2）接入层：主要通过智能交通接入网，以 2G/3G 无线传输、光纤（裸光纤或 Epon）传输等方式与感知层设备进行交互，包括采集系统适配器、违法系统适配器、信号控制系统适配器、交通事件系统适配器、GPS 适配器、视频监控系统适配器以及与其他系统连接的适配器，通过各种适配器，完成各种数据的采集与交互。

3）融合层：根据基础资源信息、警力警情信息、事故信息、违法信息、交通流信息、车牌信息等基本业务数据进行融合处理，计算生成交通控制、交通诱导、交通状态、交通拥堵、旅行时间等交通信息。

4）存储共享层：主要包括生产库、历史库、分析库与备份库，根据文本、多媒体属性特点采用不同技术手段对各类交通管理信息进行分类存储，并通过信息共享服务为各类应用系统提供交通信息与数据。

5）应用层：主要面向各级交通管理者提供交通态势监控、指挥调度、交通信号控制、交通信息发布、交通违法行为管理、交通安全管理、分析研判等功能以便进行交通管理。

6）发布层：主要包括公安内网的信息发布和面向公众的交通信息发布，公安内网主要是通过路边的诱导标志进行路况信息、管制信息、事件信息、诱导信息的发布，面向公众的交通信息发布主要以互联网站、手机、智能终端、广播电台等方式向出行者提供各种交通信息，提供基于实时路况的导航服务、地图服务，为交通信息发布管理者提供交通信息发布运维管理服务。

（2）两个体系

1）运维保障体系：主要包括系统监视、网络监视、设备监视、系统对时等系统与网络的运维管理功能。

2）安全保障体系：主要包括网络安全、主机安全、数据安全、身份认证等安全保障。

6.4.3　评价指标体系

××市智能交通系统评价指标体系主要包括四个方面，交通运行状况评价、社会经济效益评价、交通安全效益评价和交通管理效率评价。××市智能交通系统评价指标体系如图 6-3 所示。

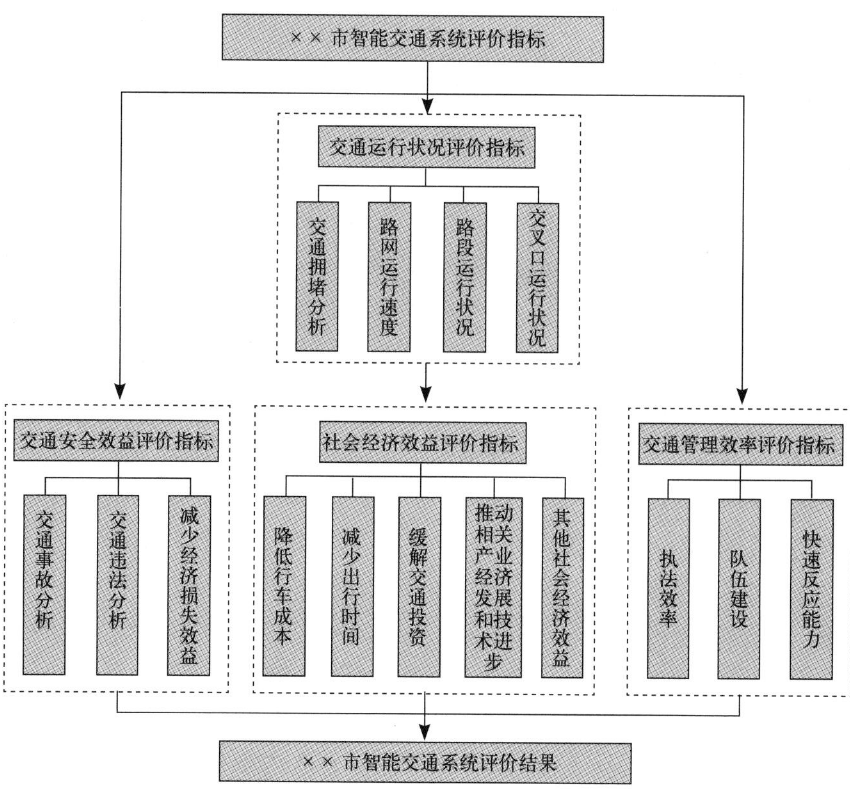

图 6-3　××市智能交通系统评价指标体系

6.4.4 交通运行效率评价

××市智能交通系统建设及应用对城市道路路网的交通运行状况产生了极大的影响，本部分评价内容主要针对智能交通系统建设及应用后该市城市路网整体和局部的交通运行状况进行建设前后的对比分析和评价。

1. 评价内容

（1）交通拥堵指数分析

交通拥堵指数是反映交通参与者在路上实际花费相比理想状态下多出的旅行时间情况。根据系统提取的交通拥堵指数数据，分析系统建设前后的路网交通拥堵状况，不同拥堵指数区间所持续的时间情况见表6-1所示。

系统建设前后交通拥堵指数情况 **表6-1**

交通指数范围	(0,2]	(2,4]	(4,6]	(6,8]	(8,10]
建设前平均时间（h）	7.36	7.63	6.98	1.97	0.06
建设后平均时间（h）	8.58	8.12	5.73	1.55	0.02

根据表6-1所示，各拥堵指数区间含义为：(0，2] 表示畅通，(2，4] 表示基本畅通，(4，6] 表示缓行，(6，8] 表示拥堵，(8，10] 非常拥堵。由此可见，系统建设后畅通、基本畅通的持续时间有所增加，缓行、拥堵和非常拥堵的持续时间明显减少，持续时间划分有向畅通的变化趋势。根据系统建设前后24h交通拥堵指数变化情况，分别按照总体和工作日两种情况进行统计分析，如图6-4所示。

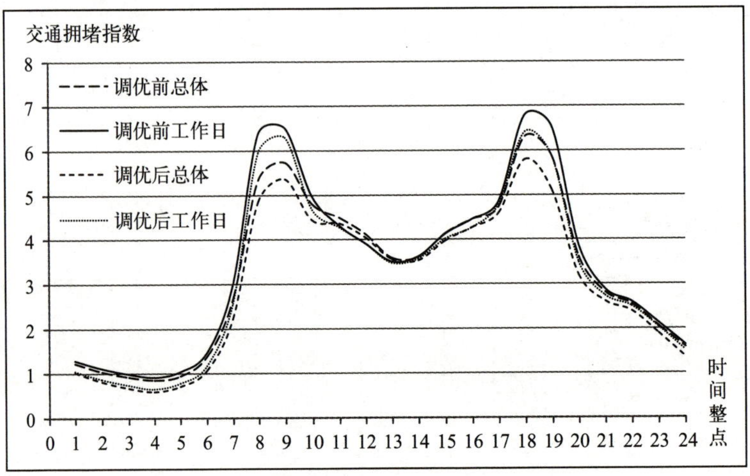

图6-4 系统建设前后24h交通拥堵指数情况

由图6-4可见，系统建设后交通拥堵指数在总体和工作日两种情况下都较系统建设前有明显的下降，在早晚高峰时段的拥堵降低效果更为明显。由此可见，智能交通系统的建设及应用使得交通拥堵得到了明显缓解。

根据上述拥堵指数含义按照日常交通流量时段将(4，10]拥堵指数区间划分为高峰时段，(2，4]划分为平峰时段，(0，2]划分为低峰时段。由此可以得出系统建设前后路网交通拥堵时间情况，如表6-2所示。

系统建设前后路网交通拥堵时间情况　　表6-2

		高峰持续时间	平峰持续时间	低峰持续时间
系统建设前	时间（h）	9.01	7.63	7.36
	比例	37.54%	31.79%	30.67%
系统建设后	时间（h）	7.30	8.12	8.58
	比例	30.41%	33.84%	35.75%
差值	时间（h）	−1.71	0.49	1.22
	比例	−7.13%	2.05%	5.08%

注：比例项中正值为建设之后较建设前持续时间增加的比重，负值为减少。

根据表6-2可知，系统建设后路网高峰持续时间有显著减少，减少时间为1.71h（即103min），减少比例为7.13%；路网平峰持续时间和低峰持续时间相对有所增加，增加时间分别为0.49h（即29min）和1.22h（即73min）。由此可见，整体上系统建设后路网拥堵状况得到明显缓解，路网畅通的时间有所增加。

（2）路网运行速度

根据提取的系统建设前后中心城区71组方向路段4个时段（早高峰、晚高峰、平峰、低峰）内所有过车抓拍的旅行时间样本进行统计分析，样本采集路段基本覆盖了智能交通系统建设范围内的各主要道路。

根据表6-2中系统建设前后高峰时期、平峰时期、低峰时期的时间权重进行计算，得出系统建设前后城市路网内机动车辆单位距离行驶时间和路网平均运行速度情况，见表6-3所列。

路网单位距离行驶时间和路网平均运行速度情况　　表6-3

	建设前	建设后	前后变化
高峰单位距离行驶时间（s/km）	348.32	325.57	−6.99%
平峰单位距离行驶时间（s/km）	249.28	233.69	−6.67%
低峰单位距离行驶时间（s/km）	174.89	155.62	−12.38%
综合单位距离行驶时间（s/km）	263.65	233.72	−12.80%
路网平均速度（km/h）	13.65	15.40	11.35%

注：前后变化中正值为建设后较建设前时间和速度增加的比重，负值为减少。

由此可知，系统建设后的综合单位距离行驶时间比建设前减少了29.93s，减少比例为12.8%；路网平均速度提高了1.75km/h，提高比例为11.35%。由此可见，路网运行效果得到了显著提升。

（3）路段运行状况

通过系统提取的71组方向路段所有抓拍车辆的旅行时间样本数据，根据道路路段里程和限制车速情况，按照早高峰、晚高峰、平峰和低峰四个不同时段，针对系统建设前后车辆的旅行时间、行程延误、平均车速等指标进行对比分析，系统建设后路段运行状况得到优化的情况，如表6-4所示。

系统建设后路段运行状况优化情况　　表6-4

	旅行时间	行程延误	平均车速	总体	优化比例
早高峰优化路段数量	67	67	67	67	94.37%
晚高峰优化路段数量	66	66	68	68	95.77%
平峰优化路段数量	68	67	67	69	97.18%
低峰优化路段数量	59	58	57	63	88.73%

注：总体优化情况为三项指标中有一项得到优化即算作总体优化。

由此可知系统建设后早高峰、晚高峰和平峰时期路段优化程度较好，优化比例均超过了90%；低峰时期路段的优化比例达到近89%。三项指标的优化情况相对均衡。

（4）交叉口运行状况

1）样本数据提取。本次评价交叉口运行状况指标主要针对该市交通信号控制系统，由于系统建设前并没有进行交叉口相关运行数据的调查，建设前的交叉口运行状况指标评价无数据支撑，因此，本次交叉口运行状况指标评价的数据对比时间选择为系统建设后但系统调优前和系统调优后两个时间段。其中，系统调优内容主要包括信号交叉口的路口渠化、信号周期、放行相位以及绿灯配时等。本次交叉口运行状况评价选取了30个主、次干路相交的交叉口作为评价样本对象，样本对象的选取主要包括主—主交叉、主—次交叉和次—次交叉三类交叉口。

本次交叉口运行状况评价主要针对信号交叉口早、晚高峰时段的交通运行状况，因此剔除掉周六、周日的交通运行数据，在工作日中分别选取了系统调优前后周一、周二、周五这三个具有代表性时间点的数据进行统计分析。

2）饱和度评价。根据系统调优前后周一、周二、周五的样本数据，系统调优后在各个样本交叉口的进口道饱和度有降低有提高，优化的效果有好有坏。针对三天的优化情况，按照三天中有一天优化即算作交叉口得到优化（综合一情况）和三天中有两天优化算作交叉口得到优化（综合二情况）的两种情况进行分析统计。按照样本交叉口优化比例超过75%定为该交叉口得到整体优化进行统计，可知综合一情况下样本交叉口中有47个交叉口高峰时段得到优化，优化比例78.33%；综合二情况下样本交叉口中有23个交叉口高峰时段得到优化，优化比例 38.33%。

3）服务水平评价。根据系统调优前后周一、周二、周五的样本数据，系统调优后在各个样本交叉口的进口道服务水平有降低有提高，优化的效果有好有坏。通过系统评价，30 个样本交叉口中有 7 个交叉口高峰时段服务水平得到提高，提高比例 11.67%；样本交叉口有 5 个交叉口高峰时段服务水平出现下降，下降比例 8.33%。另外，系统调优前样本交叉口中有 6 个 F 级服务水平的信号交叉口，系统优化后仅有 2 个 F 级服务水平的信号交叉口，可见关键拥堵点得到了有效缓解，系统优化起到了缓解拥堵的效果。

2. 评价结果

1）系统建设后路网拥堵状况有明显缓解。其中，系统建设后路网高峰持续时间减少了 1.71h（103min），路网平峰持续时间和低峰持续时间有所增加，增加时间分别为 0.49h（29min）和 1.22h（73min）。

2）路网运行效果得到有效提升。系统建设后的综合单位距离行驶时间比建设前减少了 29.93s，减少比例为 12.8%；路网平均速度提高了 1.75km/h，提高比例为 11.35%。

3）路段运行状况得到显著优化。系统建设后早高峰、晚高峰和平峰时期路段优化程度较好，优化比例均超过了 90%；低峰时期路段的优化比例达到近 89%。

4）交叉口的运行状况得到优化。系统调优后样本交叉口中有 47 个交叉口高峰时段得到优化；有 7 个交叉口高峰时段的服务水平得到提高；F 级服务水平的交叉口由 6 个减少到 2 个，关键拥堵点得到了有效缓解，系统优化起到了缓解拥堵的效果。

6.4.5 社会经济效益评价

× × 市智能交通系统建设及应用对城市的社会经济效益产生了极大的影响，以系统建设及应用对交通参与者的出行产生了哪些影响作为出发点，将这些影响因素量化成经济效益指标，客观评价系统对该市的社会经济效益起到什么程度的推动作用。本部分评价内容主要从行车成本、出行时间、交通投资、带动相关产业等方面评价系统的社会经济效益。

1. 评价内容

（1）降低行车成本

1）车辆类型选取。考虑到 × × 市智能交通系统覆盖区域内道路交通实际运行的车辆种类主要是客车，能够进出智能交通系统所覆盖道路的部分货车还受到通行时间方面的约束，所以道路上运行的机动车的主要类型是小客车和大客车，其中，小客车主要包括出租车和私家车两类，大客车主要指公交车。

2）行车成本测算。根据系统前端设备采集的 71 个方向路段样本数据，根据样本数据处理分析，给出机动车辆路网行驶中不同速度的权重系数，考虑到大客车与小客车在城市路网道路运行中是混行的，运行车速与整体车流基本一致，所以大、小客车建设前后的车速权重系数情况相同。系统建设后系统为小客车和大客车每百公里平均节省的燃料值分别为 0.12L 和 0.16L。

各类车辆智能交通系统建设后车辆日行驶总里程情况见表 6-5 所示。

智能交通系统建设后车辆行驶总里程　表 6-5

	大型客车	私家车	出租车
一天行驶总里程（km）	618161.71	37806934.26	3379500

结合车辆油耗情况，得出统计周期（5 月 26 日至 11 月 16 日）内工作日共节约各类机动车行车成本 3868.7 万元，由此推算一年工作日（假设该市工作者均有双休和法定假日，2014 年内除去双休日及法定节假日后按平均每人一年工作 234 天）能节约各类机动车行车成本约为 0.78 亿元。

（2）减少出行时间

1）出行平均速度。机动车辆出行平均速度决定了那些采取机动车出行方式的交通参与者日常的出行效率，速度的快慢影响了一个机动车交通参与者在路上行驶消耗时间的多少。根据交通运行状况指标评价中基于系统自身采集的样本数据，分析了系统建设前后路网交通出行平均速度情况，具体如表 6-6 所示。

系统建设前后出行平均速度　表 6-6

	建设前	建设后
路网平均速度（km/h）	13.91	15.40

2）出行用户量。本节所指的出行用户量主要是指采取机动车出行方式的交通参与者数量，包括公交车、私家车和出租车。根据实际调研可以得出各类机动车出行方式的交通出行用户量情况如表 6-7 所示。

车辆出行用户量　表 6-7

	私家车	公交车	出租车
出行用户量（万人 /d）	247.5	192.6	1.69

3）出行时间减少情况。假设该市工作者均有双休和法定假日，2014 年内除去双休日及法定节假日后按平均每人一年工作 234 天，每天工作 8h 的工作制度计算，则每人一年共工作 1872h，根据推算的 2014 年人均 GDP 为 97734.73 元，由此可得 2014 年单位时间人均创造社会价值量为 52.21 元 /h。

评价范围内出行时间计算涉及的车辆主要包括出租车、私家车和公交车。

根据对该市出租车公司调研，出租车每个工作日白班出行里程平均为 200km，单辆出租车年工作日行驶里程为 46800km，按照每日出行载客行驶里程有效率为 50%，得出系统建设后出租车一年减少出行时间为 328.7 万 h。

根据对该市公交公司调研，评价范围内每日公交车行驶班次 15460 班，公交线路单班公交车年工作日平均行驶里程为 6315.2km，按照每位公交乘客单工作日出行乘车 2 班公交车。同时，考虑在乘坐公交车出行中，大部分乘客乘坐公交车时并不会贯穿始终，则按照乘客乘坐里程比率30%，得出公交车一年工作日减少出行时间为6066.6万h。

根据对私家车行驶里程的系统抽样调查，并通过人工匹配路径还原，单辆私家车年工作日行驶里程为5369.8km，得出私家车一年工作日减少出行时间为6459.3万h。

综上所述，系统建设后各类机动车年工作日为出行用户减少的出行时间总量为12854.6万h。

（3）缓解交通投资

××市在建设智能交通系统之前，主要通过新建、扩建大量的道路来增加可选道路路径和路段通行能力，满足该市日益增长的道路交通出行需求，缓解日益增长的出行量所产生的交通压力。通过系统的全面建设及应用，可以从交通信号控制调优、交通事件检测预警、交通运行状态监控、交通运行状态发布、交通违法行为抓拍等方面来提高交通参与者出行质量，能够有效提高车辆通行效率，减少出行延误，提高道路通行能力，缓解交通拥堵。智能交通系统在提高交通出行质量的同时也可减少道路新建、扩建里程，这在一定程度上缓解了该市对交通基础设施建设的投资强度，能够有效提高社会经济效益。

（4）相关产业发展和技术进步

××市智能交通系统建设及应用后直接或间接地给相关产业带来了一定程度影响。由于智能交通系统的研究、开发和建设涉及多个行业和部门，因而其应用不仅能促进与智能交通系统有关的科学技术进步，还能推动相关产业的经济发展，更能调整产业链上相关劳动人员的就业分配，所带来的影响意义深远。

根据价值链思想相关理论，产业要生存和发展，就必须为产业自身以及与其所在地区利益有关联的相关行业包括员工、顾客等创造价值。把所有产业创造价值的过程分解为一系列互不相同但又相互关联的经济活动，其总和即构成产业之间的“价值链”。从理论上讲，智能交通系统由多种因素集成，包括技术的集成、管理的集成和系统的集成：①在技术上，它需要综合利用先进的信息技术、数据通信传输技术、现代控制技术与遥感（RS）技术、地理信息系统（GIS）、全球定位系统（GPS）、视频传感技术、系统工程技术和人工智能技术等技术，通过有效地集成，从而应用于综合交通系统。②在管理上，它需要将交通参与者、交通工具、交通管理者与运营者、交通服务设施等有机地结合起来，使原来分散独立的各种交通运输行为形成一个协调运转、良性循环的整体，从而大大提高交通运输系统效率和效益。③系统的集成不仅包括各应用子系统之间的集成，也包括未来不同城市、不同地区智能交通管理系统之间的集成。正是由于智能交通系统产业实现了集成化，才能促进各项要素、功能和优势之间的互补与匹配，从而最终促进整个产业的发展。

（5）其他社会经济效益

1）提高社会就业水平。由于智能交通系统的开发和建设涉及交通运输、信息传输、计算机服务和软件业、科学研究与技术服务、先进制造业等多个产业领域，实施和应用涉及诸多相关部门，并且实施内容也与城市居民的切身利益直接相关，因此智能交通系统的投资与运营对整个社会的就业结构产生了较大影响，不管是直接方面还是间接方面，系统的实施可推动行业的发展，实现劳动力在不同行业之间的重新分配，对社会的就业结构和就业水平产生了积极的影响。

2）土地增值。智能交通系统的投入使用优化了交通体系的运行，提高了公众通勤的效率，城市居民出行具有更大的能动性及灵活性，减少了人口布局所受的制约因素，打破了经济因素和环境因素对人口分布的制约，促进了城市内部及城市间路网布局合理化和现代化，由此提升了系统覆盖区域的土地利用价值。

3）提高国民素质。智能交通系统是一种综合性交叉学科，集信息技术、数据通信传输技术、电子传感技术、电子控制技术以及计算机处理技术等各方面人才为一体。智能交通系统的研发和实施，促进了各学科高水平人才的培养。

此外，在为实施和应用智能交通系统而开展的社会调研过程中，通过调查问卷题目的设置及引导，交通参与者进一步了解了智能交通系统这一新兴的科技手段，提高了人们对高新技术的认知水平，同时加深了对交通法规的认识，提高了交通守法意识。

4）智能交通系统项目与国家、地区发展重点相适应。智能交通系统适合国家战略发展要求，有助于解决国家发展中在交通运输领域的重点、难点问题。符合相关指导性文件要求，智能交通系统使交通阻塞和交通事故有所减少，提高路网的通行能力，提高交通运输的生产效益和经济效益，从而满足国民经济和社会发展对交通运输的需求。而减少能耗、降低污染，更是缓解了我国能源供给的结构性矛盾。

2. 评价结果

1）降低行车成本。智能交通系统建设后 ×× 市机动车出行效率得到有效提升，按照统计周期计算得出，工作日内共节约行车成本约为 3868.7 万元，推算一年工作日能节约行车成本约为 0.78 亿元。

2）减少出行时间。智能交通系统建设后 ×× 市路网内机动车行车速度得到有效提高，各类机动车为出行用户工作日减少的出行时间总量为 12854.6 万 h，统计周期工作日内节约出行时间为 6409.7 万 h，一年工作日提高社会经济效益约为 67.11 亿元，统计周期工作日内提高社会经济效益约为 33.46 亿元。

3）缓解交通投资。智能交通系统在提高交通出行质量的同时也可减少道路新建、扩建里程，从整体上缓解对交通的投资强度，能够有效提高社会经济效益。

4）相关产业发展和技术进步。智能交通系统的建设及应用可对产业链上的相关产业发展起到较大的推动作用。

5）其他社会经济效益。主要在提高社会就业水平，土地增值，提高国民素质，智能交通系统项目与国家、地区发展重点相适应等方面提高了社会经济效益。

6.4.6 交通安全效益评价

×× 市智能交通系统建设及应用对城市的交通安全效益产生了一定影响。本部分主要从交通事故、交通违法和交通安全经济效益三个方面展开了相关评价，智能交通系统建设及应用为降低交通事故数量，控制交通违法数量和提高交通安全相关经济效益产生了积极影响。

1. 评价内容

(1) 交通事故评价分析

1)交通事故四项指标。针对交通事故的相关数据进行推测。该市近5年(2009～2013年)的交通事故四项指标情况见表6-8所列。

近五年交通事故四项指标情况　　表6-8

年份	事故数量	死亡人数	受伤人数	直接经济损失（万元）
2009	37293	82	1677	2649
2010	44694	77	1885	2982
2011	43783	74	1746	2796
2012	46853	86	2331	3448
2013	49027	85	2542	3215

根据现有数据统计情况，截至2014年11月，该市交通事故四项指标情况见表6-9所列。

截至2014年11月交通事故四项指标情况　　表6-9

截止日期	事故数量	死亡人数	受伤人数	直接经济损失（万元）
2014年11月	42984	75	2352	2819

××市近5年交通事故数据推算2014年交通事故四项指标预测值与11月到12月折算的2014年交通事故四项指标实际值的对比情况如图6-5、表6-10所示。

2014年交通事故四项指标预测值与实际值对比情况　　表6-10

数据类型	事故数量	死亡人数	受伤人数	直接经济损失（万元）
2014预测	52018	86	2689	3497
2014实际	46892	82	2566	3075
变化幅度	−9.85%	−4.65%	−4.57%	−12.07%

注：变化幅度中正值为实际比预测情况数据有所增加，负值为减少。

由此可见，交通事故四项指标的实际值均比预测值有所下降，其中直接经济损失和事故数量下降幅度最大，分别为12.07%和9.85%。

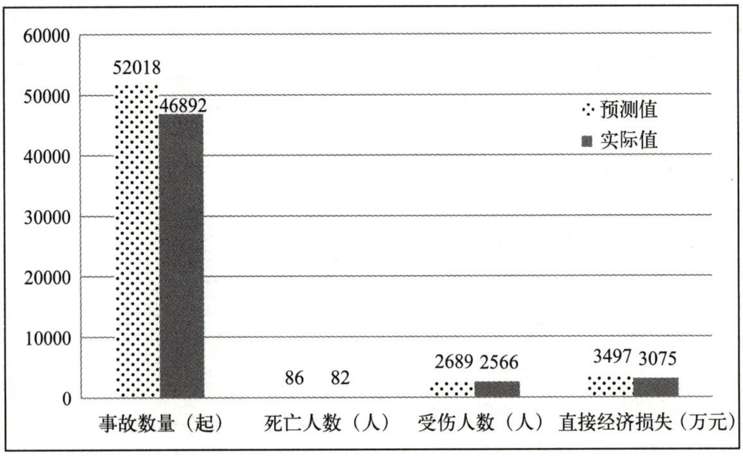

图 6-5 2014 年交通事故四项指标预测值与实际值对比情况

2）交通事故其他指标。截至 2014 年 11 月，该市 2014 年万车死亡率和十万人口死亡率情况如图 6-6 所示。

根据 2014 年该市实际死亡人数情况，万车死亡率预测值为 0.427，而实际值为 0.407，比预测减少了 0.02；十万人口死亡率预测值为 0.987，实际值为 0.941，比预期减少了 0.046。总体上，该市智能交通系统的建设与应用有效地减少了交通事故的发生以及人员的伤亡。

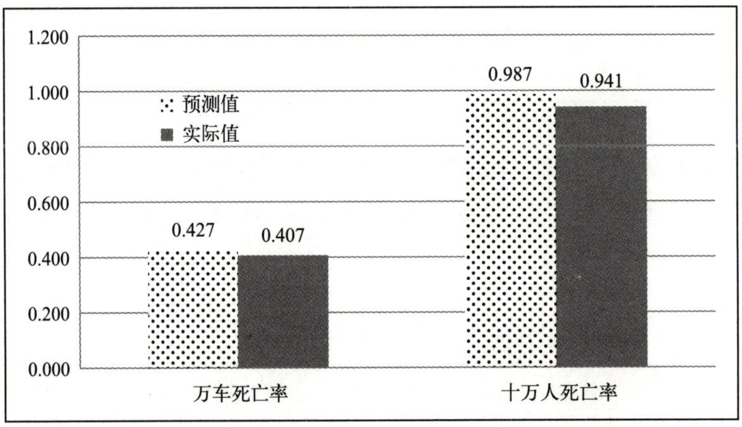

图 6-6 ×× 市 2014 年万车死亡率和十万人口死亡率的实际值与预测值对比情况

（2）交通违法评价分析

1）违法数据提取。根据系统建设及应用的时间节点情况，交通违法数据分析的数据选取了有效数据开始到数据调研截止。

目前该市交通违法抓拍和审核通过最多的违法行为主要包括：不按导向车道行驶，违反禁止标线和逆向行驶等；这些交通违法行为的抓拍主要是利用交通违法行为监测记录系统中的闯红灯自动记录系统和闯禁行违法取证系统前端设备抓拍的。根据调研，系统建设前机动车借道变向（借直行车道左转、借直行车道右转、借右转车道直行等）、逆行的情况比较严重，因此系统建设后这些违法行为的抓拍数量和中心审核通过数量相对而言会比较多。

截至数据调研时期，统计周期内交通违法抓拍数量为 320 余万件，审核通过的总违法数量超过 22 万件。

2）交通违法数据处理分析。根据统计周期内的总交通违法数据，以周为统计单位将审核通过的总违法数量和违法增长率的数据进行处理分析，具体情况如表 6-11 所示。

审核通过的总违法数量和违法增长率情况　　表 6-11

时间	第 1 周	第 2 周	第 3 周	第 4 周	第 5 周	第 6 周	第 7 周
审核通过违法数量	5593	6134	13093	39550	44289	51085	53101
违法增长率	—	0.088	0.531	0.669	0.107	0.133	0.038

审核通过的总违法数量及违法增长率的变化趋势如图 6-7 所示。

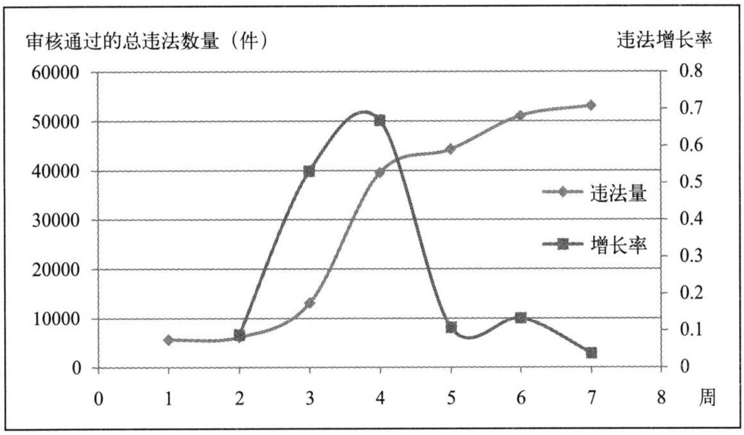

图 6-7　审核通过的总违法数量及增长率变化趋势

由此可知，目前交通违法审核通过的总数量处于上升趋势，但审核通过的违法增长率却存在明显的下降趋势，而且审核通过的总违法数量增长趋势趋于缓和。从理论上讲，交通违法行为的抓拍从无到有会存在明显的增加趋势，但随着违法抓拍应用时间的推移，交通违法总数量应有所缓和直至下降。图表中的变化趋势正符合上述理论所描述。另外，根据目前违法数据审核通过总量和增长率情况，推算系统运行 6 个月以后交通违法总量将会有较为明显的下降趋势。

由于交通违法子系统前端设备中正式启用的违法抓拍设备（违法抓拍处罚有效）的数量不断增加，调研期内并未将全部违法抓拍设备全部启用，随着启用违法抓拍设备数量的不断增加，交通违法总数量存在明显上升趋势亦属正常现象。根据实际调研，在统计周期内交通违法抓拍系统前端设备正式启用情况如表 6-12 所示。

交通违法子系统前端设备正式启用情况　　表 6-12

时间	第 1 周	第 2 周	第 3 周	第 4 周	第 5 周	第 6 周	第 7 周
启用 / 总数	20/300	20/300	43/300	43/300	71/300	71/300	150/300

由此可见，截至数据调研结束，交通违法抓拍设备的启用率仅为 50%。

根据统计周期内审核通过的单位设备交通违法数据，以周为统计单位的审核通过的单位设备违法数量和违法增长率的数据情况如表 6-13 所示。

审核通过的单位设备交通违法数量和违法增长率情况　　表 6-13

时间	第 1 周	第 2 周	第 3 周	第 4 周	第 5 周	第 6 周	第 7 周
单位设备违法数量	280	307	304	920	624	720	354
违法增长率	—	0.088	–0.007	0.669	–0.474	0.133	–1.032

审核通过的单位设备违法数量及违法增长率的变化趋势如图 6-8 所示。

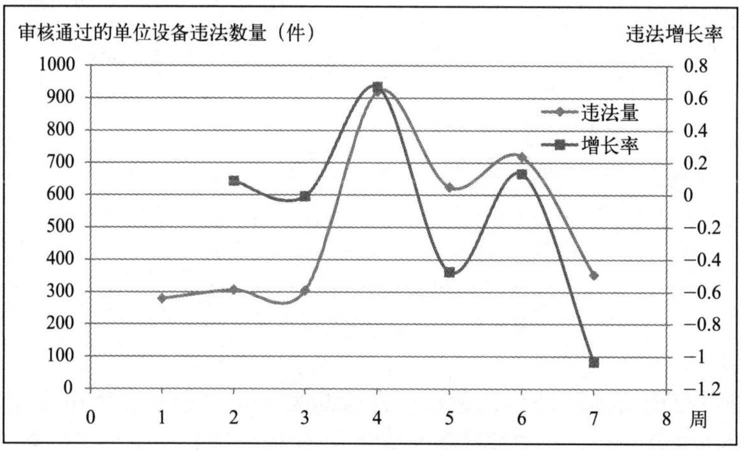

图 6-8　审核通过的单位设备交通违法数量变化趋势

由此可知，目前审核通过的单位设备违法数量在统计周期中期处于上升趋势，但审核通过的单位设备违法增长率却存在明显的下降趋势，而且审核通过的总违法数量增长趋势趋于缓和。交通违法监测记录系统的建设及应用可以有效地控制交通违法行为数量的增加，保障交通运行安全和提高道路通行效率。

2. 评价结果

1）系统建设后交通事故数量明显减少，交通安全得到有效提升。其中，交通事故数量减少了 9.85%，死亡人数减少了 4.65%，受伤人数减少了 4.57%，直接经济损失减少了

12.07%。万车死亡率比预测值减少了 0.02，十万人口死亡率比预测值减少了 0.046。

2）交通违法数量得到有效控制，统计周期内交通违法抓拍数量为 3205011 件，审核通过的总违法数量为 223133 件；虽然每周审核通过的总违法数量有所上升，但总违法数量增长率处于明显下降趋势，审核通过的单位设备交通违法数量已存在下降趋势，并推测系统运行 6 个月后交通违法数量会较为明显下降。

6.4.7 管理效率效益评价

×× 市智能交通系统建设及应用对城市的交通管理效率产生了积极影响。本部分主要从交通执法效率、队伍建设和快速反应能力三个方面展开了相关评价，智能交通系统建设及应用为提高交通执法效率、增加队伍建设和提高应对突发事件的快速反应能力起到了积极推动作用。

1. 评价内容

（1）执法效率评价

系统建设中包括了基于视频、微波、线圈的综合交通检测，通过数字化管理、非现场执法等高科技应用手段的投入使用，大量减少了民警人工路面执法的工作量，对于违法处罚管理效率的提升起到至关重要的作用。

目前，“三台合一”接处警系统负责全市的各类警情，各警种可以通过二级接处警平台实时关注市局警情下派情况，同时也可实时下派警情至下属派出所 / 大队等及时出警，并实时监督接警的状态，对于接处警效率的提升起着关键的作用。从整体上有效提高了接处警效率和信息反馈的监督管理，对处警效率的提升起到了十分重要的作用。

（2）快速反应能力

接处警子系统的建立及应用有效地提高了接处警的效率，另外也体现了公安机关在处理警情方面的快速反应能力。

系统建立了多个点位的固定式事件检测系统前端，采取分体式结构进行后台处理分析，系统可针对突发事件进行自动检测和中心报警，实现了事件的主动和自动发现、报警，提高了在事件发现方面的快速反应能力。

系统中心接入大量视频，可通过视频的人工巡逻和自动巡逻发现警情和事件，节省了报警到接处警的过程时间，提高了事件发现、处理的主动性以及应对突发事件的快速反应能力。

2. 评价结果

1）系统前端采集设备的投入使用和接处警系统的建立及应用，有效地提升了交警执法效率。

2）接处警子系统和交通事件检测子系统的建立与应用从主观角度看有效地提高了对交通警情和交通事件发现、处理的主动性以及快速反应能力。

6.5 关于评价的建议

1）要注意重视智能交通系统的评价工作，在智能交通系统的预算中，就需要考虑用于进行智能交通系统建设评价的费用，以确保在将来智能交通系统建设项目完成后能够为项目进行评价并为未来项目的发展提供反馈。在此阶段需要明确：需要多少资金，可以从哪里筹措，何时能够确定资金等。

2）现实中，在国内的智能交通系统项目建设过程中，建设方往往轻视智能交通系统项目建设的后评价，因此，预算中往往没有用于评价的预算费用或者预算费用不足，在此情况下，如果进行评价，则需要适当注意对评价的目标和指标进行排序，以便完成最为关注和最重要的评价工作，例如主要需要衡量一些通过系统建设试图改变的事情。

3）在智能交通系统评价中，应当在系统规划、设计阶段充分考虑后评价的工作，应当在一定程度上通过系统的建设，使得系统本身能够提供用于进行系统效果评价的数据，例如在智能公交系统中，公交到站的时刻能够自动记录，而这些数据则为评价公交服务间隔提供支持，是公交乘客能够感受到的公交服务可靠性的一个重要方面。

4）如果只是进行一些较为简单的定量及定性指标的评价工作而不需要建立复杂的评价模型，则在所建设的系统能够提供评价所需数据的情况下，智能交通系统的建设单位应当考虑利用自动采集的各类数据完成评价工作，并且应当注意持续性的后评价，以监视系统建设的长期影响。

5）在智能交通系统的评价中，要注意智能交通系统的运行生命周期中所涉及的维护成本，由于智能交通系统多采用先进的信息通信设备，而暴露在自然环境下的电子设备的寿命往往会比较短，因此，在智能交通系统全生命周期的评价中，其成本计算需要考虑维护成本。

6）在启动智能交通系统项目建设之前，应当为实施后评价提供建设之前系统性能的基准水平，即评价对比的对象，以便能够确保系统实施之后所产生的效果可以通过与该基准设定场景的比较进行评价。这是智能交通系统评价的第一步和重要的基础，但往往很多部门在实施智能交通系统项目之初忽略该步骤或者执行不到位而没有获得足够的支撑数据。

7）需要注意的是，智能交通系统评价的另一个难点是如何提取出智能交通系统所带来的影响。一般而言，在智能交通系统建设的过程中，城市的各类交通环境都会发生变化，例如新建的各类基础设施、新增的机动车保有量、新开发的社区等（这种快速变化尤其体现在我国的城市），因此，当多个要素同时对交通系统的运行起作用时，要区分智能交通系统项目自身的作用是比较困难的；例如在环境评价方面，如何区分环境的改善是由于智能交通系统的实施所导致还是因为有其他的外部因素，如天气等。

总之，智能交通系统的建设能够带来各种各样的效益：减少事故数量和严重程度，缓解交通拥堵，改善行程时间，提高交通运输领域从业人员的管理及运营效率，节约交通运输领域的能耗及改善环境质量等，而这些类型的效益则由包括交通参与者、交通运营者、交通管理者以及多类商业单位等群体所获得。

对智能交通系统进行评价是智能交通系统建设过程中的重要组成部分，评价既不应当只是被作为可选的部分，也不能一味追求评价结果全部是积极的。评价的最终目的是要确保所建设的系统是最合适的，确保投资能够带来最综合的效益。评价还可以让建设方有助于学习过去成功或失败的经验，通过评价还可能使得建设方了解到一些意想不到的智能交通系统建设所带来的效果（包括好的或不好的）。

通过评价，各相关利益方可以了解所提出或所建设的智能交通系统或服务的影响，建立对智能交通系统实施的信心、量化效益及费用的合理性以及为将来的投资提供经验支持等。因此，在智能交通系统发展规划或项目设计中，在每次决策作出之前，都需要对每个备选方案的效益、费用、局限性等进行评价，从而使得智能交通系统的投资产生更多效益。

本章参考文献

[1] C. Miles, J., 陈千主编 . 智能交通系统手册 [M]. 王笑京译 . 北京：人民交通出版社，2007.

[2] Noyes, K.. 两点之间哪条路线最短？看 UPS 如何用大数据优化送货路线 [EB/OL]. 2014-07-29. [2015/7/6]. http://www.fortunechina.com/business/c/2014-07/29/content_215245.htm?utm_source=tuicool.

[3] Haas, K.. Benefits of Traffic Incident Management[R]. National Traffic Incident Management Coalition, 2006.

[4] 陆化普，李瑞敏，朱茵编著 . 智能交通系统概论 [M]. 北京：中国铁道出版社，2004.

[5] ITS Evaluation Guidelines – ITS Evaluation Resource Guide[EB/OL]. [2015-04-16]. http://www.its.dot.gov/evaluation/eguide_resource.htm.

[6] 卫振林，王世华，黄爱玲编著 . 智能交通管理系统综合评价理论及实践 [M]. 北京：人民交通出版，2012.

[7] 史其信，胡明伟，郑为中 . 智能交通系统评价技术与方法 [M]. 北京：中国铁道出版社，2005.

第七章　城市智能交通管理系统建设总体规划

从本章开始，本书进入案例部分，用4章内容分别给出包括城市智能交通管理系统建设总体规划，大、中、小城市智能交通管理系统设计及省级交通指挥系统设计的案例。在实际规划设计过程中，每个规划、设计案例的具体方案内容较多，篇幅所限，本书主要以简介的形式给出方案的主要内容。

本章以××市智能交通管理系统建设总体规划为案例进行简介。

7.1　概述

为加强对××市智能交通管理系统建设的指导与统筹，配套城市空间发展战略，完善城市道路交通管理与控制系统，提高交通安全性和运行效率，依据法律、法规和相关规划的要求，以区域协调、社会和谐、资源节约、环境友好为基本原则，结合该市实际情况，制定××市智能交通管理系统建设总体规划。

1. 规划定位

××市智能交通管理系统建设总体规划是××市城市智能交通系统规划与城市交通管理规划的子规划，是城市智能交通系统规划与城市交通管理规划在智能交通管理系统领域的深入和完善，是在城市交通管理规划和城市智能交通系统规划的指导下研究制定的，与相关的道路网规划、客运交通规划、货运交通规划、静态交通规划等相衔接。

智能交通管理系统建设总体规划层次结构如图7-1所示。

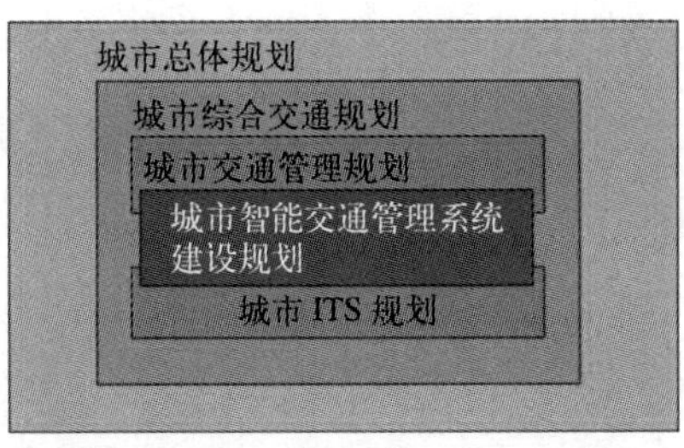

图7-1　智能交通管理系统建设总体规划层次结构图

2. 指导思想

在科学发展观指导下，紧密围绕××市城市总体规划，依据中心城区综合交通规划，合理进行智能交通管理系统资源空间配置；适应××市城市道路交通系统发展要求，应对××市城市交通管理与控制问题。通过制定××市城市智能交通管理系统建设总体规划，为城市新一轮经济社会发展提供支撑和保障，努力实现城市交通安全、有序、畅通及可持续发展。

7.1.1　规划期限

××市智能交通管理系统建设总体规划分为近期及中远期。

近期[①]：2010～2015年（侧重于现有建成区道路智能交通管理系统建设，新改建道路同步设计、同步建设）。

中远期：2016～2020年（侧重规划道路智能交通管理系统建设，随道路工程同步设计、同步建设）。

7.1.2　规划效力

在规划期限内，凡在规划范围内进行的各项智能交通管理系统建设活动均应符合本规划；与城市道路建设相关的路网建设规划、计划调整，本规划从其调整。

7.1.3　规划目标

××市智能交通管理系统建设总体规划目标如下：

1）改善交通管理环境，提高道路通行效率；

2）保障安全出行，减少交通事故；

3）实现交通管理的智能化；

4）为公众提供准确、实时的出行服务信息；

5）实现城市交通管理可持续性发展；

6）推进城市“畅通工程”建设。

7.1.4　规划思路与方法

针对目前××市发展所面临的城市交通问题，规划的制定将从问题入手，按照总体规划和分阶段实施的思路来进行，达到“近期有对策、远期能解决”的目标。

1. 总体跟进

智能交通管理系统建设总体规划对城市总体规划、交通规划、城市近期建设规划、城市交通管理规划、城市智能交通系统规划进行跟进，相互衔接。

2. 分层设计

针对不同层面的问题采用分层的方式分别梳理，各自设计。

1）规划路网层面：依据《××市城市总体规划（2006—2020）》中心城区路网规划，建设全市智能交通管理系统，并充分考虑与已建系统的兼容性、一致性。

2）交通管理层面：从系统的观点出发，既要考虑全市层面，又要考虑各区域城市交通管理与控制需求的不同，进行专项分区建设规划。

3）系统建设层面：采取具体问题具体分析的方式，将规划的智能交通管理系统设施落实到区域和线路。

---

① 本案例在2010年完成。

7.1.5　规划编制原则

本次规划在总体上遵循如下原则。

1）整体规划，分步实施。本规划充分考虑该市发展状况，结合城市路网建设状况，采用整体规划、分步实施原则。

2）资源整合，共享共建。本规划面向应用，注重实效，坚持从实际出发，融合全市智能交通管理系统资源，实现资源信息共享共建。

3）结合实际，经济适用。本规划坚持依据该市实际情况，采用经济实用技术建设智能交通管理系统。

4）落实科技强警战略。以科学发展观为统领，贯彻落实公安部科技强警战略，牢固树立“向科技要警力、要战斗力”的思想，围绕公安交通管理信息系统建设和应用，不断增加科技含量，提高科技应用水平，提升公安交通管理部门整体素质和战斗力，为公安交通管理工作提供强有力的科技支撑。

7.1.6　规划建设内容

本规划针对 ×× 市现状和 2020 年城市规划，立足智能交通管理系统资源共享、信息共享共建，综合考虑数字城管、公安综合管理、城市智能公交、交通运营监管、重点车辆［公共车辆（出租车、公交车）、客运大巴、校车、危险品运输车、三车管理（搅拌车、运料车、渣土车）］列管、城市应急管理等多部门应用，从而确定该市智能交通管理系统总体结构，如图 7-2 所示。

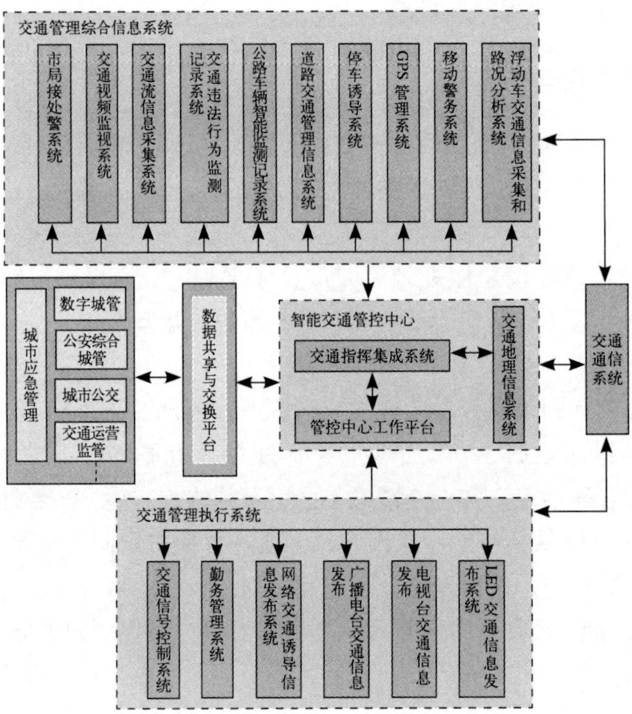

图 7-2　智能交通管理系统规划总体结构图

7.2　智能交通管理系统体系框架规划

7.2.1　智能交通管理系统结构划分

根据中国国家智能交通系统体系框架对具体智能交通管理系统的指导策略以及 ×× 市智能交通管理需求，可确定出该市智能交通管理系统主要由如下功能子系统和 1 个智能交通管控（分）中心组成：

1）城市交通管理中心子系统；

2）城市交通管理外场子系统；

3）交通信息采集子系统；

4）违规事件检测子系统；

5）图像分析识别子系统；

6）协调处理子系统；

7）出行前信息服务子系统；

8）驾驶员信息服务子系统；

9）诱导服务信息子系统；

10）紧急事件管理子系统；

11）交通管控指挥（分）中心。

根据当时实施的公共安全行业标准《公安交通指挥系统建设技术规范》（GA 445—2003）中对Ⅰ类城市公安交通指挥系统资源配置的要求，结合该市智能交通管理系统设施情况和用户需求，将上述 10 个子系统和 1 个交通管控（分）中心重新进行归类划分，得出该市智能交通管理系统物理接口的划分建议，如表 7-1 所示。

××市智能交通管理系统物理接口划分　　表 7-1

序号	项目的标准智能交通系统功能子系统	城市智能交通管理系统建设需求系统	系统功能归类	该市智能交通管理系统物理结构划分建议
1	城市交通管理中心子系统、城市交通管理外场子系统	交通信号控制系统	交通控制	交通信号系统（含匝道信号系统）
2	城市交通管理外场子系统、违规事件检测子系统、图像分析识别子系统	交通违法行为监测记录系统	交通执法	交通违法行为监测记录系统
3	城市交通管理中心子系统、违规事件检测子系统	移动警务系统	交通执法	移动警务系统
4	城市交通管理中心子系统、城市交通管理外场子系统、交通事件管理子系统	交通视频监视系统	交通监控 / 交通执法 / 治安综合管理	交通视频监视系统

续表

序号	项目的标准智能交通系统功能子系统	城市智能交通管理系统建设需求系统	系统功能归类	该市智能交通管理系统物理结构划分建议
5	城市交通管理中心子系统、图像分析识别子系统、交通信息采集子系统、紧急事件管理子系统	交通流信息（事件）采集系统	规划数据采集 / 交通信息采集	交通流信息（事件）采集系统
6	城市交通管理中心子系统、诱导信息服务子系统、驾驶员信息服务子系统	FCD 浮动车交通信息采集系统	规划数据采集 / 交通信息采集	FCD 浮动车交通信息采集系统
7	城市交通管理中心子系统、紧急事件管理子系统	GPS 交通管理系统	紧急事件响应与处理	GPS 交通管理系统
8	城市交通管理中心子系统、图像分析识别子系统、交通信息采集子系统	公路车辆智能监测记录系统	规划数据采集 / 交通监控 / 治安综合管理	公路车辆智能监测记录系统
9	出行前信息服务子系统、驾驶员信息服务子系统、诱导信息服务子系统	交通诱导系统	交通诱导	交通诱导系统
		交通信息发布系统		
		停车诱导系统		
10	交通管理指挥中心、城市交通管理中心子系统	道路交通管理信息系统、交通地理信息系统、交通管理指挥系统、交通管理决策支持系统	系统管理与集成	集成系统
11	城市交通管理外场子系统、交通管理指挥中心、城市交通管理中心子系统	交通通信系统	系统管理与集成	交通网络通信系统
12	城市交通管理外场子系统、交通管理指挥中心、城市交通管理中心子系统	交通管控（分）中心	系统管理与集成	交通管控（分）中心

表中结合国家智能交通系统体系框架中定义的智能交通管理系统建设需求和行业标准中对 I 类城市交通管控中心资源配置要求，将系统所必需的功能归结为交通控制、交通执法、交通监控、交通诱导、规划数据采集、紧急事件响应与处理、系统管理与集成、治安综合管理、交通信息采集 9 大部分，系统功能逻辑结构如图 7-3 所示。

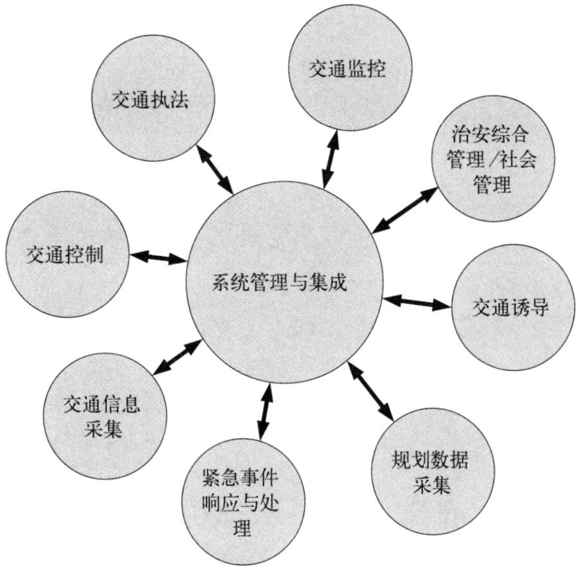

图 7-3　××市智能交通管理系统功能逻辑结构图

7.2.2　智能交通管理系统总体功能模型

根据基于中国国家智能交通系统体系框架所进行的××市智能交通管理系统分析，系统功能主要包括交通控制、交通执法、交通监控、交通诱导、规划数据采集、紧急事件响应与处理、治安综合管理、交通信息采集、系统管理与集成9大部分。基于此制定智能交通管理系统总体功能模型，如图7-4所示。

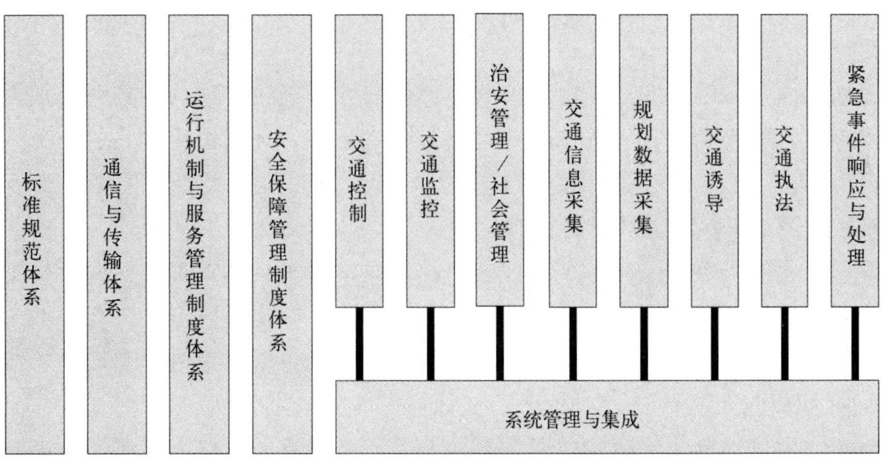

图 7-4　智能交通管理系统总体功能模型图

7.2.3　智能交通管理系统规划总体结构

根据系统功能模型，结合业务需求，规划的智能交通管理系统是由指挥调度集成系统、交通管理综合信息系统和交通管理执行系统等多系统有机结合构成，具有对交通管理数据采集、处理、决策能力和组织、协调、指挥能力的综合型应用系统。

智能交通管理系统中监控、卡口、GPS 重点列管车辆动态信息、路网动态交通信息等资源与城市应急管理、治安综合管理等系统实现资源共享。

智能交通管理系统中监控系统等资源与数字城管实现资源共享。

智能交通管理系统中监控、GPS 重点列管车辆动态信息等资源与城市公共交通、交通运营监管等系统实现资源共享。

由于当时数字城管、交通运营监管、智能公交没有明确的规划，故在智能交通管理系统建设中，监控、卡口、GPS 重点列管车辆动态信息、路网动态交通信息对外提供标准数据接口，以便实现资源共享共用。

7.3 智能交通管理系统建设总体规划

7.3.1 交通信号控制系统建设规划

1. 规划应用系统

为了最大限度提高 ×× 市城市路网的通行能力，缓解城市交通拥堵问题，保障城市交通安全，为紧急事件提供特勤服务，根据目前国际、国内先进的控制理论及实践，规划采用区域协调控制方式，将市区全部交通信号纳入统一的交通信号控制系统，作为交通管控中心管理下的一套有机结合的整体的控制系统，系统应具备区域自适应控制、干线协调控制、单点优化控制、感应控制、多时段定时控制、匝道控制、特勤控制服务及设备巡检等功能，在快速公交（Bus Rapid Transit，简称 BRT）专用线路上应具备 BRT 公交优先功能，同时规划交通信号控制系统应能满足该市未来控制范围扩展的要求，具备分级式管理功能。

在规划年限内，重点发展建设统一的交通信号控制系统及统一的系统前端设备，并根据使用年限，逐步淘汰其他已建的几种信号控制系统，远期建设成为一个统一的交通信号控制系统。

2. 规划交通信号控制系统分区控制

为便于交通信号控制区域协调和控制，根据该市城市总体布局及路网建设规划，实行分区控制，近期可以根据系统实施的规模，将市区交通信号控制系统合并纳入一个区域控制管理，在中远期，随着系统的容量扩充，结合全市城市规划，交通信号控制区域划分为 6 个区域进行交通信号控制。

各个交通信号控制区域中的交通信号控制并不是孤立的，信号系统通过中央控制级同时协调 6 个区域控制级的运行，并监控整个系统的运行。在 6 个交通信号控制区域内，系统区域控制级监控受控区域的运行，对交叉口交通信号进行协调控制，对交叉口交通信号机的工作状态和故障情况进行监视，通过人机会话对交叉口交通信号机进行人工干预，监视和控制区域级外部设备的运行，进行交通流量统计处理。

3．规划快速公交（BRT）交通信号优先线路设置

根据 ×× 市城市总体规划中心城区快速公交系统线路规划，规划建设快速公交（BRT）交通信号优先线路。在规划建设线路上，通过资源共享与数据交换平台，智能公交系统采用 GPS 定位或 RFID 技术获取车辆精准定位信息，可以采用智能公交系统与智能交通管理中心系统间实时通信或公交车和交通信号控制机之间短程通信方式，交通信号控制系统根据公交车实时运行位置优化公交优先配时方案，以实现快速公交交通信号优先，同时满足在 BRT 行驶路线上实现线控协调控制功能。

4．规划交叉口交通信号灯设置原则

交通信号控制设施主要布设在平面交叉口及路段行人过街处，平面交叉口及路段交通信号灯的设置与否依据《道路交通信号灯设置与安装规范》（GB 14886）来确定，交通信号灯具应符合《道路交通信号灯》（GB 14887）的要求。匝道信号灯设置在城市快速路入口匝道处，实现城市快速路入口匝道全覆盖。

5．系统建设规划

（1）建设目标

远期实现将市区全部交通信号纳入统一的交通信号控制系统，作为一个交通管控中心管理下的一套有机结合的整体的控制系统；实现全市快速路、主次干路、支路平面交叉口信号灯规范设置率为 100%，灯控交叉口联网控制率为 100%。实现交叉口灯控率为 95% 以上，匝道信号控制率为 100%。

（2）近期建设规划

1）中心系统：根据各组团交叉口分布情况，规划在管控中心建设统一的交通信号控制系统，实现对现有建成区交叉口和市政新建、改建道路交叉口纳入统一的区域协调控制系统管理。

2）前端设备：实现现有建成区交叉口纳入统一的区域协调控制系统控制：完成现有灯控交叉口统一信号机改造以及不符合设置规范的交叉口信号灯改造，新建部分交叉口交通信号控制纳入统一的交通信号控制系统。市政新建、改建道路按照规划标准进行设计，同步实施。

（3）中远期建设规划

1）中心系统。根据纳入统一交通信号控制系统的交通信号机数量，升级交通信号控制系统软硬件；中远期逐步淘汰其他已建的不适应发展的几种交通信号控制系统及系统前端设备，并对一些已建的交通信号控制系统前端设备进行改造，规划在中远期建设成一个统一的交通信号控制系统。

2）前端设备。实现全市采用统一的交通信号控制机并纳入统一的交通信号控制系统管理。市政新建、改建道路按照规划标准进行设计，同步实施。

7.3.2　交通视频监视系统建设规划

1. 规划应用系统

规划交通视频监视系统近期侧重建设集模拟视频和数字视频应用为一体，分级控制、

重点集中的交通视频监视系统，同期开展部分高清数字视频系统应用试点，中远期侧重建设全市统一的高清数字交通视频监视系统，系统应具备视频控制、违法抓拍、视频存储应用、设备巡检等功能。

交通视频监视系统作为全市治安监控的有效组成部分，向上与市公安局指挥中心共享模拟和数字视频，内部由支队统一分配调度视频资源，各大队分别控制辖区内视频资源。

系统可以通过数据共享与交换平台为城市应急、治安综合管理、数字城管、城市公交、交通运营监管提供实时视频动态信息，实现资源共享。

2. 规划系统中心建设

（1）支队管控中心

规划近期对支队管控中心现有视频监视系统进行扩容和改造，建设统一的交通视频监视系统，同期开展支队管控中心高清数字视频系统应用试点。系统可通过市公安局的边界接入系统实现公安网内各警种对数字视频的共享、调阅等应用。

（2）大队管控分中心

规划近期改造、扩容既有 4 个大队管控分中心交通视频监视应用系统，使其具备分控中心视频矩阵和数字视频应用功能，同期开展 5 个大队级管控分中心交通视频监视应用系统建设。

3. 规划系统前端点位设置原则

交通视频监视系统前端设备设置主要包含三类：道路交叉口、路段、制高点交通态势监控。三类系统前端设置原则如下：

（1）道路交叉口设置原则

道路交叉口的摄像机设置原则主要依据道路等级进行设置，停车线间距大于 50m 的交叉口，应在原有监控对角加设一处监控点；交通治安监控随道路交叉口交通视频监视系统同期建设。具体设置原则见表 7-2。

城市交叉口交通视频监视设置原则 **表 7-2**

道路等级	城市快速路	主干路	次干路	支路	交通信号控制路口
城市快速路	✓	✓	✓	✓	✓
主干路	✓	✓	✓	✓	✓
次干路	✓	✓	✓	✓	✓
支路	✓	✓	✓	×	✓

注：表中“✓”表示需要建设。

（2）路段设置原则

在市区内两个交叉口之间的路段上根据道路等级以及交叉口间距等进行设置，交通治安监控随路段交通视频监视系统同期建设。具体见表 7-3。

城市路段交通视频监视设置原则　　表 7-3

道路等级 \ 间距	500m 以下	500 ～ 1000m	1001 ～ 1500m	1500m 以上
城市快速路	×	√	√	√
主干路	×	×	√	√
次干路	×	×	×	×
支路	×	×	×	×

注：表中“√”表示需要建设。

（3）制高点设置原则

在市区内的制高点监控根据道路等级和覆盖道路可视范围覆盖率要求设置，制高点视频监视指标直线覆盖面应不小于 3km，具体见表 7-4。

城市制高点交通视频监视设置原则　　表 7-4

道路等级 \ 覆盖率	45%	75%	85%	90% 以上
城市快速路				√
主干路		√		
次干路	√			
支路				

注：表中“√”表示需要建设。

4. 系统建设规划

（1）建设目标

近期建设集模拟视频和数字视频应用为一体，分级控制、重点集中的统一交通视频监视系统，远期建设统一完整的集模拟视频和高清数字视频应用的交通视频监视系统，外场建设实现全市快速路、主次干路、支路交通信号控制交叉口交通视频监视覆盖 100%，制高点监控快速路覆盖面 90% 以上，主干路覆盖面 75% 以上，次干道覆盖面 45% 以上。

（2）近期建设规划

1）支队管控中心。规划近期对支队管控中心现有交通视频监视系统进行扩容和改造，建设统一的交通视频监视系统，同期开展支队管控中心高清数字视频应用试点。

2）大队管控分中心。规划近期改造、扩容现有 4 个大队管控分中心交通视频监视应用系统，同期开展 5 个大队级管控分中心交通视频监视应用系统建设。

3）系统基础配套设备扩容。规划根据前端点位的扩容规模，支队级管控中心和大队级管控分中心配套扩充模拟矩阵输入模块，增加视频编码器、视频分配器、存储等设备。

根据应用情况，添置模拟矩阵操作键盘。

4）前端规划。完成现有建成区交叉口、路段、制高点视频设备建设，并开展高清视频监视前端点位试点应用，根据试点应用情况，逐步扩展前端点位建设。市政新建、改建道路按照规划标准进行设计，同步实施。

（3）中远期建设规划

1）中心系统。规划中远期根据高清数字视频建设试点的成效，建设一套完整的集模拟视频和高清数字视频于一体的交通视频监视系统。

2）前端规划。规划建设若干套交叉口、路段视频监视设备。市政新建、改建道路按照规划标准进行设计，同步实施。

7.3.3 交通流信息（事件）采集系统建设规划

1. 规划应用系统

建设统一的交通流信息采集系统中心子系统，对全市交通流信息采集前端进行统一管理，具备交通流数据采集、数据预分析处理、检测设备管理、数据存储、基于GIS系统的路网交通流图形综合显示、综合统计查询、设备巡检等功能。

中心系统汇集微波采集系统、视频采集系统等路面前端设备采集的交通流信息，融合FCD交通信息采集系统、交通信号控制系统、公路车辆智能监测记录系统、交通违法行为监测记录系统及人工采集等其他信息源的交通信息。通过综合分析图形化显示路网交通态势。

系统可以通过数据共享与交换平台为城市应急、治安综合管理、城市公交、交通运营监管提供图形化的路网动态交通态势信息，实现资源共享。

路面前端设备分微波检测器、视频检测器两类。

2. 路面前端系统建设原则

（1）前端设置原则

基于交通工程学原理，制定市区路网检测路段、交叉口交通流信息采集设备的设置原则：

1）OD覆盖规则：××市路网中设置的交通检测器分布点应使任意OD对间的某一比例的出行都能被检测到。

2）最大流量比规则：对特定的OD对，在其所流经的路段中，应选择其流量比例尽可能大的路段作为检测点。

3）最大流量规则：在检测点数量一定的情况下，应选择路段流量尽可能大的路段。

4）独立性规则：当某一路径交通量和路段交通量等于其他路径或路段交通量之和时，其交通量观测值线性相关。网络中交通量检测点的设置应使其所在路段交通量检测结果线性无关。

通常情况下，OD覆盖规则和独立性规则是必须满足的。因此，这两个规则一般作为检测点分布的约束条件。

智能交通管理系统是对城市路网交通信息的空间分布进行调整，实现路网交通信息的均衡分布，因此，服务于交通控制系统的交通流信息采集检测器的布置应优先满足OD覆盖规则。

（2）前端造型原则

根据××市城市道路横断面情况，规划制定路面前端系统应用原则：

1）城区一块板、三块板道路机动车道，断面净空环境好的，采用视频检测器。

2）城区两块板、四块板道路存在绿化中央分隔带的遮挡等原因，可考虑采用微波检测器。

3.FCD交通流信息采集系统

规划基于城市公共车辆（出租车、公交车）、重点列管车辆GPS数据，建设反映城市大规模道路交通信息的FCD交通信息采集系统。系统规划由浮动车交通信息处理中心系统、城市公共车辆（出租车、公交车）和重点列管车辆GPS前端设备组成。

规划FCD交通流信息采集系统采集智能公交系统公交车辆、交通运营监管系统出租车车辆和重点列管车辆动态GPS数据，并依托与GIS电子地图进行数据处理，进行地图路网信息匹配，实现路网交通流图形综合显示、行车路线预测、路段平均旅行时间和平均速度计算、历史数据补充、系统参数优化、交通事件检测、数据查询、统计与分析等功能，为交通信息（事件）采集系统提供信息支持及数据共享。

4.系统建设规划

（1）建设目标

近期建设统一交通流信息采集系统中心子系统。路面前端系统覆盖主城区路网、各组团连接线、各组团中心区快速路和主干路、通往市区旅游景点道路以及特勤线路。建设FCD交通流信息采集系统。中远期路面前端系统建设覆盖主城区快速路和主干路路网、各组团中心区外围快速路和主干路路网、通往市区外旅游景点道路。

（2）近期建设

1）中心系统。规划在支队管控中心建设一套统一的交通流信息（事件）采集系统。

2）前端系统。按照路面前端系统设置原则和应用原则，结合主城区路网，各组团连接线，各组团中心区快速路和主干路，通往市区旅游景点道路以及特勤线路的交通信号控制，交通违法行为监测记录等系统建设情况，对无交通信息采集手段的路段进行设置。同期市政新建、改建快速路和主干路，按照建设原则，同步实施。

3）FCD交通流信息采集系统。建设FCD交通流信息采集系统1套。

（3）中远期建设

1）中心系统。规划升级支队管控中心交通流信息采集系统中心子系统，扩展接入路面前端系统数量。对中心系统软硬件进行升级或更新，提升系统硬件设备运行性能，扩大系统存储容量，延长各类数据存储时间，最终实现中心系统总体规划目标。

2）前端系统。按照路面前端系统设置原则和应用原则，完善现有建成区交通流信息采集前端，逐步加密交通流信息采集点位。市政新建、改建快速路和主干路，按照建设原则，同步实施。

7.3.4 交通违法行为监测记录系统建设规划

1. 规划应用系统

(1) 中心系统

规划在支队管控中心建设统一的交通违法行为监测记录系统中心子系统，系统具备数据交换、非现场违法处理、后台违法信息转递、违法信息查询统计和系统管理等功能。

(2) 前端设备

交通违法行为监测记录系统前端主要由闯红灯自动记录系统、超速、闯禁行、压黄线、逆行、占用公交专用道监测记录系统组成。

1) 闯红灯自动记录系统。规划应用高清摄像机方式的闯红灯自动记录系统，系统具备证据采集、车辆检测、防伪、高清视频录像、号牌识别、防误拍、通信传输、远程管理、来电自恢复、设备巡检、自适应补光和自动对时等相关功能，其中高清视频录像时间不少于 30 天。

2) 超速监测记录系统。规划建设高清摄像机超速监测记录系统，系统具备测速抓拍、违法图片自动生成、数据传输、设备巡检、自适应补光和自动对时等功能。

3)闯禁行、压黄线、逆行、占用公交专用道监测记录系统。规划建设高清摄像机闯禁行、压黄线、逆行、占用公交专用道监测记录系统，系统具备违法抓拍、违法图片自动生成、数据传输、设备巡检、自适应补光和自动对时等功能。

2. 规划建设区域

(1) 闯红灯自动记录系统

规划近期建设覆盖主干路交通信号控制交叉口，远期覆盖全市所有交通信号控制交叉口。

(2) 超速监测记录系统

规划超速监测记录系统围绕全市快速路、主干路进行布设，通常设置在常发性超速路段和易超速断面。

(3) 闯禁行、压黄线、逆行、占用公交专用道监测记录系统

规划系统主要建设在具有交通管理措施的重要交通安全路段、交通管制区域、单行线路段、公交专用道等地点。

3. 系统建设规划

(1) 建设目标

建设统一的交通违法行为监测记录系统中心子系统，实现对全市所有交通违法行为监测记录前端设备的统一管理；实现闯红灯自动记录系统交通信号控制交叉口覆盖率 100%，超速监测记录系统快速路和主干路常发性超速违法断面设置率 100%，闯禁行、压黄线、逆行、占用公交专用道违法行为多发点、段的设置率 100%。

(2) 近期规划

1) 中心系统。规划近期在支队管控中心建设交通违法行为监测记录系统中心子系统。

2) 前端设备。闯红灯自动记录系统的建设随同交通信号控制交叉口建设同步建设，

在现有建成区主干路常发性超速路段建设超速监测记录系统，在 ×× 路等六条主干路沿线建设压黄线监测记录系统，针对采取机动车单向通行管理措施的路段建设逆行监测记录系统，针对 BRT 公交专用道建设占用公交专用道监测记录点位。市政新建、改建道路按照规划标准进行设计，同步实施。

（3）中远期建设规划

对系统前端点位进行补充建设，市政新建、改建道路按照规划标准进行设计，同步实施。

7.3.5　公路车辆智能监测记录系统建设规划

1. 规划应用系统

（1）中心综合应用系统

规划在管控中心建设统一的机动车缉查布控中心系统，利用具有号牌识别功能的公路车辆智能监测（卡口）、超速监测记录、闯红灯自动记录、闯禁行违法自动抓拍等系统提供的车辆通行数据，对监控区域内在途车辆信息进行管理：查询、统计、分析、交换和比对；系统同时关联交通违法管理信息系统、机动车登记信息系统、被盗抢车辆信息系统、交警队信息平台、“三台合一”系统、交通流信息（事件）采集系统等各警种相关业务系统，满足实战要求。

（2）路面前端系统

规划采用高清式摄像机，保证全天候条件下成像清晰，并具有高清视频录像功能，视频录像存储 30 天以上，系统应具备车辆检测、图像抓拍、号牌自动识别、布控报警、故障自动检测和流量检测等功能。

近期规划对经过监控区域的每一辆机动车进行前部抓拍，中远期实现车辆前、后部同步抓拍。系统除对拍摄的图像进行自动号牌识别、号牌比对和报警外，还具备超速监测记录功能。

规划在市域周界出入口附近合理位置布设拦截站。拦截站主要部署报警 LED 显示系统、报警声光提示装置以及车辆拦截辅助设备。

2. 规划建设区域

规划至 2020 年，路面前端系统建成“市域环形、市区网格、‘快速’分段”型的网络化战略格局。

（1）市域环形布局

在市域与市区区域内实行环形监管。主要沿市界（与邻市交界处）、环城高速、城郊（城郊结合带市区主干路连接线）建成三层监控环。

（2）市区网格布局

在市区内基于不同组团实行组团区域网格化管理。主城区组团主要依托各环路与其余组团主干连接线、放射线形成的交叉口为主要节点，构建监控网格。各个组团各依托区域内快速路、主干路、次干路交叉口构建监控网格。

市区交叉口号牌识别系统建设原则见表 7-5。

市区交叉口号牌识别系统建设原则　　表 7-5

道路等级	城市快速路	主干路	次干路	支路
城市快速路	✓	✓		
主干路	✓	✓		
次干路				
支路				

注：表中“✓”表示需要建设。

(3) 快速路分段布局

快速路实行分段管理。在每个快速路入、出匝道布设前端系统。

3. 系统建设规划

(1) 建设目标

近期建设统一的机动车缉查布控中心系统，实现全市大公安业务应用。路面前端系统建设市界监控环，实现市界进出口监控率 100%。建设快速路出、入匝道路面前端系统，实现快速路出、入匝道监控率 100%。市区内基于各环线与组团主干连接线、放射线交叉口为重要交通节点，建成监控网格。其余组团依托区域内快速路、主干路交叉口由中心四周构建监控网格。中远期建设环城高速、城郊两道监控环，实现环城高速出入口监控率 100% 和城郊进出道路监控率 100%。建设快速路出、入匝道机动车智能监测记录（卡口）系统，实现快速路出、入匝道监控率 100%。实现各组团网格化监控。

(2) 近期规划

1）中心综合应用系统。完成统一的机动车缉查布控系统建设。

2）路面前端系统。完成现有建成区市界监控环、环城高速出入口、市郊监控环及城市重要环路卡口点位建设。市政新建、改建道路按照规划标准进行设计，同步实施。

(3) 中远期建设

1）中心综合应用系统。升级完善统一的中心综合应用系统软硬件，以满足大公安、全警种业务应用。

2）路面前端系统。系统前端点位扩充建设，市政新建、改建道路按照规划标准进行设计，同步实施。

7.3.6 交通信息发布系统建设规划

1. 规划应用系统

(1) 中心系统规划

规划在 ×× 市管控中心建设统一的综合交通信息发布系统，由管控中心授权各类用户共用，可设置不同权限以共享信息资源，并具备交通信息发布设备管理、数据存储、交通信息综合显示、综合统计查询、故障巡检、系统管理等功能。

（2）发布终端规划

1）LED 交通诱导标志发布。规划管控中心建设 LED 交通诱导标志发布系统，为路网交通参与者提供在途信息诱导。

2）交通广播电视发布。规划建设利用电视、广播等方式为交通信息发布终端，此类终端应由市队管控中心与电视台、电台等机构合作进行建设，管控中心负责提供要发布的信息。

3）Internet 网络发布。规划管控中心自行建设或与政务网站合作建设 Internet 网络发布。

4）其他信息发布方式。规划在中远期逐渐建设手机短信、电话查询台、车载导航仪等其他方式发布交通信息。

2.LED 交通诱导标志总体规划

规划 ×× 市交通信息发布系统建设分为城市出入信息发布、城区内区域信息发布、旅游交通信息发布等三部分进行建设。

（1）城市出入信息发布

针对出入 ×× 市的交通参与者进行信息发布，此部分主要解决交通参与者（非本地交通参与者或对路况实况不熟悉的交通参与者）顺利进出 ×× 市。

（2）城区内区域信息发布

此部分主要针对内部交通参与者的专项信息发布，此部分信息发布对象基本是本地交通参与者，主要发布实时城区内城市动态交通信息。

（3）旅游交通信息发布

×× 市城市规划将全市旅游区域划分为中部综合旅游区、东部人文自然区、北部人文生态区等。因此，为提高城市总体品位，提升交通服务环境等，规划建设旅游交通专项信息发布。

3. 规划 LED 交通诱导标志发布系统设置策略

针对 ×× 城市路网结构和城市交通特点，信息发布系统在市区主要考虑四大主要功能：广域区域信息发布、局部区域信息发布、交通流控制信息发布和交通疏导。针对四种信息发布功能需要采用相应的交通诱导标志设置选点策略。

（1）广域区域信息发布

广域区域诱导标志主要显示较大范围道路网络畅通、拥堵情况，告知行驶到设置交通标志位置的驾驶员，前方相关路段和交通节点（立交、大桥、隧道等）的交通状况，以尽早选择或变更出行路径。广域区域诱导标志主要采用大型图形的形式或者文字显示诱导信息。

广域区域信息发布点的选址策略：

1）一级信息发布点，应选择布置在大型立交等道路重要转换点和城市重要出入口的上游。

2）二级信息发布点，应选择布置在路网重大分流点，可以是子区的关键交叉口和诱导子区内重要次干路与快速路、主干路的交叉口上游。

（2）局部区域信息发布

局部区域诱导标志主要显示交通诱导标志设置位置相连接的局部前方路段和主要相关交通节点的交通状况和达到相关节点的旅行时间，帮助行驶到交通诱导标志设置点的驾驶员在下游交叉口进行转向决策，并兼顾出行路径选择进行广域区域诱导。局部区域诱导标志可采用图形或图形加文字的形式显示发布信息。

局部区域诱导点的选址策略：

1）一级信息发布点，应选择布置在快速路、主干路路网的次要节点的入口上游处或快速路出口匝道的上游处。

2）二级信息发布点，应选择布置在子区的次关键交叉口入口上游处和子区内次重要次干路与快速路、主干路的交叉口上游。

（3）交通流控制信息发布

交通流控制诱导标志主要采用对行驶车辆进行行驶速度的限定，诱导车辆按照预期的速度行驶，达到提高路网通行效率的目标。

速度诱导标志的选址策略：

主要对一级信息发布点中的城市快速路、主干路路网中通行能力有变化的主要路段上进行设点。也可考虑对二级信息发布点中一些长次干路路段进行设点。

（4）交通疏导

交通疏导类诱导标志主要运用文字形式的可变信息，用于发布行程时间信息、交通事件信息、警示信息等。交通疏导类诱导标志的选址策略：

1）具有分流条件的常发性拥堵点的前方，常发性拥堵点也包括交通事故的常发点。

2）交通敏感区上游路段，交通敏感区指道路交通服务能力容易受到偶发因素影响而迅速降低的路段。

3）交通流集散地。

根据上述四类功能选址好诱导标志后，为确保提供给驾驶员诱导信息的连续性需求，还应考虑在选好的布设点上游交叉口增加前期诱导标志的布设点。

规划 ×× 市 LED 交通诱导标志系统采用全屏和局部相结合的交通诱导标志。

4. 系统建设规划

（1）建设目标

建成统一的综合交通信息发布系统，实现融合 LED 交通诱导标志、网络发布、手机短信、电话查询台、车载导航仪等多种方式相结合的发布终端，组成更为完善的交通信息发布系统。

（2）近期建设规划

1）中心系统规划。规划近期建设统一的综合交通信息发布系统，由管控中心授权各类用户共用。

2）发布终端规划。规划先期完成交通广播电视发布、Internet 发布，实现交通出行信息发布（主要包含驾驶人出行路线选择，公共交通出行路线选择）；同期开展 LED 交通诱导标志发布系统建设，LED 交通诱导标志建设步骤基于先城市内部后城市外部，先解决城市畅通后提升诱导服务质量，先城市主干路后城市次干路等原则进行。

（3）中远期建设规划

1）中心系统规划。升级完善统一的综合交通信息发布系统功能及硬件配套设施，以满足交通信息发布管理需求。

2）发布终端规划。规划完善交通广播电视发布、Internet 网络发布，提高交通诱导服务水平；完善 LED 交通诱导标志布局，参照规划系统前端设置原则，逐步加密 LED 交通诱导标志点位；逐渐开展手机短信、电话查询台、车载导航仪等其他交通信息发布手段建设，组成更为完善的交通信息发布体系。

7.3.7　停车信息发布系统建设规划

1．规划应用系统

（1）中心系统规划

规划在 ×× 市管控中心建设统一的停车信息发布系统，由管控中心授权各类用户共用，可设置不同权限以共享诱导资源，并具备停车信息发布设备管理、数据接受与处理、数据存储、停车信息综合显示、综合统计查询、故障报警、系统管理等功能。

（2）系统前端设备规划

停车信息发布系统前端设备由信息采集端和停车信息发布端组成，根据《×× 市城市总体规划（2006—2020 年）》，规划全市 LED 停车信息发布标志按功能划分为对外停车信息发布和市区停车信息发布。

1）信息采集端规划。规划近期侧重在市核心区内停车场建设信息采集端，即车辆检测器。车辆检测器可以选择在出入口安装或者选择在泊位安装。中远期由核心区向外逐步扩展建设停车场信息采集端。

2）信息发布终端规划。停车信息发布终端同样可以选取多种方式，规划采用融合 LED 诱导标志、网络发布、电话查询台等多种方式相结合的停车信息发布终端，路面停车信息发布终端规划采用 LED 诱导标志进行信息发布。

规划近期 LED 诱导标志建设以市核心区建设为主，根据停车信息发布需要分别建设一级、二级、三级停车信息发布。中远期由市核心区向外逐步扩展建设停车信息发布终端，与停车场信息采集端建设同步配套建设。

2. 系统建设规划

（1）建设目标

规划建成统一的停车信息发布系统，实现对全市停车信息统一发布及管理；实现该市市区内社会公用停车信息采集端建设覆盖面达到 100%，同期实现上述停车信息网络发布，停车信息发布前端发布停车场信息覆盖社会公用停车场达到 100%。

（2）近期建设规划

1）中心系统建设规划。规划建设统一的停车信息发布系统，由管控中心授权各类用户共用。

2）停车信息发布前端建设规划。规划近期完成二环路内公共社会停车场信息采集端建设，在一环路内主要交通干线上建设一级停车信息发布前端，在二环路内停车场周边区域的街道两旁建设二级停车信息发布前端，在停车场入口附近建设三级停车信息发布前端。

（3）中远期建设规划

1）中心系统规划。升级完善统一的停车信息发布系统功能及硬件配套设施，以满足停车信息发布管理需求。

2）停车信息发布前端建设规划。信息采集端建设由二环路向外逐步扩展停车场信息采集端建设，实现市区内公用社会停车信息采集端建设覆盖面达到100%；对现有建成区LED诱导标志点位逐步加密，配合停车场信息采集端建设，同步建设停车发布前端；逐步实现停车场信息通过网络、电话查询台等其他手段进行发布，组成更为完善的停车信息发布体系。

7.3.8 移动警务系统建设规划

1. 规划应用系统

（1）中心应用系统

规划在市管控中心建设移动警务中心系统，移动警务系统应具备数据库综合利用、实时移动无线查询、实时无线业务处理、系统扩展、系统安全等功能。

（2）系统前端设备

规划移动警务应用系统前端设备采用3G移动网络的专用手机，手机应具备软件安装升级方便，标配不低于300万像素摄像头，支持蓝牙和GPS定位功能。

2. 系统建设规划

（1）建设目标

建设完成移动警务中心系统，对全市移动警务前端进行统一管理；能为路面执法人员提供及时准确的交通管理信息，违法信息实时上传，全面提高路面执法效率；路面执勤人员每人标配1台移动警务终端。

（2）近期建设规划

1）中心应用系统。规划近期在市管控中心建设移动警务中心系统。

2）系统前端设备。规划近期配套建设700套移动警务系统前端设备，保障路面执勤人员标配每人1台。

（3）中远期建设规划

1）中心应用系统。规划中远期升级移动警务中心系统软硬件，并根据交通管理需要增加相应功能配置。

2）系统前端设备。随新增路面执勤人员同步建设配套前端，保障路面执勤人员标配每人1台。

7.3.9 GPS重点列管车辆监控系统建设规划

1. 规划应用系统

（1）中心监控管理系统

规划在管控中心建设统一的GPS重点列管车辆监控系统，实现对全市的城市公共车辆（公交车、出租车）、营运客车、校车、危险品运输车、搅拌车、运料车、渣土车等重点列管营运车辆进行监控和管理，系统应具备车辆GPS数据采集和预处理、车辆监控管理、GIS地图综合显示、车辆管理、故障监测、系统联动、信息查询统计、数据存储等功能。系统可以通过数据共享与交换平台为城市应急、治安综合管理、城市公交、交通运营监管提供图形化的重点列管车辆路网动态交通信息，实现资源共享。

（2）车辆前端设备

规划将全市城市公共车辆（公交车、出租车）、营运客车、校车、危险品运输车、搅拌车、运料车、渣土车等营运车辆纳入重点列管车辆范围，统一安装车载前端设备。

2. 系统建设规划

（1）建设目标

建设统一的重点列管车辆监控管理系统，实现城市公共车辆（公交车、出租车）、营运客车、校车、危险品运输车、搅拌车、运料车、渣土车等营运车辆监管率100%。

（2）近期建设规划

1）中心监控管理系统。在管控中心完成统一的中心监控管理系统建设。

2）车辆监控前端设备。建设城市公共车辆、营运客车、校车、危险品运输车、搅拌车、运料车、渣土车等车辆前端设备。

（3）中远期建设规划

1）中心监控管理系统。根据车辆接入前端数量，升级扩容中心系统软硬件。

2）车辆监控前端设备。新增列管车辆同步配套建设。

7.3.10　集成指挥平台建设规划

1. 规划应用系统

完善现有交通集成指挥平台交通诱导、勤务管理、交通信息发布、系统运行管理、系统设备信息管理、交通状况分析预测、交通管理辅助决策等功能，根据交通管理需要，扩展可视化指挥、交通态势监控、警情分析、交通设施信息管理、时间校准等功能模块，同步扩展大队级分控中心交通视频监视违法抓拍、交通拥堵警情监测、分控中心勤务管理模块、特勤任务管理、分控中心指挥调度等功能。改造外网网站，提升外网网站交通信息发布与服务功能。

2. 系统建设规划

（1）建设目标

交通集成指挥平台实现对智能交通管理综合信息系统和智能交通管理执行系统有效高度集成，具有交通数据采集、处理、决策、发布能力及组织协调、指挥的综合应用型系统。

（2）近期建设规划

规划在支队管控中心完善已建集成应用系统相关功能的基础上，逐步升级集成应用系统功能。规划近期在原有集成应用系统架构和技术路线的基础上进行升级改造，增强原有系统实用性，新增可视化指挥、交通态势监控、警情分析、交通设施信息管理、时间校准等功能模块，并升级改造外网网站。同期开展大队级管控分中心集成应用系统功能建设，主要实现大队交通视频监视违法抓拍、交通拥堵警情监测、分控中心勤务管理模块、特勤任务管理、分控中心指挥调度等功能。

（3）中远期建设规划

中远期随同接入子系统数量增多，规划集成应用系统进行扩容和升级，以满足交通管理集成功能需求。

7.3.11　交通管控（分）中心基础环境配套建设

1. 规划交通管控（分）中心基础环境配套

交通管控（分）中心基础环境配套设施主要由指挥大厅综合显示系统、机房及大厅基础环境配套和其他设施组成。

（1）指挥大厅综合显示系统

完成交通管理信息综合显示功能。

（2）机房及大厅基础环境配套

1）建筑装修：装修工程、屏蔽系统。

2）电力系统：供配电系统、UPS、接地系统、防雷系统。

3）空气调节系统：机房、大厅空调系统。

4）弱电系统：综合布线系统。

5）消防系统：火灾自动报警系统、气体自动灭火系统。

（3）其他设施

操作台、中控系统、音响系统、安防系统等。

2. 管控（分）中心建设规划

（1）建设目标

完成升级改造支队管控中心和已建大队级管控分中心基础环境配套设施，并完成新建其余大队级管控分中心基础环境配套设施。

（2）近期建设规划

升级改造支队管控中心和已建大队级分控中心基础环境配套设施，同期新建其余大队级管控分中心基础环境配套设施。

（3）中远期建设规划

根据交通管理需要，升级支队级管控中心和大队级管控分中心基础环境配套建设。

7.3.12　网络通信系统建设规划

1. 建设目标

建成一个完善的智能交通管理骨干传输网、智能交通数据传输网、无线数据接入网、完成升级改造公安网，完成边界接入平台建设。

2. 近期建设规划

规划近期建设智能交通管理骨干传输网、智能交通数据传输网、无线数据接入网，完成升级改造公安网；完成边界接入平台建设。

智能交通管理骨干传输网网络结构由骨干传输层、中继传输层及接入传输层三层组成。选择基础条件较好的大队作为节点建立模数结合的智能交通城域骨干网，系统前端通过接入传输层、中继传输层接入到城域骨干网。

智能交通数据传输网应满足每个交叉口需要提供大于 8M 带宽，每个节点约需要提供带宽 2.4G，为了保证数据安全及管理方便，数据接入网应采用接入、会聚、核心三层结构，同时预留一定的冗余。

公安网改造要满足交警公安网业务的现阶段及未来若干年之内应用，考虑日后整个交警公安网业务与互联网甚至智能交通网络业务配套的应用需求，通信骨干传输采用树形网络构架，在核心部位采用双节点部署方式，保证核心节点设备的高可靠性，降低单点故障带来的网络数据业务的中断。

配套完成数据处理中心建设，一是完成数据处理多层架构平台扩容改造，二是完成采用专用存储备份设备和软件实现的数据集中备份系统建设，三是建设市级运维管理系统。

3. 中远期建设规划

中远期随着系统前端设备数量扩张，规划对智能交通管理骨干传输网，智能交通数据传输网、无线数据接入网进行升级改造，满足智能交通管理系统通信需求。

7.4　系统建设保障措施

7.4.1　机构设置

项目领导小组：为保证项目顺利建设，应成立项目领导小组，由市公安局领导组建项目领导小组，负责对整个项目建设的组织领导和管理。

项目实施小组：或称项目办公室，由市公安局交通警察支队相关科室组成，具体负责项目建设。

系统建成后，交通管控中心为本系统的使用机构，负责对系统进行日常管理、应用和指挥。建议该机构配备相关专业技术人员，在系统建设期间适当参与相关工作，便于更好地利用系统对道路交通的运行进行全面的管理和指挥，及时处理解决交通运行问题。

7.4.2　技术保障

在项目前期阶段及施工阶段前，应根据本规划制定《×× 市智能交通管理系统设计指导手册》，明确项目初步设计要求。

为保障项目技术可靠性、先进性，应邀请专业机构对实施的项目进行设计（即初步设计工作)。

在项目施工期间应邀请监理机构（第三方机构）对建设项目实施监理，以保障施工质量。

施工单位应具备相应的施工资质。

对于交警支队及大队专业应用人员在上岗前应对其进行专门培训工作，保证其熟练操作、应用。

7.4.3 经费保障

经费保障包括两方面内容，其一为建设资金保障，该项目建设资金较多，地方财政部门应根据项目实施状况保证项目建设资金落实到位。

其次为项目运维费用，此项费用为系统建设完成后的费用，包括人工费、电费、维护费等费用，此部分应根据每年的预算保障开支。

第八章　大城市智能交通管理系统设计案例

城市智能交通管理系统在我国有大量的实际建设案例，截至 2014 年，我国已有 500 余个城市系统性建设了城市智能交通管理系统，主要建设了公安交通管理综合应用平台、公安交通集成指挥平台、交通信息服务平台等，具体开展了机动车、驾驶人管理等业务，并对城市道路进行管控，提供交通信息服务等。其中北京、上海、广州、武汉、深圳、重庆等大城市智能交通管理系统的建设起步较早，建设内容较完善，系统应用成效较明显，下面选取其中之一进行介绍。

8.1　概述

近十年来，×× 市智能交通管理系统建设历经外国政府贷款项目、世行贷款项目、道路新改扩工程配套等项目的建设，目前已初具规模，系统主要由中心应用系统、基础应用系统、其他系统、运行环境及基础配套设施等组成。

中心应用系统主要包括交通集成指挥调度系统、道路交通勤务管理系统、治安交通智能化综合管控平台、互联网公众服务系统（互联网网站、微信、手机 APP）、警情民情综合平台，基础应用系统主要包括交通信号控制系统、交通视频监视系统、交通违法行为监测记录系统、公路车辆智能监测记录系统、可变标志信息发布系统、警车卫星定位系统，其他系统主要包括 122 接处警系统、有线 / 无线通信指挥系统、大屏幕动态显示系统，运行环境主要是通信系统，基础配套设施主要包括市指挥中心及辖区大队交通指挥分中心。

为了配合 ×× 市“城管革命”的深化实施，进一步提高全市交通管理的科技含量和智能化水平，使交通管理工作真正做到科学高效，以创造良好的交通环境，为全市“两型社会”的建设服务，在优化提升“平安城市”已建系统功能的基础上，结合该市“智慧城市”的建设，于 2015 年开展智能交通系统示范工程项目建设。项目建设完成后，全市前端点位覆盖范围将更加广泛，系统功能将更加完善，系统对提高道路交通管理水平的作用将更加明显。

8.2　系统总体设计

8.2.1　系统总体架构

1. 系统定位

×× 市智能交通管理系统定位如图 8-1 所示。

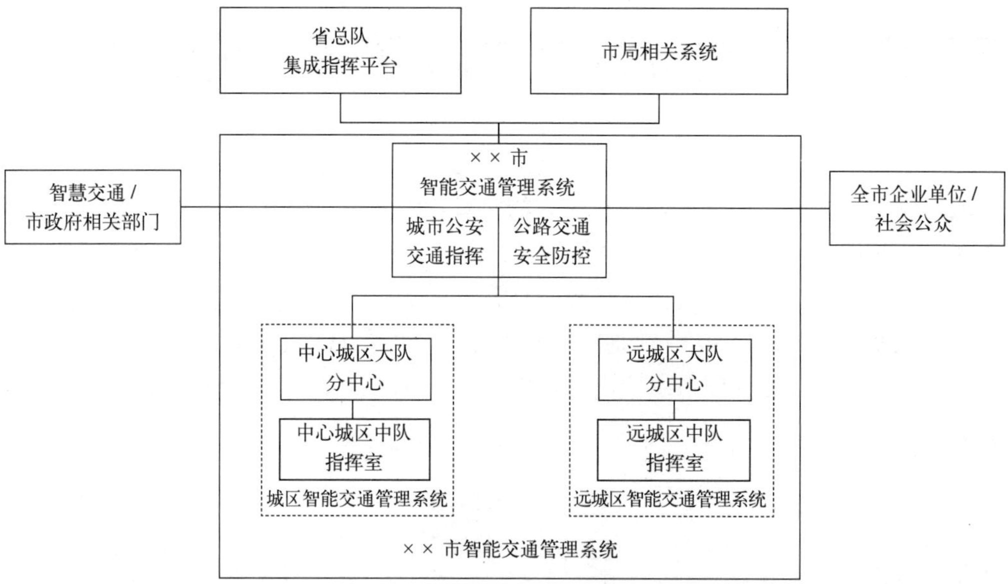

图 8-1　××市智能交通管理系统定位示意图

××市智能交通管理系统位于全市智能交通管理系统的顶层，系统集城市公安交通指挥和公路交通安全防控为一体。按照标准规范要求，各中心城区大队与远郊区大队可在此基础上，围绕市智能交通管理系统总体架构进行补充建设，共同构成完整的××市城市智能交通管理系统。

××市智能交通管理系统立足“上联下接横贯通”，对上与省平台紧密关联，同时也作为市公安局平台的有效组成部分；向下连接中心城区大队分中心和远郊区大队分中心；横向实现与“智慧交通”数据中心及政府相关部门资源共享，面向全市社会单位和公众提供交通管理服务。

2. 系统应用层次

××市智能交通管理系统由城市公安交通指挥与公路交通安全防控两大部分构成。系统分为 3 级：全市公安交通指挥中心、中心城区分中心 / 远城区分中心、外场基础应用系统设备。系统总体框架如图 8-2 所示。

××市公安局交通管理局（以下简称市交管局）负责统一建立面向城区道路交通管理的智能交通管控平台和面向公路交通管理的集成指挥平台，各中心城区（三环以内）大队分级应用；远郊区大队按照《全国主干公路交通安全防控体系建设三年规划》及《公安交通指挥系统建设技术规范》等相关要求，在交管局指导下建设各远郊区的智能交通管理系统并实现与交管局智能交通管理系统的互联互通。

3. 系统逻辑结构

系统逻辑结构主要包括基础设备层、网络层、接口层、支撑层、数据层、应用层和用户层。系统逻辑结构如图 8-3 所示。

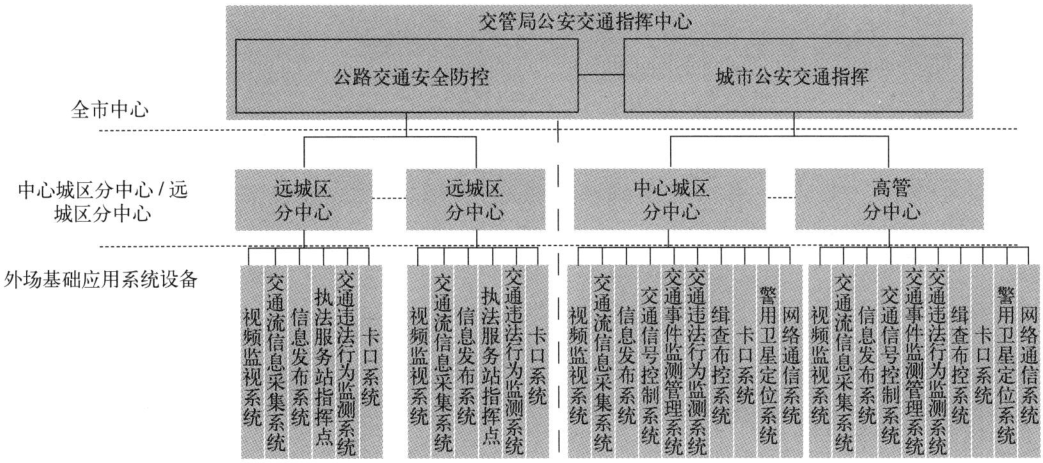

图 8-2 系统应用层次图

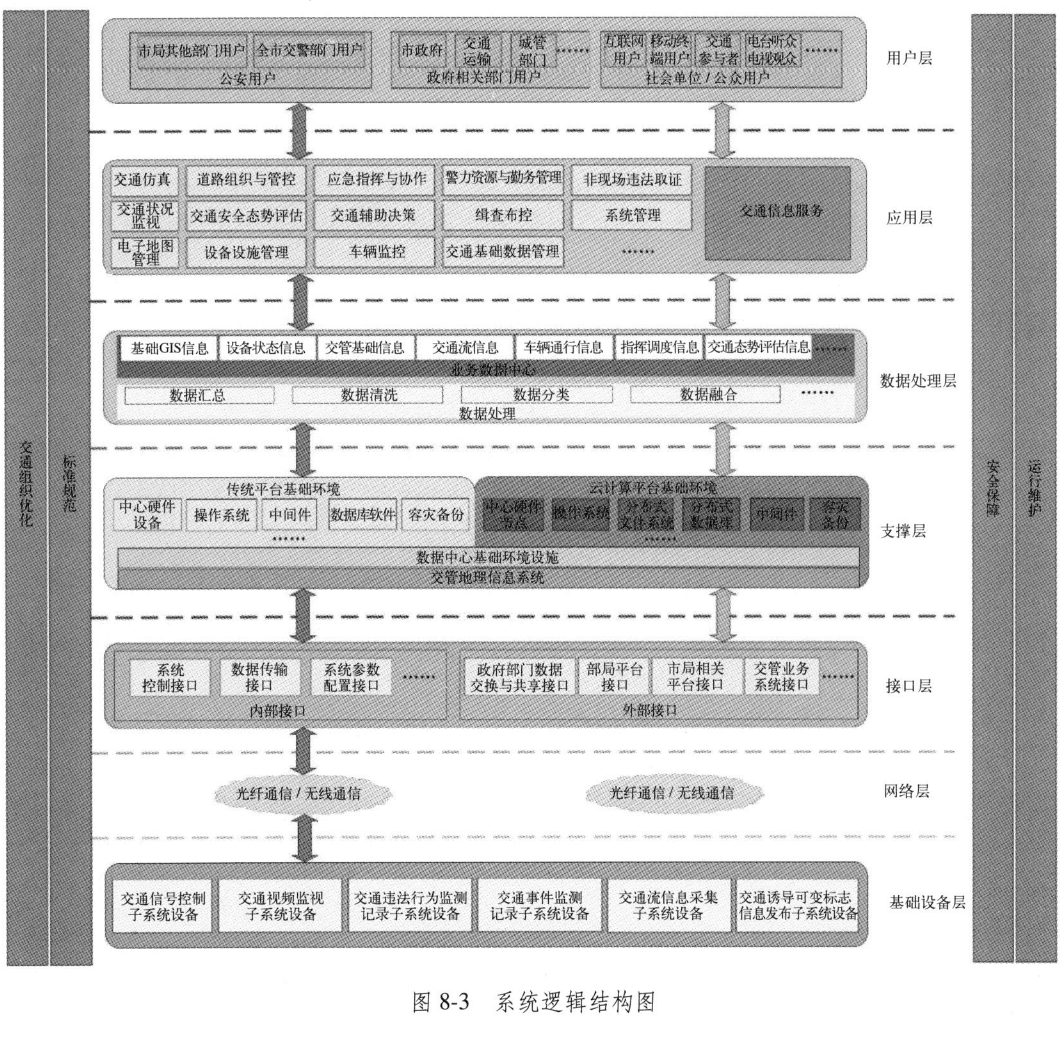

图 8-3 系统逻辑结构图

8.2.2 系统总体功能

系统总体功能模型如图 8-4 所示。

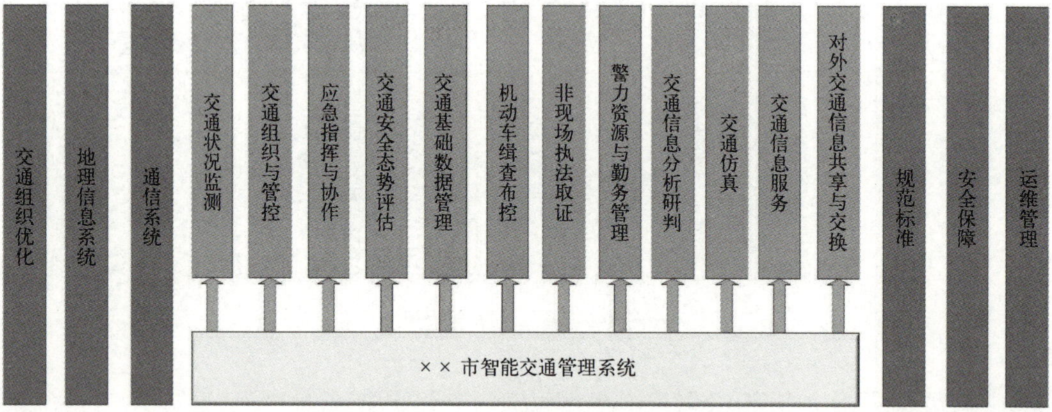

图 8-4 系统总体功能模型

1．交通安全和畅通保障

（1）城市道路及公路交通安全和畅通保障

通过本系统的建设，系统在采集的交通流信息基础上制定实时有效的交通管理措施和控制方案，使交通管理者能够更全面地了解路网上的交通状况，同时根据路网上交通流的分布，通过给交通参与者提供交通信息，科学合理地诱导交通参与者的出行路线，使交通流能够尽量合理地分配在路网上，避免拥堵的发生。通过实时、动态地采集与交通管理相关的信息，如交通流信息、民警分布信息、车辆信息等，调用预案/方案，制定出适宜方案，通过集成指挥平台进行指挥调度，并监督指挥方案的落实情况。

（2）重大活动交通安全和畅通保障

××市是全国著名的综合性城市，在政治、经济、旅游和文化等领域都占据重要地位，大型活动也较多，因此切实保障活动期间道路交通安全和道路畅通是交通管理部门的一项重要任务。

（3）重点场所及线路交通安全和畅通保障

通过本系统的建设，实现对警卫路线全程监控。通过视频图像可随时监控各重要的路口路段、重点场所以及重要活动经过区域路线的安全情况，及时处理紧急情况，科学、有效地决策和调度各区域内的警力和紧急救援力量，为快速处理紧急事件和道路交通安全提供先进的保障手段。

2．道路交通管控功能

1）具备采集公安交通管理信息，监视道路交通状况，实施交通组织，控制城市道路交通流，应急指挥调度、组织协调、决策支持和执行监督，指挥、协调交通安全保卫工作，交通流信息分析研判，监测记录道路交通违法行为，发布道路交通管理信息，城市内多级协调控制，与相关部门交换和共享信息等功能。

2）具有大范围的信息采集、汇总、处理能力，能够整合不同来源（包括人工采集）交通信息。对所采集到的交通信息进行分级集中处理，具有对道路现状交通流进行分析、判断的能力，能对道路交通拥堵具有规范的分类与提示，包括周期性交通拥堵、交通事件（如交通事故、车辆抛锚等）。在发现交通事件时，能够以恰当的方式及时向相关交通管理人员报警、提示。

3）具备有效的组织、调度功能，有对重特大交通事件的应急预案管理、警力调度以及执行监督功能。

4）有效监测管辖区内的违法交通行为，为纠正交通违法提供可靠依据，并为快速处理提供相关信息，为维护交通秩序提供技术保障，对道路通行车辆具备有效的管理手段，可自动发现通过监控区的布控车辆等。

5）具备勤务管理功能，可通过系统开展勤务安排登记、查询等。

6）具有发布交通信息的能力，以调节、诱导或控制相关区域内交通流变化。发布内容可以是交通拥挤、交通事故等信息。

7）对系统设备、设施的管理功能，具备故障自动监测功能，使系统的运行管理人员能及时了解设备状况。

3．交通信息服务功能

具备全面的信息资源共享和交换能力，根据实际需求可相应地与相关公安机关实施信息交换，为相关机构能够及时了解、处置、指挥和调度提供有力保障；也可与公安机关外的其他相关机构，如城管、交通、规划、卫生、救援等机构，实施信息交换和共享，达到紧急事件快速处理、救援等。

8.3 中心管理平台建设

8.3.1 集成指挥平台

集成指挥平台是 ×× 市智能交通管理系统的核心应用平台，通过统一接口规范和适配接入服务实现与其他系统关联交互，基于 GIS 进行综合管控应用。通过建设集成指挥平台，实现了立体化、扁平化、可视化的交通指挥管控目标，形成上下连通、指挥顺畅的交通管理体制，确保交通信息及时发布、交通流动态疏导组织，保障路网交通安全、有序、畅通。

×× 市公安交通集成指挥平台由公安网版和智能交通专网版两部分组成，两部分互为补充，形成完整的一体化平台，实现统一用户认证、权限分配和用户体验。公安网版已实现的主要功能包括警情接入、决策调度、指挥处置、勤务管理等。智能交通专网版集成指挥平台按照《公安交通集成指挥平台结构和功能》（GA/T 1146）的要求，在公安网版现有功能的基础上进行功能的扩展，构建功能齐全的集成指挥平台。

智能交通专网版集成指挥平台的业务数据统一存储于交通管理信息资源平台，通过与交通管理信息资源平台之间的数据接口调用所需业务数据，通过与各关联系统的控制接口实现对各关联系统的直接控制。

智能交通专网版平台通过与公安网版形成合力，实现对上与总队、市局指挥调度平台的级联，可以接受总队、市局指挥平台统一指挥调度；对下实现与各远郊区大队集成指挥平台的级联；对内实现与智能交通管理系统各组成子系统的高度有效集成。其中，对上与总队集成指挥平台和市局指挥调度平台的级联由公安网版实现，对内实现与智能交通管理系统各组成子系统的高度有效集成由公安网版和专网版共同实现。

8.3.2 交通管理信息研判平台

交通管理信息研判平台依托 PGIS 公安交通地理信息平台，通过数据接口从交通管理信息资源平台获得基础信息，按照集成指挥平台控制指令或本平台用户界面设置要求进行分析研判，基于交通管理信息资源数据进行研判，获取当前城市道路交通态势，分析历史交通管理信息数据规律，为日常管理及指挥决策提供科学依据。

平台采用研判分析技术进行构建，由交通管理综合应用信息研判、交通警情分析研判、交通状况分析预测等模块构成。

交通违法态势研判分析模块具有交通违法重点地段排查、交通违法趋势分析等功能；交通事故态势研判分析模块具有交通事故黑点排查、交通事故态势研判等功能；交通综合分析研判模块具有交通事故报警信息分析研判、交通秩序报警信息分析研判、交通设施报警信息分析研判、交通违法报警信息分析研判等功能；交通流分析研判模块能够实现快速路流量数据、路段流量数据、卡口区间旅行速度、交通信号控制系统及人工录入数据等多源数据的融合，具有全市交通形势分析、交通态势比较、交通分布分析、交通分布比较、交通行程时间分析、交通行程时间比较、交通服务水平分析、交通拥堵分析预警等功能。

8.3.3 交通管理信息发布平台

依托交通管理资源平台的各类信息资源，主要基于互联网公众服务平台，构建基于互联网（网站）、移动互联网（微信、手机 APP）、诱导可变标志、短信等综合信息发布渠道的统一交通管理信息发布平台，为交通参与者提供包括交通路况、信息发布、突发事件、施工管制、交通气象等较为完善的道路通行服务业务，方便公众出行，同时为交管部门提供完备的交通信息发布平台。

交通管理信息发布平台在前期已建的互联网公众信息服务平台（包括网站、手机短信、手机 APP、微信）的基础上，扩展了交通信息服务内容，并按照信息采、编、审、发环节为业务部门提供完备的交通信息发布技术支撑，为公众提供更加人性化的信息服务。交通管理信息服务平台主要分三大部分：

1. 前端发布系统层

前端系统主要是根据不同的发布方式，对应有不同的发布系统，目前主要发布方式有微信、微博、诱导标志、互联网网站、短信、广播、电视。

2. 后台系统与服务层

后台系统主要由三个系统和一个基础服务组件组成，分别是交通信息分拣系统、路况人工审核确认系统、交通信息编审系统和交通信息基础服务组件；三大系统主要围绕交通信息的采集、人工分拣、路况人工审核确认、编辑排版、审核、发布等业务流程展开，根据角色、业务流程进行设计；交通信息基础服务组件主要负责与技术子系统进行数据交换，在该服务层，统一封装定义了交通信息服务平台的标准数据接入协议和接口。

3. 支撑子系统层

支撑子系统层主要由各类技术子系统构成，技术子系统主要包括交通流信息子系统、指挥调度系统、停车场子系统、施工占道系统、交通管制系统、视频子系统及其他第三方子系统。这些系统通过标准的接口协议与交通信息采集与处理系统进行数据交换。

4. 视频图像综合应用平台

交通视频图像综合应用平台汇聚公路车辆智能监测记录系统、闯红灯自动记录系统采集的视频，以图像采集、分析和综合应用为主线，在城市道路交通监控图像的覆盖范围不断扩大的前提下，深入挖掘图像资源信息，提升交通图像综合应用分析能力。

面向交通的视频图像综合应用平台按照“掌握现状、找出规律、科学诱导、有效指挥”的指导思想，以道路交通图像为切入点，以道路交通流为主要研究对象，以图像采集技术、图像智能分析技术手段和图像综合应用为主线，在城市道路交通监控图像的覆盖范围不断扩大的前提下，深入挖掘图像资源信息，加大交通信息应用发布的力度，强化重要节点查缉布控联动功能，形成一个覆盖全市主要道路，涵盖日常交通管理的道路交通视频图像综合应用系统。

平台搭建了数据处理环境，在智能交通专网部署了接入服务器、数据处理服务器、存储服务器以及应用服务器等硬件设备，实时接入闯红灯自动记录系统和公路车辆智能监测记录系统采集的过车信息，涵盖了内环、二环、三环、重要节点交叉口及进出城通道的车辆通行信息，平台实现了视频综合业务应用、重点车辆列管、车辆查控分析、违法预处理、图像搜索等功能。

5. 运维管理平台

运维管理平台为科技、秩序、指挥中心、设施等部门的领导、民警以及外场施工单位提供技术管理手段，通过资产管理、集中监控、资产运维、统计分析等功能有效管理内外场设备、设施及 IT 设备、基础数据等，从而提高智能交通管理系统的整体效率。

6. 交通管理信息资源平台

交通管理信息资源平台是智能交通管理解决方案中的基础应用平台，为系统感知、汇聚、数据交互层。系统通过统一接口规范和适配接入服务，实现了各技术子系统与中心平台（公安交通集成指挥平台、交通管理信息研判平台、视频图像综合应用平台、运维管理综合平台等）间数据共享与关联交互。

交通管理信息资源平台通过内部接入层数据接口统一管理接收前端基础应用系统采集的海量的结构化数据、半结构化数据以及非结构化数据，其中前端采集系统主要涉及交通信号控制系统、交通视频监视系统、闯红灯自动记录系统、公路车辆智能监测记录系统以及交通流信息采集系统等。

数据存储过程中按照数据量大小保存到存储设备中，通过统一环境存储并建立业务数据计算服务模型和应用数据交换接口为公安交通集成指挥平台、交通管理信息研判平台、视频图像综合应用平台、运维管理综合平台等相关应用业务提供基础业务数据和服务数据（并且能够接收其他系统采集的业务数据），同时能够支持与部署在公安信息通信网上的相关交通管理业务平台进行数据交换，与交通委、路桥等外单位交换交通状态、交通事故、交通管制等信息。

8.4 基础应用系统设计

8.4.1 匝道控制系统

由于该市交通信号控制系统建设较为完善，故本次信号控制系统的建设内容主要为匝道控制系统。匝道控制系统主要由匝道信号控制、交通诱导标志发布、违反禁行规定监测记录三部分组成，匝道信号控制部分通过安装在城市快速路入口匝道的信号控制设施，调整由匝道汇入主线的交通量，使快速路主线的交通需求不超过其通行能力；交通诱导标志发布部分通过安装在快速路匝道入口前方一定距离处的LED交通诱导标志，及时告知交通参与者前方匝道的通行状态及周边道路的交通状况，提醒交通参与者选择合适的交通路线；违反禁行规定监测记录部分通过安装在快速路入口匝道上监测记录设备，对入口匝道关闭时仍进入的车辆进行抓拍取证，记录违法车辆的违法信息。

1. 匝道信号控制部分

匝道交通信号控制部分主要由中央控制级和匝道控制级组成，中央控制级设备利用现有设备，本期项目主要对新建信号机进行接入，匝道控制级设备主要包括交通信号控制机、交通信号灯、环形线圈检测器、LED显示标志、通信设备等，系统结构如图8-5所示。

系统功能主要包括：

1）控制功能。包括联机优化控制、感应控制、多时段定时控制、手动控制、关灯控制、手控 / 遥控、LED显示标志控制等。

2）其他功能。包括交通流参数采集、现场前端设置、故障自动监测、时钟校准等。

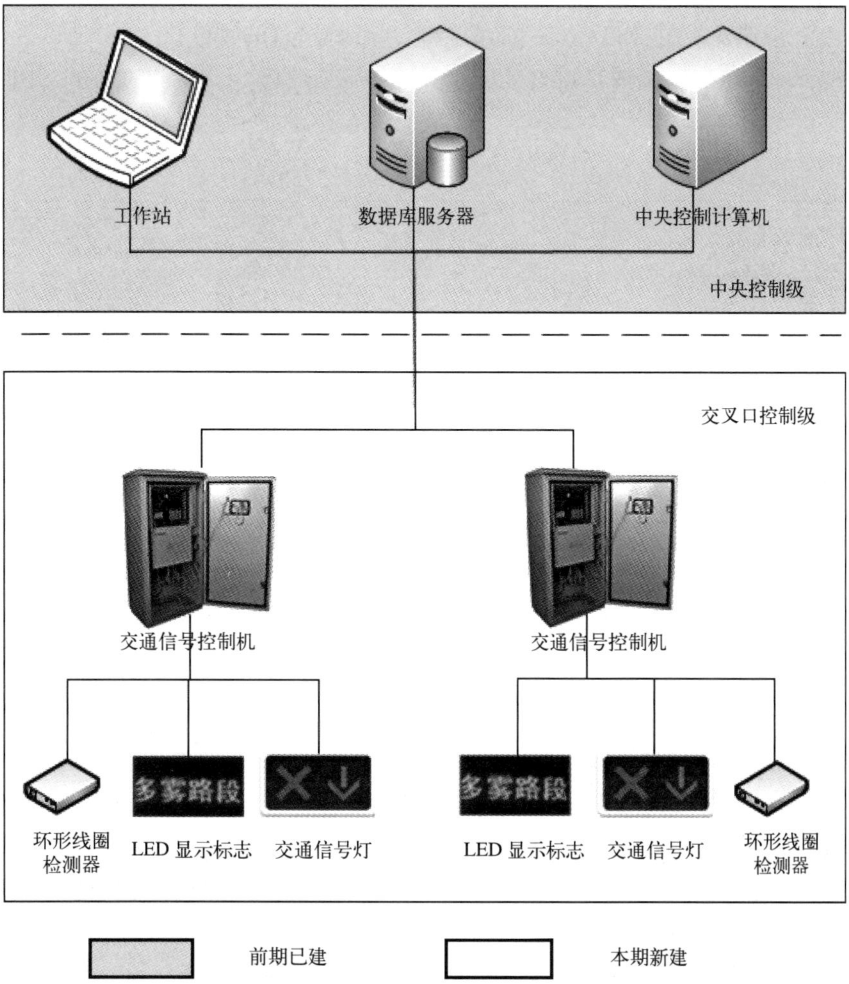

图 8-5 匝道交通信号控制系统结构图

2. LED 交通诱导标志部分

前期项目已在指挥中心建设了 LED 交通诱导标志发布系统中心管理平台，本期项目将在交通信息服务平台中对其进行整合，因此本期项目建设的 LED 交通诱导标志需接入交通信息服务平台，实现交通诱导标志的集中、统一管理和控制。系统结构如图 8-6 所示。

系统功能主要包括：

1）文字、动画、图形编辑显示功能。诱导标志应能显示国标一、二级字库中的所有汉字、GB 2312 指定的全部汉字和数字字符及简单图形。

2）下位机控制功能。下位控制功能应能控制诱导标志的显示内容、对诱导标志进行检测及与上位机进行通信。

3）信息发布功能。软件应能提供通用信息显示、人工信息发布、自动信息发布等三种基本信息发布方式。

4）系统调光功能。诱导标志应设置环境照度检测装置，根据环境照度调整发光像素的发光强度，以避免夜间照度较低时形成眩光，影响信息的视读。

5）自动对时功能。系统具有自动校时功能。一天 24h 内，系统设备的计时误差不超过 1.0s。

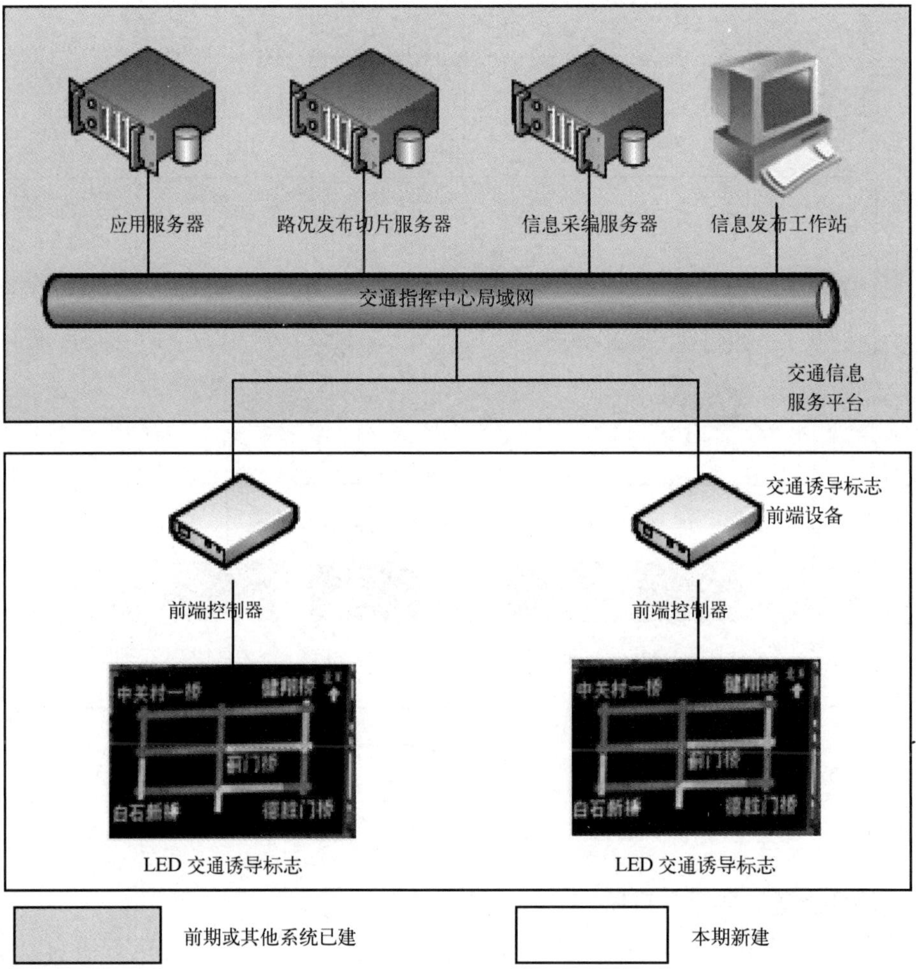

图 8-6　LED 交通诱导标志发布系统结构图

3. 违反禁行规定自动记录部分

违反禁行规定自动记录系统主要设置在快速路入口匝道上，对入口匝道关闭时仍进入的车辆进行抓拍取证，记录违法车辆的违法信息。系统结构及组成如图 8-7 所示。

系统功能主要包括：

1）基本功能。包括车辆检测、不按信号灯指示通行违法行为监测、通行车辆图像记录、号牌识别、逆行记录、交通流数据记录、录像、数据传输等。

2）其他功能。包括红灯信号检测、自动校时、自适应补光、网管功能、前端数据缓存等。

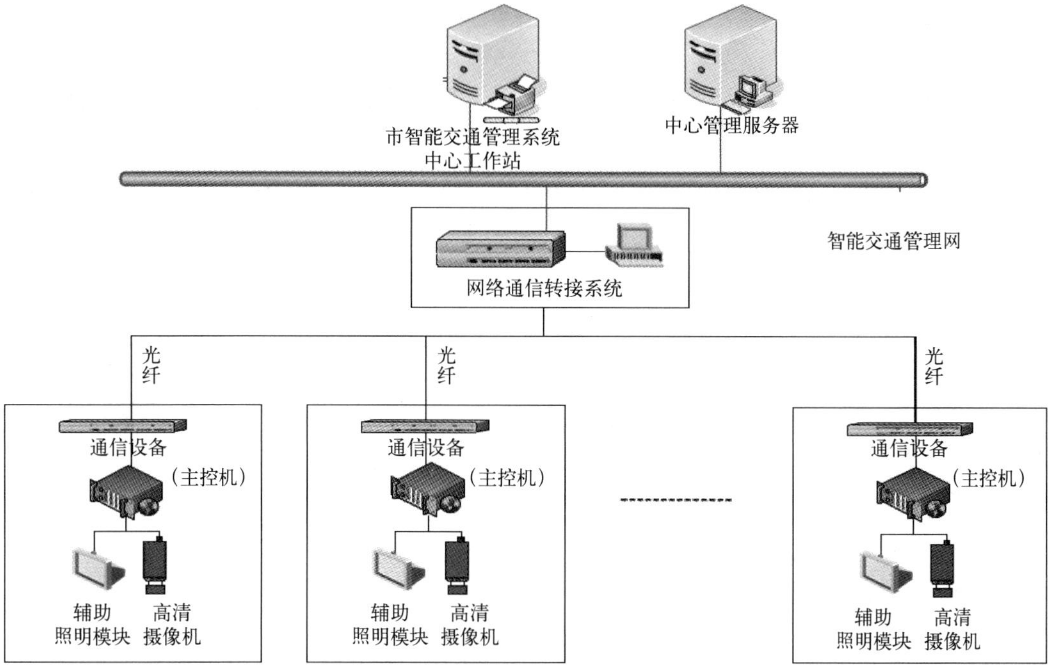

图 8-7 违反禁行规定监测记录系统结构示意图

8.4.2 交通视频监视系统

××市交警支队目前已建设模拟视频系统和数字视频系统，模拟视频主要以 DVR 的形式集中存储在交警支队和部分大队，各大队按辖区管控视频前端，负责违法手动抓拍工作；主城区大队的模拟视频已通过模拟矩阵与交警支队实现平行互联互控。

本项目建设的交通视频监视系统应用主要利用高清数字视频技术，整合现有模拟视频系统资源，实现各辖区大队和交警支队数字系统与模拟系统之间的互联互控，建立 B/S 架构系统满足大公安视频联网要求，以节约建设投资，避免浪费，体现系统的兼容性。总体上保留原有模拟视频前端设备，改造部分模拟前端，补充新建路面和制高点数字高清视频前端设备。

1. 系统结构

目前，现有交通视频监视系统包括模拟视频监视系统和基于 C/S 架构的数字视频监视系统。根据系统改造需求，在现有 C/S 架构数字系统基础上进行扩展和改造，整合模拟视频监视系统，并增加 B/S 架构数字系统与 C/S 架构数字系统进行整合，满足大公安视频联网。同时，C/S 架构也可很好地满足用户对前端设备操控延时性的要求。

2. 系统功能

1）前端控制功能。包括云台、镜头控制、视频画面点击变焦、视频目标跟踪控制、前端控制方案选择、视频前端设置等。

2）违法取证功能。包括手动违法取证、交通违法自动检测、违法停车自动取证、交通违法证据生成、字符叠加、图像防篡改、视频录像等。

3）视频服务功能。包括网络数字矩阵、视频转发、视频点播、移动终端访问、多用户视频服务、业务终端浏览等。

4）存储管理。在交警支队指挥中心和大队分中心对接入的视频图像采取分布式存储集中式管理，采用云存储模式。

5）系统管理功能。包括视频设备分组管理、操作权限、设备配置、计划任务、联动报警、管理日志、视频转发、录像管理、时间同步等。

8.4.3　公路车辆智能监测记录系统

通过建设公路车辆智能监测记录系统，对全市主要市际出入口及其他重要区域通道进出口进行全天候自动监控，利用车牌自动识别、布控报警等技术，可以为及时快速侦破以机动车为线索的案件提供强有力的技术手段，对构建“平安城市”、“文明城市”都具有极其重要的意义。

1. 系统结构

公路车辆智能监测记录系统主要由中心管理设备和前端设备组成，公路车辆智能监测记录系统结构如图 8-8 所示。

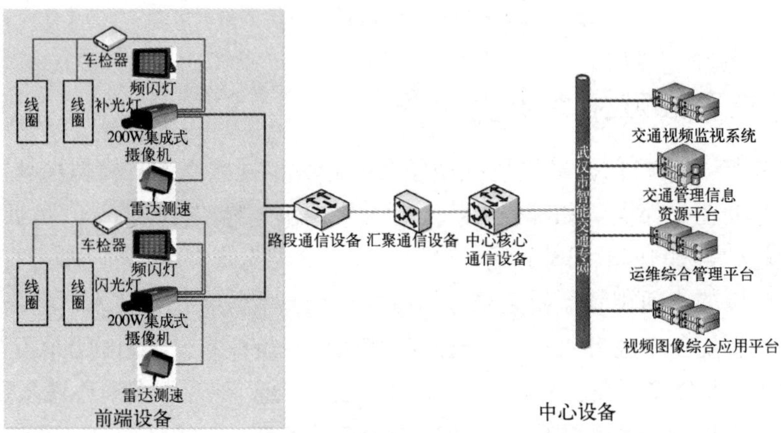

图 8-8　公路车辆智能监测记录系统结构图

2. 系统功能

1）基本功能。主要包括车辆检测、车辆图像记录、车辆号牌识别、车身颜色识别、车辆类型识别、车标识别、速度测定、超速记录、逆行记录、视频录像、交通流数据记录等。

2）其他功能。主要包括数据传输、自动校时、自适应补光、前端数据缓存等。

8.4.4　交通流信息采集系统

本期项目通过新建专用的交通流信息采集设备，对相关路段交通流信息进行实时采集，对交通信号控制、闯红灯自动记录、公路车辆智能监测记录、FCD 等系统采集的交通流数据进行有效补充，从而为道路交通状态研判提供更有力的数据支撑。

1．系统结构

本期项目建设的交通流信息采集系统主要由交通流采集设备、通信传输设备以及中心管理设备等组成，交通流采集设备包括集成式视频采集设备和微波采集设备，中心管理设备主要包括中心服务器和系统软件等，部署于交警支队机房。系统物理结构如图 8-9 所示。

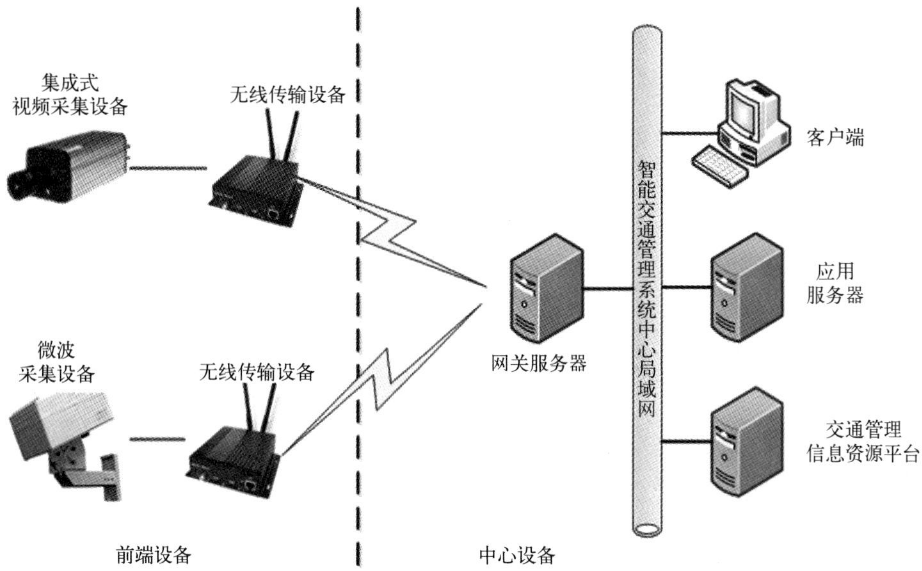

图 8-9　交通流信息采集系统物理结构图

2．系统功能

1）微波交通流数据采集。可以采集流量、平均车速、占有率、平均车头时距、车辆类型（至少按大、中、小车型统计）、饱和度等交通流数据。

2）视频交通流数据采集。可以采集流量、平均车速、占有率、平均车头时距、车辆类型（按大、中、小车型统计）、饱和度等交通流数据。

3）数据查询。可以查询任意一个前端设备缓存的交通流数据，查询结果可以以表格、图形等方式进行展示。

4）数据传输。系统前端设备能够按照交通管理信息资源平台制定的接口协议将采集的交通流数据由前端设备直接传输至交通管理信息资源平台。

5）数据异常报警。系统能够实现一旦发现检测的数据异常，产生报警提示，并具备数据校正功能。

6）前端数据缓存。系统具备采集数据前端存储功能，一旦通信中断，前端设备至少可以存储 1 周的交通流数据。

7）设备状态自检。系统可以自动对中心管理设备、前端设备的工作状态与故障，电源状态（正常、掉电），通信链路状态等进行全面监测和自诊断。

8.4.5 交通事件检测系统

本期项目通过建设交通事件检测系统，针对快速路、主干路等道路的重要节点、路段进行道路交通状态监测，实时快速检测道路上突发的各类交通事件，及时发现异常交通状况并报警，为交管部门快速反应、快速部署、快速处置交通事件提供先决基础条件。

1．系统结构

本期项目建设的交通事件检测系统主要由前端设备、通信传输设备和中心管理设备等组成，前端设备主要是分体式交通事件检测设备，分体式检测设备由高清摄像设备和视频检测器组成，高清摄像设备共用交通视频监视系统前端设备，分体式视频检测器接收交通视频监视系统采集的视频图像进行交通事件检测和交通流数据采集。系统物理结构如图 8-10 所示。

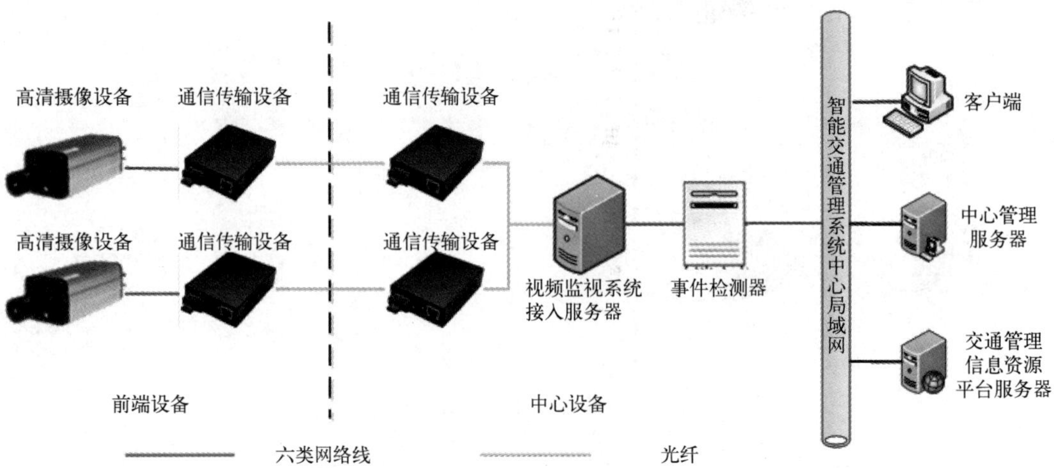

图 8-10 交通事件检测系统物理结构图

2．系统功能

（1）交通事件检测

1）检测事件类型。系统能够自动进行交通事件检测并输出结论。可至少检测交通事故、突然停车、车辆排队、车辆慢行、行人穿越、车辆逆行、遗撒物、隧道烟雾、倒车等交通事件。

2）交通事件信息记录。系统检测到交通事件时，应能自动记录交通事件信息。

3）交通事件报警提示及信息记录。系统检测到交通事件时，应能实时自动生成报警提示信息并记录。

4）交通事件录像。系统具备自动捕获并存储交通事件发生过程录像的功能。

（2）交通流数据采集

系统可以采集车流量、平均车速、车道占有率、平均车头时距、车辆类型（按大、中、小车型统计）、饱和度等交通流数据。

（3）视频录像

系统具备视频录像功能。录像视频支持 H.264、MPEG4 或 MJPEG 编码标准。

（4）视频调用及预置位设置

系统中心管理设备可调用交通视频监视系统的任意一路视频，使调用的视频转发至指定的分体式交通事件视频检测设备。

（5）信息查询

通过中心管理设备可以查询任意一个前端设备缓存的交通流数据，查询结果可以以表格、图形等方式进行展示。

（6）数据传输

系统前端设备能够将采集的交通事件信息、交通事件报警提示信息、交通事件录像、交通流信息等由前端设备直接传输至交通管理信息资源平台。

（7）设备管理

系统中心管理设备可对交通事件检测设备进行远程管理，可在系统中心管理设备远程配置交通事件检测设备参数。

（8）设备状态自检

系统可以自动对中心管理设备、前端设备的工作状态与故障、视频图像状况、电源状态（正常、掉电）、通信链路状态（正常、故障）等进行全面监测和自诊断。

第九章　中小城市智能交通管理系统设计案例

近年来，随着社会经济的快速发展和人民生活水平的提高，中小城市机动车保有量增长速度也日益加快，中小城市上下班高峰期交通拥堵现象越来越严重，同时中小城市交通组成种类较多，交通秩序较为混乱。通过智能交通管理系统的建设，缓解日益严重的交通拥堵状况，提高城市道路的服务水平已成为共识，越来越多的中小城市加快了智能交通管理系统的建设，下面以 ZC 市、XC 市分别作为地级市和县级市设计案例进行介绍。

9.1　ZC 市智能交通管理系统

9.1.1　概述

ZC 市地处中国的中南部，长江中游，道路基础设施、交通管理设施建设较为完善，交通参与者行为习惯良好。

通过前期建设，ZC 市已建设了部分智能交通管理系统，但部分系统已出现了设备老化、功能不足、技术落后等问题。因此，必须在前期项目建设的基础上加快启动新的智能交通管理系统建设工作，建立城市交通信息共享、快速反应和指挥调度中心枢纽，实现交通管理从粗放到精细，从低速到高效的转变。要从市民关心的热点、难点问题入手，加强城市交通环境综合整治，全面解决严重影响交通秩序的问题与行为。

9.1.2　系统总体情况

1. 建设目标

为创建国家交通管理模范城市，改善现有路网上的交通运行状况，提高道路的有效利用率和道路通行效率，减少道路的交通拥挤程度、交通事故，实现交通管理的智能化和高效率。

（1）缓解交通拥堵，创建和谐交通

通过交通信号控制和交通信息发布系统建设，大幅度地提高城市智能化交通水平，缓解目前存在的城市交通拥堵状况，为公众提供交通信息，缓解人民群众出行难的问题，创建和谐交通，构建和谐社会。

（2）缓解警力不足，提高科技含量

通过技术监控设备建设，将现在人力型的现场执法改变为科技型的非现场执法，提高交警工作的科技含量，降低交警的工作强度，缓解警力不足的压力。

（3）构建警种联动，加强应急指挥

通过指挥系统建设，建立起“合纵连横”式的指挥神经网，改变陈旧的喊话式指挥模式，实现“一对多警的精准指挥、上级对下级的可视化指挥、警种间的联动指挥、政府部门间应急指挥”。

（4）强化信息研判，辅助领导决策

通过信息系统建设，将车管、驾管、违法、事故、流量、接处警等多种信息进行汇总，建立综合信息查询分析系统，突出信息研判的作用，为领导科学决策提供依据。

（5）实现合理布控，服务大公安

通过建立全市道路机动车行驶数据记录平台和机动车缉查布控平台，在满足交警应用的前提下，为大公安服务，提高公安机关打击犯罪和侦察破案的能力。

2. 建设内容

项目建设内容主要包括两部分，即交通指挥中心内场应用系统及路面外场基础应用系统。

1）内场中心应用系统包括显示系统、指挥台（操作台）、会议系统、音响系统、中控系统以及基础配套设施（如UPS、精密空调、门禁系统、综合布线、消防灭火等）等。

2）外场基础应用系统包括交通信号控制系统、交通视频监视系统、交通流信息采集系统、交通信息发布系统、交通违法行为监测记录系统、公路车辆智能监测记录系统、交通事件检测系统、通信系统等，其次包括缉查布控系统、交通组织系统、勤务管理系统、警用车辆（人员）定位系统以及移动执法系统等相关系统的接入。

3. 系统逻辑结构

根据公共安全行业标准《公安交通指挥系统建设技术规范》（GA/T 445–2010）的规定，系统是由集成指挥平台和基础应用系统等多系统有机结合构成的具有对交通管理数据采集、处理、决策能力和组织协调、指挥能力的综合应用系统。系统逻辑结构如图9-1所示。

此次设计的建设系统为：交通信号控制系统、交通视频监视系统、交通流信息采集系统、交通违法行为监测记录系统、公路车辆智能监测记录系统、移动警务系统、警车与警员定位系统、交通设施管理系统、交通事件检测系统、缉查布控系统、交通组织系统、交通信息发布系统、交通指挥中心（市公安局交警支队指挥中心、大队分控中心）机房及配套设施、交通指挥集成平台、通信系统、勤务管理系统。

已建系统：接处警系统由市公安局建设并已投入使用，道路交通管理信息系统为全国或全省统一建设已投入使用，警车与警员定位系统、移动警务系统以及办公自动化系统均为市公安局已建系统供全局使用。

外部系统：广播电台交通信息发布、电视台交通信息发布、交通局车辆卫星定位管理系统等是公安系统之外各单位的系统，本系统可根据需要与其进行信息交互。

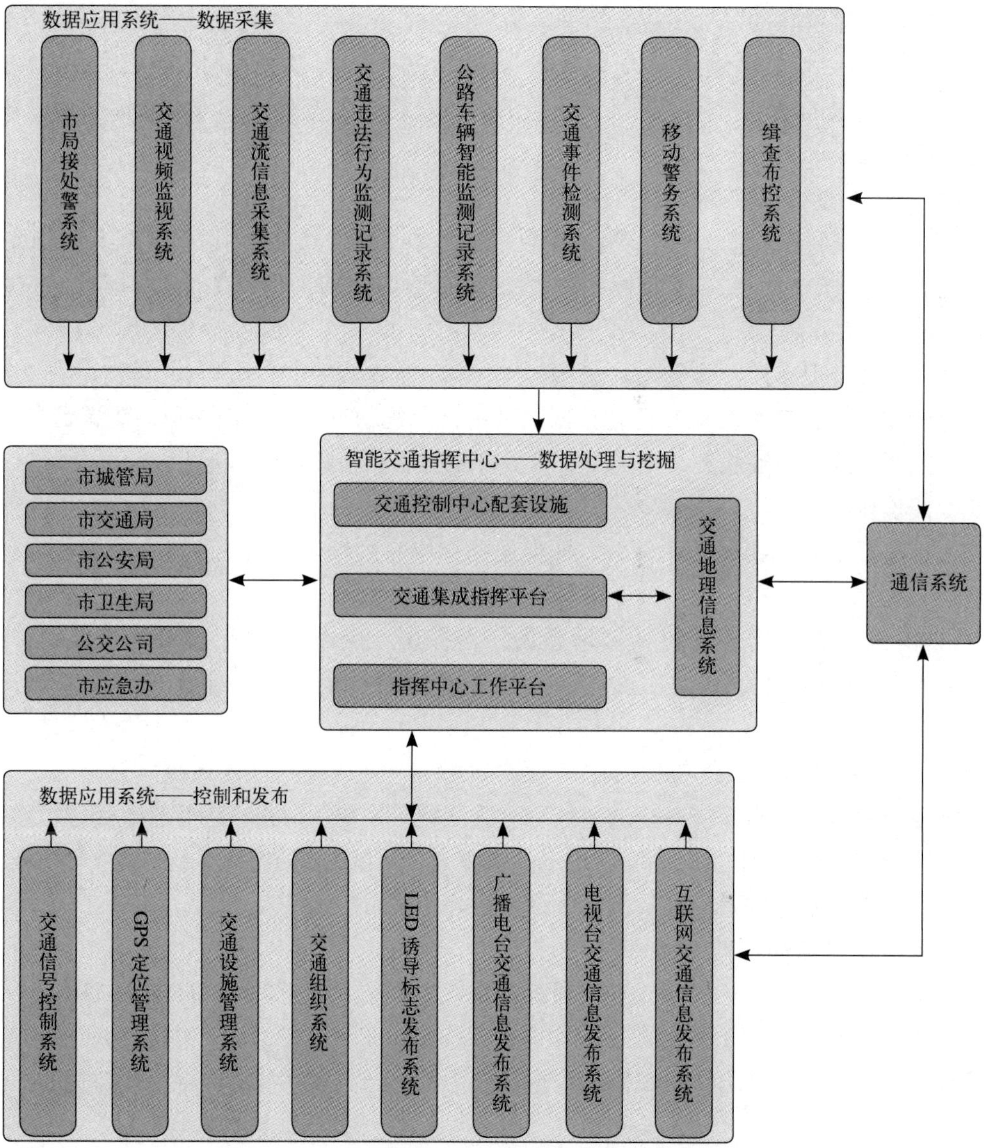

图 9-1　ZC 市智能交通管理系统逻辑结构图

4. 系统物理结构

从物理结构上基本可以将整体系统分成内外两部分，内场部分即为交通指挥中心，包括中心大厅、中心机房、指挥室等部分，具体包括中心网络、各子系统中心服务器、集成服务器、存储设备、大厅基础设备等。

外场部分主要指部署于路面的设备，主要包括交通信号控制系统设备、闯红灯自动记录系统等违法行为监测记录系统设备、交通视频监视系统设备、交通流信息采集系统设备、LED 交通诱导标志等。具体如图 9-2 所示。

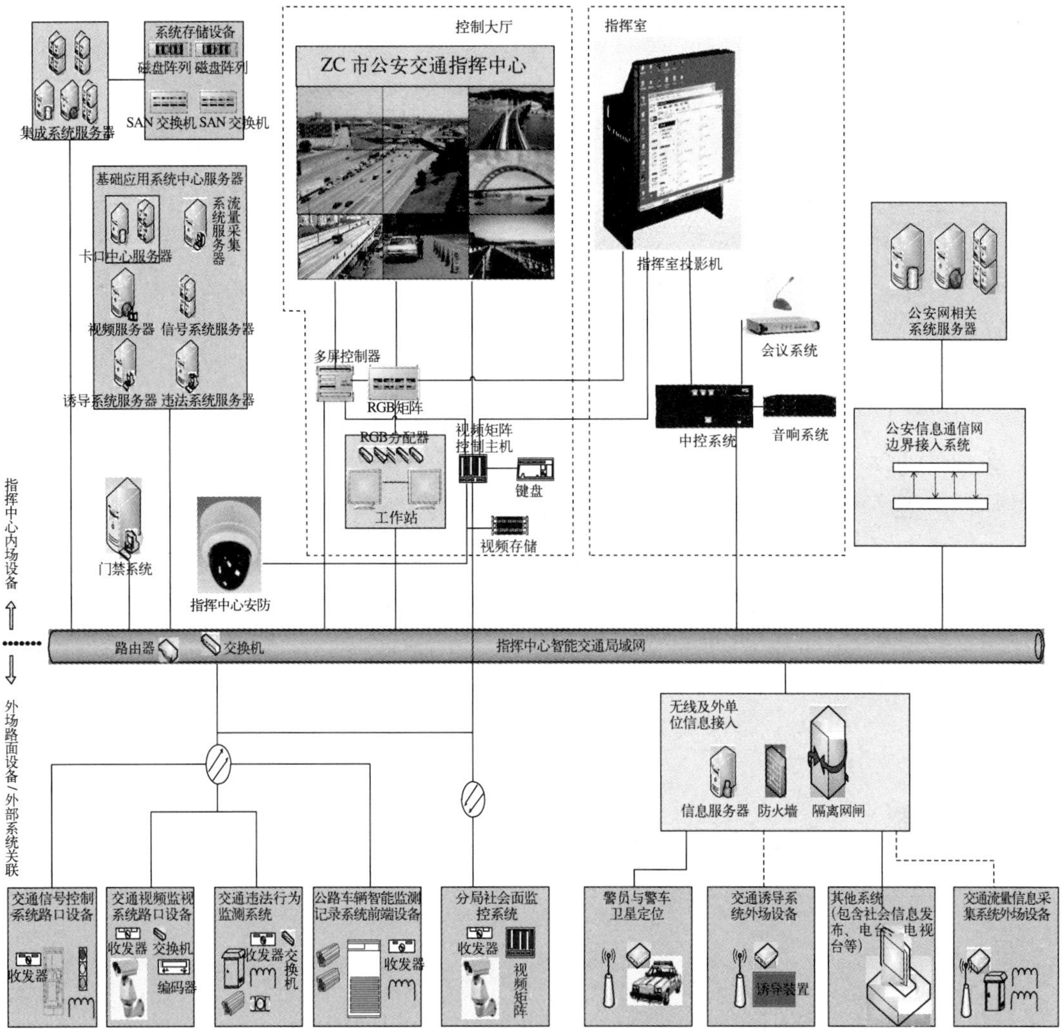

图 9-2　ZC 市智能交通管理系统物理结构图

5. 预期目标

系统建设完成后，预期目标如下（以建设前数据为基础，其效果仅限于系统覆盖区域内）：

1）停车次数减少约 12%；

2）出行时间减少 12% 左右；

3）延误减少 12% 左右；

4）平均车速提高 10% 左右（高峰时段建成区主干路平均车速达到 35km/h 以上，高峰期交叉口阻塞率低于 1%）；

5）违法行为降低约 10% 左右（其中城区主干路机动车、非机动车、行人守法率分别达到 95%、85%、80% 以上)。

9.1.3 中心系统设计

1. 支队交通指挥中心

(1)概述

ZC 市智能交通指挥中心是在原有交通指挥中心基础上进行升级改造的，主要包括交通指挥中心控制大厅、首长决策室（会议室）和机房（设备间）等。交通指挥中心大厅配备一套大屏幕拼接显示系统，两侧设置两块点阵式 LED 显示屏用于显示各种文字信息和数字信息，同时配备集中控制系统来对大厅的照明设备、电动窗帘等进行集中开关控制。

指挥决策室是智能交通指挥中心的重要组成部分，是重特大事件应急指挥时的决策核心部门，在首长决策室（会议室）设置一套首长决策支持系统。

在机房进行相应的基础环境建设。

(2)大屏幕拼接显示系统

大屏幕拼接显示系统通过对多种信息的高亮度、高清晰度、高智能化控制的综合显示，形成功能完善、技术先进的信息显示控制系统，以满足日常运作与应急指挥的各种需要。本次建设采用 DLP 大屏幕显示系统。

DLP 大屏幕显示系统主要由以下几部分组成：

1）80 寸 3×4DLP 投影拼接墙体 1 套；

2）多屏处理器 1 套；

3）显示墙应用管理系统软件 1 套；

4）RGBHV 计算机矩阵；

5）VGA 转 RGB 有源分配器。

1）系统结构

大屏幕显示系统可分为硬件和软件两部分，系统硬件如前所述，系统软件包括系统控制软件，控制所有的 DLP 显示单元、信号处理转换设备、其他计算机应用等。系统详细硬件结构如图 9-3 所示。

2）系统功能

A. 信号显示功能：

a. 数字视频信号处理与显示功能。远程 IP 摄像头通过 IP 网络传输到公安交通指挥中心后，直接以 IP 网络的方式接入多屏处理系统解码后输出到 DLP 大屏显示。

b. 多路独立模拟视频信号和计算机同时直通显示单元无级缩放、画中画显示。

c. 模拟视频信号显示。采用直通和处理器双通道传输，都能无级缩放、移动灵活显示。

d. 计算机信号直通传输，无级缩放灵活显示。在数字显示系统中，计算机信号采用直通显示单元传输，可以不通过多屏处理器而直接显示。

e. 用户日常工作计算机可生成任意高分辨率图像在显示拼接墙上全部快速显示。可以将交通指挥中心网络电脑显示器上受分辨率限制看不见的信息通过网络快速传输到拼接墙完全显示出来。

f. 全屏显示，高分辨率应用。可以把全墙作为统一的逻辑屏来显示高分辨率的系统应用程序，实现全屏显示和分辨率的叠加，比如显示超高分辨率的大型电子地图、欢迎词等。

g. 超高分辨率图像、视频、计算机、网络信号综合显示。具有处理超高分辨率拼接的计算机网络图形信号、视频信号和 RGB 信号的跨屏显示和不同类型信号叠加显示的功能。

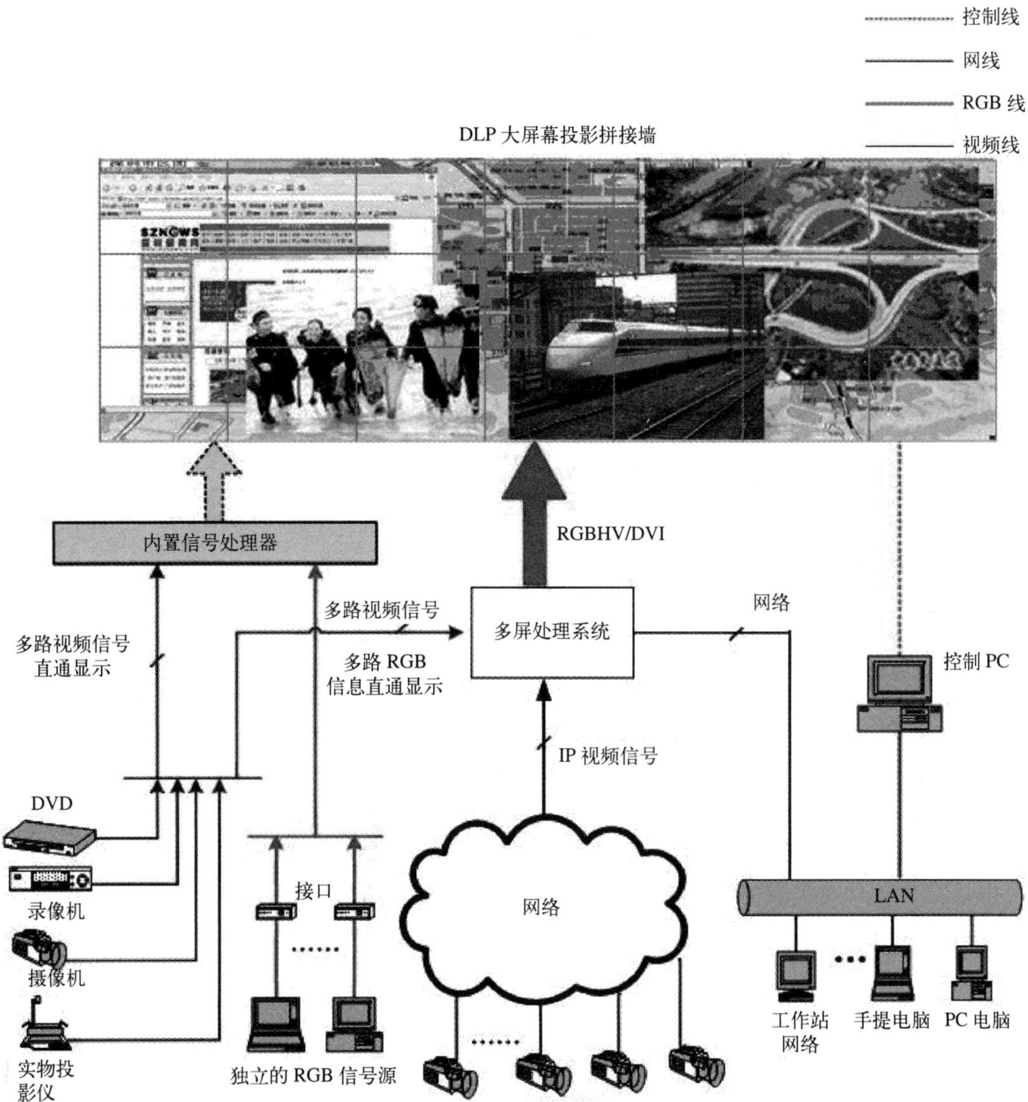

图 9-3　拼接显示系统硬件结构示意图

B. 多屏处理：

系统可以对所有信号（视频、RGB、网络）具有相同的拼接显示功能，图像拼接比例正确、无像素丢失、图像光滑、边缘和拼缝无锯齿等；单屏、组合拼接可以实现任何比例的拼接显示，同时具备多窗口叠加功能。

C. 系统控制及管理：

主要包括用户管理、设备管理、信号源管理、窗口管理、投影机管理、模式和预案管理等。

（3）LED 双基色显示屏

在大屏幕投影墙左右各设置 1 块双基色 LED 显示屏，左边一块主要显示全道路实时情况，右边一块主要显示全市区主要车辆、驾驶员、违法、事故等实时情况，并能根据用户机房监控系统的传感器，实时显示温度、湿度、时间、电压等监控信息；可显示中、英文文字、图形、动画。显示方式：具有移动、旋转、飘雪、放大或缩小、闪烁、覆盖、推出、色彩交替等特技方式。

（4）操作台

操作台根据指挥大厅的实用面积和有效空间、人体的生理视觉、操作台与监视屏的间距、视角以及室内装饰的风格等多种因素综合考虑进行布设。

交通管控大厅设置 3 排控制台，第一排 4 个席位，约 6m 长，第二排 6 个席位，约 6m 长，第三排 6 个席位，约 7m 长，共 16 个席位，用于安放通信设备、操作终端、系统的主要开关及控制按钮、打印机等。

（5）交通指挥中心及机房基础配套设施

交通指挥中心及机房基础配套设施主要包括建筑装修、电力系统、空气调节系统、弱电系统、消防系统等几个方面。

1）交通指挥中心及机房装修。

A. 装修工程：

a. 室内吊顶装修（空调管道、照明灯具和走线、消防报警、防尘、空调回风）；

b. 活动地板（布线、空调送风）；

c. 内墙、柱面装修；

d. 隔断；

e. 门窗。

B. 屏蔽系统：

a. 防止外界强电磁干扰机房内部的计算机和其他电子信息处理设备。

b. 防止机房内部的计算机和其他电子信息设备产生的信息以电磁波外泄，造成失密，采用金属板式屏蔽。

2）电力系统。交通指挥中心用电负荷根据设备性质按计算机负荷及非计算机负荷设计。

A. 计算机负荷由大楼内的 UPS 电源直接供电。

B. 非计算机负荷包括机房内空调、照明、大屏幕显示墙等所有除计算机设备外的用电负荷，由大楼总配电室提供一路独立的电源直接供电。

3）接地系统。交通指挥中心采用 S 型星形结构（树状结构）等电位均压处理和可靠接地。

4）空调及通风系统。

A. 空调系统。指挥中心大厅采用普通中央空调系统，机房采用下送风的精密制冷系统（含漏水检测）及空气配送系统。

B. 新风系统。机房选用室外型新风换气机。

5）七氟丙烷气体消防灭火系统。按照建筑平面布置图，采用 1 套全淹没、组合分配式气体灭火系统。

6）门禁系统。在大厅大堂和主机房出入口安装门禁设备，实现双向控制，控制由外部进入主机房以及由内部出主机房的人员。带密码功能和指纹识别功能，加装玻璃破碎紧急按钮，门锁控制由电插锁控制，加闭门器自动关闭。

7）保安监控系统。对指挥大厅、机房重要区域设置摄像机进行图像监控，整个系统设置超低照度彩色摄像机，通过 CCTV 同轴电缆连接到存储，实时采集摄像机的输出同步视频信号，并进行存储。

8）综合布线系统。主要包括计算机系统网络布线、电话系统网络布线、门禁系统布线、报警系统布线、有线电视系统布线、监控系统布线等。

9）机房集中监控系统。集中监控内容主要包括以下部分：配电监测子系统、防雷监测子系统、UPS 监测子系统、空调监控子系统、漏水检测子系统、风机监测子系统、门禁监测子系统、温湿度监测子系统、消防监测子系统和视频监测子系统等。

2. 大队分指挥中心

在城区大队建设交通指挥分控中心，实现各自辖区的可视化指挥。分指挥中心配套建设主要包含以下内容：液晶电视拼接显示系统和机房基础环境建设等。

同时考虑县大队和高速大队的接入。

大队分指挥中心主要配置一套综合显示系统、操作台、集成平台客户端、交通违法监控系统客户端等相关软硬件。本部分主要描述综合显示系统，其他参照交通指挥中心各相关系统。

大队分指挥中心综合显示系统采用 LCD（Liquid Crystal Display）液晶监视显示及 LED 显示屏，如图 9-4 所示。

系统功能主要包括：

1）多路视频信号输入，目前可支持电视台视频信号、摄像机、DVD、VCD 等多种信号源的信号输入。

2）全制式的 VIDEO 信号输入（PAL、NTSC、SECAM）。

3）可对所有输入视频图像信号、计算机图像信号进行显示预案的编辑、管理、存储，在需要的时候直接调用某个显示预案来显示。

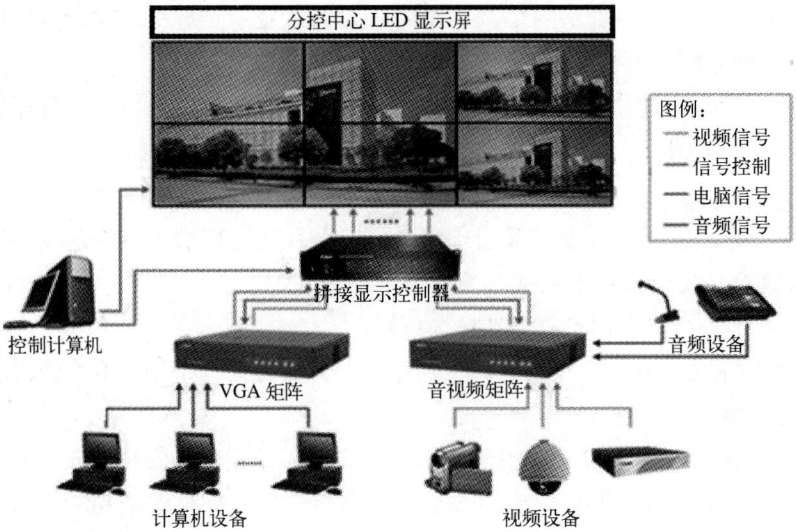

图 9-4　分控中心综合显示系统结构图

3. 交通集成指挥平台

交通集成指挥平台以警用地理信息系统为依托，对其他各子系统提供的实时动态交通信息及各种静态交通信息进行综合处理、分析融合和仿真评估，提供实时的道路交通状况、辅助决策信息、可视化指挥调度信息等，部分信息通过网络发布到交通诱导标志、互联网站、交通电台、电视台，向公众提供全方位的交通信息服务，从而达到疏导交通、缓解拥堵、充分发挥道路和设施系统的全部功能的目标，进一步提高全市交通管理的水平。

（1）平台软件部署设计

平台应用软件在逻辑上分为系统界面层、应用层 / 逻辑层 / 数据层、接口层等，如图 9-5 所示；应用软件部署在应用服务器上，数据库软件安装在数据库服务器，GIS 基础地理信息系统服务软件及引擎安装在 GIS 服务器上。

（2）平台硬件部署设计

平台硬件同样采用分层结构、分布式分布的方式，如图 9-6 所示。

（3）平台功能

1）基于 GIS 的交通信息管理。包括道路信息、交通流信息、交通信号信息、道路图像信息、报警信息、GIS 相关信息等。

2）交通管理控制功能。实现对交通信号控制、视频监视、交通信息发布、交通违法行为监测记录、卡口、交通指挥中心大屏幕组合显示、警车与警员定位、交通设施管理、缉查布控、勤务管理等各个基础应用系统（子系统）的管理控制。

3）数据的查询统计分析功能。包括交通违法、事故重点地段的排查和趋势分析、PGIS 系统通用查询、车辆历史轨迹查询、交通接处警信息查询、交通违法记录系统信息查询、交通流参数统计等。

4）报警功能。包括交通拥堵、交通事故、交通管制、设备故障报警等。

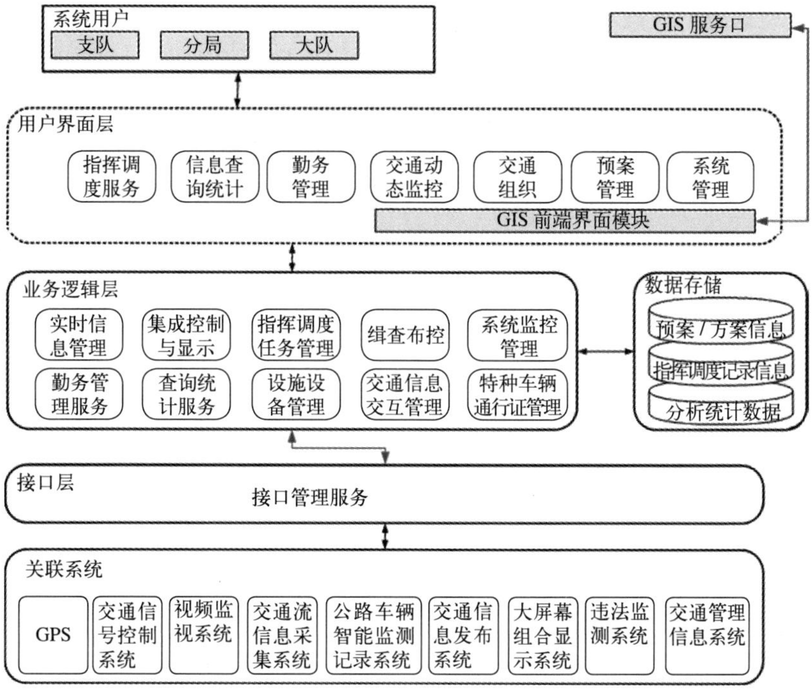

图 9-5 平台系统应用逻辑结构示意图

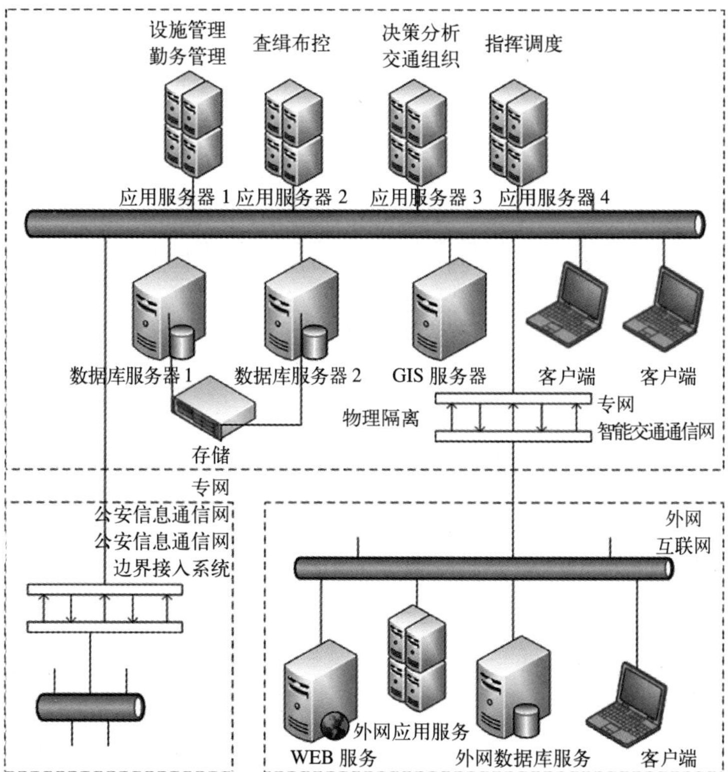

图 9-6 平台系统硬件逻辑结构示意图

5）交通管理辅助决策功能。辅助决策功能是可视化的智能交通指挥调度，主要是基于 GIS 的指挥调度信息的统一管理与集成，使在同一指挥平台上完成多种业务操作，保证各相关系统、人员自动快速地交换信息，实现各系统的联动。

6）交通信息发布功能。交通信息的发布包括内部发布以及外部信息发布，内部信息发布是针对公安系统内部用户的信息广播，外部信息发布主要面向公安系统外部用户，向社会公开交通信息。

7）勤务管理功能。主要包括警员信息、值勤装备信息、交警勤务信息、警员考核信息的录入、修改、查询和统计等。用于记录交警执勤人员的出勤情况，并对出勤情况进行考核。

8）交通设施管理功能。主要包括交通管理设施需求的上报、交通管理设施设置审批、交通管理设施设计、交通管理设施施工、交通管理设施维护记录、交通管理设施标示、交通管理设施统计等。

9）特种车辆通行管理功能。对辖区内取得营运许可证件的客货运营运车辆通行证信息进行管理。

9.1.4 基础应用系统设计

1. 交通信号控制系统

交通信号控制系统主要是依据 ZC 市城区道路路网结构以及交通流分布状况，以合理组织交通流，完善城市道路交通基础设施，提高交通参与者的现代交通意识为前提，对控制区域内的交通流进行实时监视、检测、控制、协调，以有效地改善控制区域内的交通状况为目标。

（1）系统结构

系统结构如图 9-7 所示。

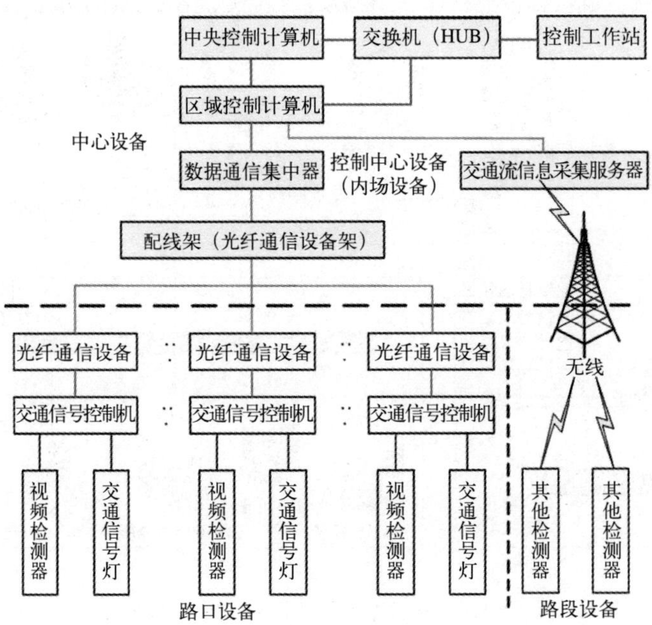

图 9-7 交通信号控制系统结构图

（2）系统功能

1）基本控制功能。系统应能实现区域自适应、线路协调、单点优化、感应控制、多时段定时控制等基本控制功能。

2）特殊控制功能。系统可以根据实际交通情况，由控制中心发出命令，进行特殊交通控制，主要包括绿波控制、指定相位控制、模拟手动、手控 / 遥控等。

3）公交优先功能。在公交车辆到达交通信号控制交叉口时，交通信号控制系统可以视情况给予优先通行信号，使公交车辆顺利通过。

4）其他功能。包括交通信息采集、系统监测、降级控制、设置信号机参数、系统远程维护等。

2. 交通视频监视系统

交通视频监视系统能为交通管理指挥人员直观地反映道路交通信息与交通状况，便于及时掌握交通动态，在解决交通事故，预防和疏导交通拥堵，及时响应交通突发事件以及在治安和侦破刑事案件，为公安侦察破案提供线索等方面也可以发挥重要的作用。

（1）系统结构

系统采用高清监控方式，通过将前端视频信号数字化后进行存储和处理，并依托 TCP/IP 网络进行视频流传输转发，实现了视频的多层级远程联网调用功能，较大地降低视频联网系统的链路成本，并通过流媒体转发、虚拟数字矩阵切换等技术实现和提高了视频联网的并发用户数量。系统结构如图 9-8 所示。

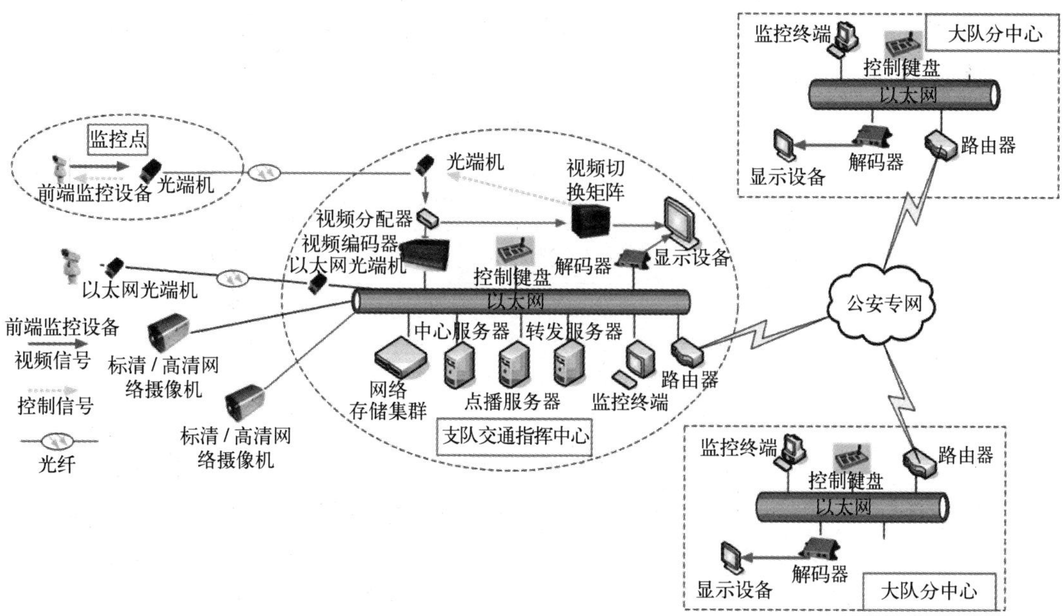

图 9-8　交通视频监视系统结构示意图

（2）系统功能

1）采集城区交叉口的交通实况和道路上的直观图像信息，为交通管理提供决策依据。

2）对监控区域做到从宏观到细节的动态监视。

3）及时发现监视区域内的道路交通违法、事故，确认地点、性质、时间，为快速调动警力、及时处理现场，疏导交通创造条件。

4）及时发现监视区域内的可疑事件，可疑人员或可疑车辆的活动和可疑物体的移动。

5）服务于社会治安防范，对重要出入口、目标、场所进行监视，以便配合治安对突发性事件作出及时、快速反应。

6）配合交通信号控制为重要活动、交通警卫及特种车辆的安全通行，提供信息服务，为及时清理、疏导占道车辆创造条件。

7）突发事件时可以录像，便于事后查证。

8）辅助采集治安重要场所的直观图像信息，对监控区域做到从宏观到细节的动态监视，为公安治安管理提供决策依据。

3. 交通流信息采集系统

通过建立全市路网动态交通流信息采集系统，采用视频、线圈、微波、车辆定位等多种检测技术，融合交通信号控制系统、交通违法行为监测记录系统等多种业务系统采集的交通流信息，可以实时了解城区路网的运行全貌，并通过对数据进行分析，及时发现道路突发交通事件，指引交通管理工作方向。

（1）系统结构

交通流信息（交通流、事件）采集系统由交通信息采集层和交通信息处理层组成。信息采集层汇集微波采集系统、视频采集系统等路面前端系统采集的交通信息，融合交通信号控制系统、公路车辆智能监测记录系统、交通违法取证系统和人工采集的交通信息，具体结构如图 9-9 所示。

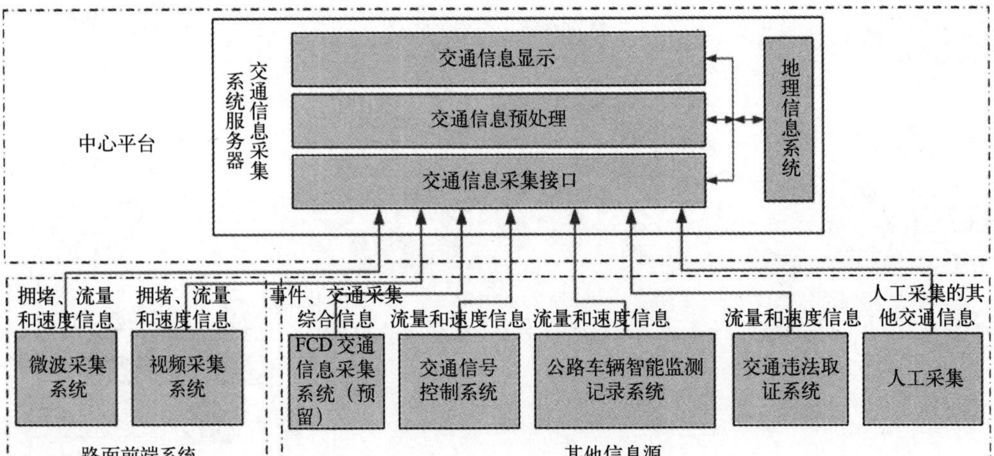

图 9-9　交通流信息采集系统总体逻辑结构图

（2）系统功能

1）交通流数据采集。按照约定的采样周期采集流量、占有率、车速、车头时距等交通数据。系统将数据按照系统规则进行预处理后存入交通指挥中心交通流数据库中。

2）数据预分析处理。将各类检测器采集的异样数据进行过滤，去掉非法、无效的数据，将有效、合法的数据按照标准进行格式化处理；对缺失的数据进行拟合、填补，以保证数据的完整性。

3）交通事件检测功能。可以对交通事故、排队长度、逆向行驶、失速、烟/雾、无视频输入、低视频质量等事件进行检测并报警。

4）事件图像抓拍、录像功能。可以根据用户的设置，完成相应的录像和图片抓拍。

5）检测设备管理。交通指挥中心用户可以对系统设备进行管理。

6）数据存储。可以完成每日的系统数据备份及重要文件的存档，并带有时间记录，以便在需要时可以复制每日数据或调出历史数据进行各种分析。

7）检测数据综合显示。系统可以以文字方式显示检测点的实时的基础数据；可以在地图中以不同的颜色指示路网的通行状态等。

8）综合统计查询。系统可以根据时间范围、查询周期（60min、10min、5min、1min）进行查询统计。

9）系统管理。包括用户管理、日志管理等。

4. 交通信息发布系统

主要设计应用LED交通诱导标志实时显示道路交通状况及相关信息，向驾驶员提示最佳的行驶速度，提醒交通参与者选择合适的交通路线等，从而可以达到有效缓解、疏导和控制交通的目的。

（1）系统结构

LED交通诱导标志发布系统主要由上端控制系统、通信系统、前端控制系统及LED交通诱导标志等组成。系统结构如图9-10所示。

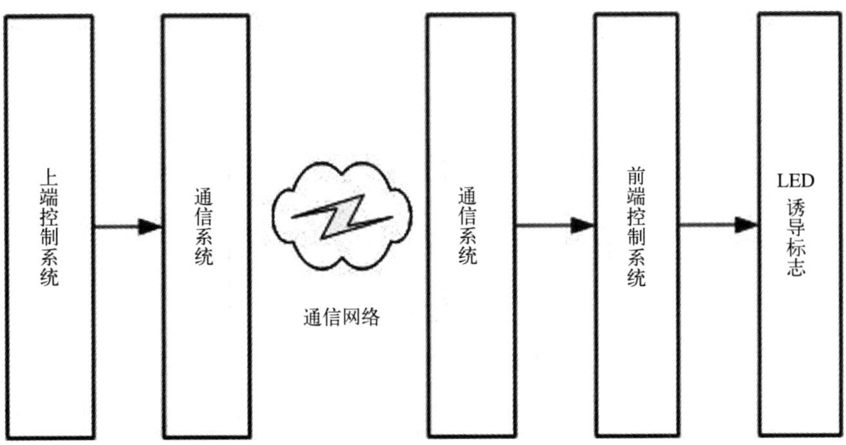

图9-10　数据传输结构图

（2）系统功能

LED交通诱导标志信息发布系统的主要功能包括：

1）系统管理。包括前端设备管理及控制（如远程开关、定时开关LED交通诱导标志）、权限管理、日志管理、系统工作状态管理等。

2）上位机控制。包括信息编辑、显示播放、传输通信、检测控制、工作记录等。

3）下位机控制。包括控制诱导屏的显示内容、对诱导屏进行检测及与上位机进行通信。

4）信息发布。包括通用信息显示、人工信息发布、自动信息发布等。

5）调光控制。即根据环境照度调整发光像素的发光强度，以避免夜间照度较低时形成眩光，影响信息的视读。

（3）停车诱导信息发布系统

1）系统布点策略。停车诱导标志根据屏体大小分为三级：

A. 一级停车诱导标志设置在市区主要交通干线上，发布多个停车场（库）的名称、位置、动态车位、行车方向以及道路通行状况等信息。

B. 二级停车诱导标志设置在停车场（库）周边区域的街道两旁，发布停车场（库）的名称、行驶路线、停车场的动态空车位及方位的信息。

C. 三级停车诱导标志设置在停车场（库）入口附近，发布单个停车场（库）的名称，提供动态“空”或“满”的车位状态信息。

2）系统结构。系统由停车数据采集端（停车场）、交通指挥中心数据处理和转发、停车诱导标志组成，采用有线或无线通信方式，实现整个区域无缝隙覆盖，即区域内所有的停车场都纳入该系统。系统结构如图9-11所示。

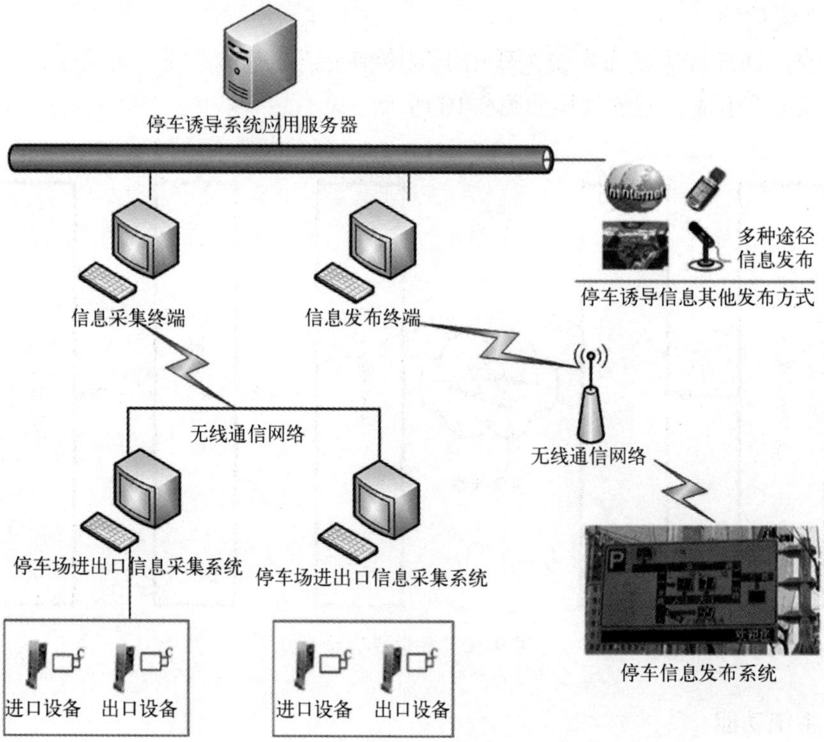

图9-11　停车诱导信息发布系统拓扑结构图

3）系统功能。

A. 基础数据登记。包括停车场注册登记、LED 诱导标志注册登记。

B. 数据采集。根据各停车场管理系统或停车信息采集系统建设情况，通过软件或系统方式采集各停车场和路边停车区域管理主机的实时车位信息。

C. 数据处理。车位信息的统计、融合。

D. 设备监控。监控显示各停车场相关设备运行状态(采用表格和电子地图两种方式)，监控其异常状态并进行记录。

E. 车位信息查询。采用表格和 PGIS 地图两种方式显示、统计系统内停车场 / 路边停车车位信息，包括停车场当前空余车位信息以及停车场停车车位变化图等。

F. 报表统计。包括车辆流量报表统计、停车场注册信息表统计、LED 诱导标志注册信息表统计以及停车场内部车辆信息表统计等。

5. 交通违法行为监测记录系统

目前城市交通参与者违法行为多发，通过技术手段对违法行为进行监测记录是解放警力、提高工作效率的有效手段。可通过闯红灯自动记录系统、超速监测记录系统等作为违法证据采集设备，采集证据作为执法依据。

（1）交通违法监测中心管理平台

1）平台结构。交通违法行为监测系统中心管理平台软件支持 B/S 结构和 C/S 结构。所有的非现场违法数据都存储在交通指挥中心的非现场违法数据库中，所有的业务模块都和交通指挥中心非现场违法数据库建立连接，完成业务处理。

2）平台功能。平台功能主要包括：

A. 数据交换功能。与前端设备进行数据交互，收集前端设备采集到的违法数据和其他相关数据；将数据导入违法监测中心管理平台数据库中。

B. 违法处理功能。包括信息的采集、校对，车主信息的获取，违法通知书的形成，处罚文书的打印等。

C. 后台违法信息转递功能。主要实现与违法业务处理系统的信息交互。

D. 违法信息查询统计功能。包括违法信息查询、违法信息统计等。

E. 系统管理功能。可细分为用户管理功能、权限管理功能、日志管理功能和数据管理等。

（2）闯红灯自动记录系统

采用智能 CCD 高清摄像机，车辆检测采用视频检测方式。

1）系统结构。系统由智能 CCD 高清摄像机、辅助照明模块及中心管理设备、视频主机、视频智能处理软件、云存储设备等组成。系统通过交叉口光传输设备实现与中心违法监测中心管理平台的连接。系统结构如图 9-12 所示。

2）系统功能：

A. 证据采集功能。能够自动检测出所监控车道的闯红灯行为并进行抓拍，闯红灯捕获率不小于 90%，闯红灯记录有效率不小于 80%。

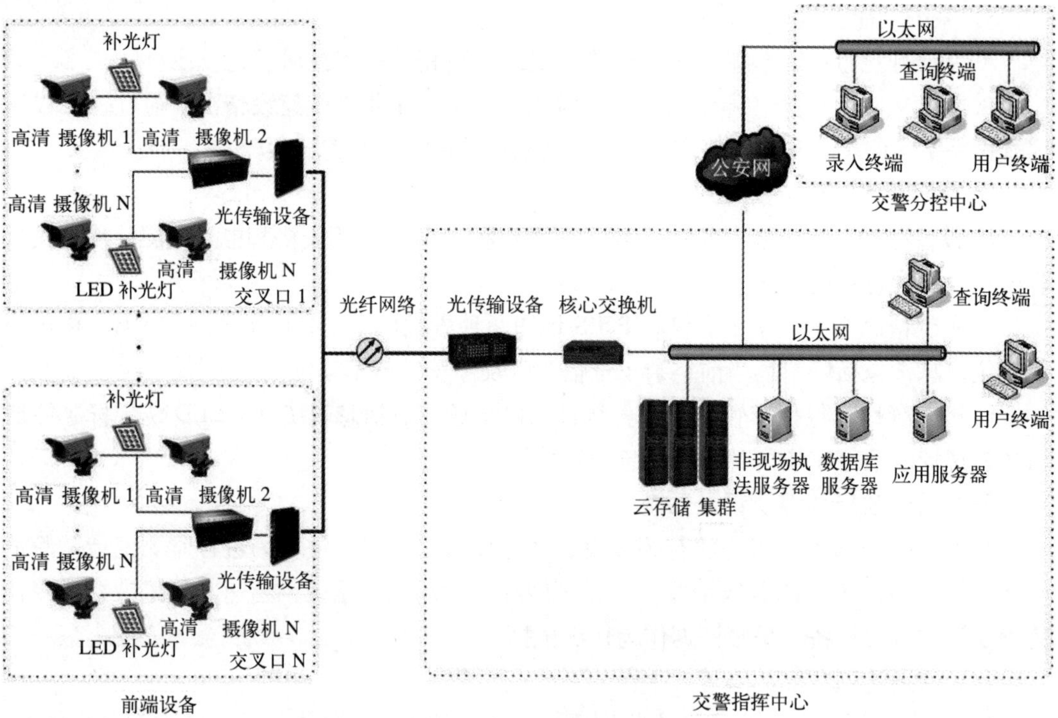

图 9-12 闯红灯自动记录系统总体结构图

B. 车辆检测功能。系统采用视频多目标跟踪检测模式。

C. 防伪功能。具有图片防修改鉴别功能，可自动生成闯红灯违法车辆的地点与方向、日期与时间等字符信息并叠加在拍摄的图片上。

D. 视频录像功能。能够对交叉口的相关违法事件进行全过程录像，也支持交通视频的不间断全程录像。视频录像存储时间不少于 15 天。

E. 防误拍功能。系统可以智能判断车辆行驶方向，防止交通混乱状态下的逆行误判。

F. 通信传输功能。支持多种通信方式，在发生网络等故障时，系统能自动根据数据传输的优先级，将断点处的数据自动续传。

G. 远程管理功能。系统通过远程管理配置软件在监控中心可对前端设备进行设置与管理。

H. 自适应补光功能。摄像机内置实时自适应感光反馈控制、脉冲宽度调节电路，可根据环境条件自适应控制补光。

（3）超速监测记录系统

超速监测记录系统自动完成对控制区域内超速车辆的取证工作，主要在重要路段对车辆进行测速，对超过限制速度的车辆进行抓拍，并将时间、地点、速度、图片等信息同时发送到交通指挥中心。

1）系统结构。系统主要由控制管理单元、摄像单元、车辆检测单元、图像捕捉（或采集）单元、补光单元、运行状态监测单元、通信传输单元等组成，系统采用嵌入式技术、及高清成像技术等，将图像采集、牌照识别、同步控制、图像记录、通信传输集成为一体。系统结构如图 9-13 所示。

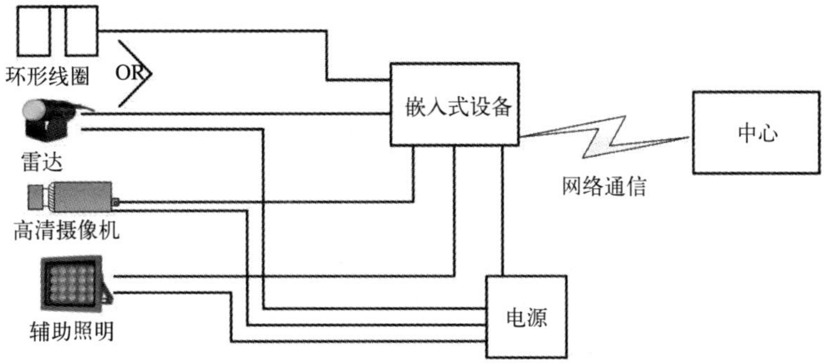

图 9-13　超速监测记录系统结构

2）系统功能：

A. 测速抓拍功能。当系统监测到行驶车辆速度超过速度限定值后，系统程序启动摄像机抓拍。

B. 违法图片自动生成功能。前端设备抓拍违法图片的同时叠加违法时间、违法地点、方向、车道号、路段限速值、实际速度值、超速比例信息。抓拍图片以 JPEG 格式保存。

C. 数据传输功能。前端设备可以通过无线、光纤等多种传输方式将数据自动传输到中心服务器，通过相应的接口将违法数据传输到交通指挥中心违法行为监测记录系统中心管理平台。

D. 光线自适应功能。前端设备能根据光线的变化，自动改变摄像机工作参数、自动打开或关闭辅助照明设备，使抓拍的图片清晰，提高图片质量。

E. 设备管理功能。系统可以对设备运行状态进行定时监测，同时将运行状态信息、故障信息传送到交通指挥中心。

6. 警车与警员定位系统

警车与警员定位系统是面向警车和警员的指挥调度及勤务管理系统，依托北斗 /GPS 双模卫星定位技术，结合日常勤务管理的特点，有效进行支队的勤务管理，同时为指挥调度提供基础支持，提升公安交警的机动应急反应能力。

（1）系统结构

系统以支队作为一级主控中心，具有对全市交警巡逻车辆的监控、指挥调度功能，大队、中队系统具有对本辖区车辆的监控、管理、指挥调度功能。中心接受车载设备、警务通发送的信息，对车辆、警员完成定位并实施调度。系统结构如图 9-14 所示。

（2）系统功能

1）警车与警员警务管理功能。包括实时监控、选择 / 组合监控、多态目标符号显示以及行程回放等子功能。

2）班次管理功能。包括班次管理、班次查询、更新车台班次以及班次设置等子功能。

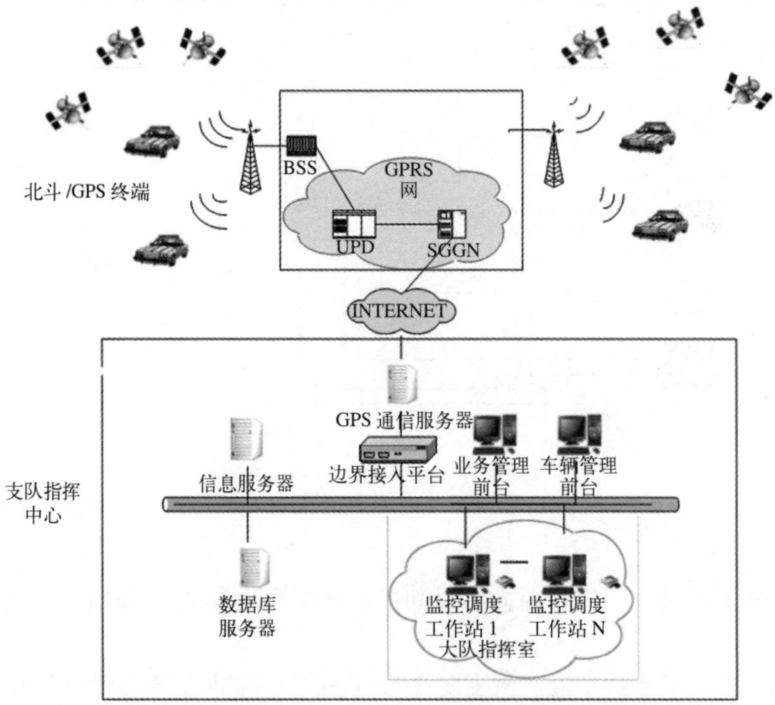

图 9-14　警车与警员北斗 /GPS 定位系统结构图

3）勤务考核功能。包括消息收发管理、任务回报管理、勤务行程分析、任务回报核实、班次回报核实、违规记录核实、生成巡逻日志等子功能。

4）指挥调度功能。中心可进行单呼、组呼、群呼，以就近调度车辆至指定地点、时间处理警务。

5）查询统计功能。包括车辆信息查询、警员信息查询、违规统计、绩效统计以及系统操作日志查询等。

6）数据管理功能。包括基础数据管理和业务数据管理等。

7）系统维护功能。包括用户权限管理和系统参数设置等。

7. 重点列管车辆管理系统

重点列管车辆监控管理系统是针对重点列管车辆的动态管理系统，是一个跨行业、多部门共同协调的综合应用管理系统，本项目建设的重点列管车辆管理系统主要是指对辖区内取得营运许可证件的客货运营运车辆，包括危险品运输车、客运班线与旅游包车、重载货车、半挂车、校车、工程运输车、教练车等进行综合的监管。

（1）系统结构

系统由车载终端、卫星定位系统、通信网络、营运公司监控平台以及支队指挥中心管理系统等组成，系统结构如图 9-15 所示。根据公安部、国家安监总局、交通运输部的相关要求，车载终端、卫星定位系统以及各营运公司监控平台由营运企业或业主负责建设，交警支队仅建设交通指挥中心的管理系统。

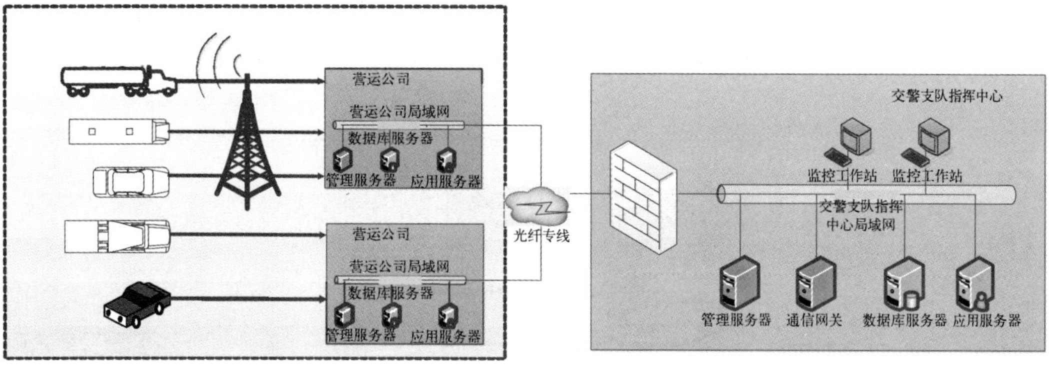

图 9-15　重点列管车辆管理系统结构示意图

（2）系统功能

1）车辆信息接收功能。接收列管车辆卫星定位信息，包括车辆的经度、纬度、速度、方向、时间、定位状态和车辆状态（点熄火状态、超速报警、紧急报警等）、驾驶人身份等。

2）基本资料管理功能。包括列管车辆的所属单位信息管理、列管车辆信息管理、列管车辆的驾驶人信息管理、从业人员信息管理。

3）接入平台管理功能。提供接入平台管理、平台信息查询和平台考核等功能。

4）数据指令下发功能。对各类统计报表下发企业平台，对异常车辆列表下发企业平台。

5）地理栅栏设置管理。通过系统对车辆设定限制区域，当车辆从此区域移出或是进入后报警，并以声、光等方式提示，提供对报警的记录和处理。

6）报警管理功能。包括紧急报警、越界报警、事故报警、疲劳驾驶报警、超载报警、超速报警等。

7）车辆动态监控管理。提供对车辆的实时监控、报文发送、单向监听、双向通话和车辆拍照等功能。

8）系统运维管理。包括系统硬件故障监测、系统身份认证、用户管理、资源管理、角色管理、权限管理、访问控制、日志管理等。

8. 通信系统

网络设计既要根据不断更新的网络技术又要从网络的现有情况出发，建立一个真正能够满足 ZC 市智能交通管理系统网络未来发展的系统。

（1）通信网络结构

设计一套专用的智能交通管理系统专网，需要有线和无线通信，以实现交通指挥中心与外场系统的数据和图像的交换；各种应用系统也需要信息交换，各相关部门可以实现信息共享。系统结构如图 9-16 所示。

根据智能交通专网的实际情况和需求，需要传输数据和视频图像，为了保证视频图像及业务数据的传输带宽，设计如下：

1）现有交叉口、路段的设备至支队交通指挥中心通信链路依然保持光纤；

2）中心与新建的交叉口或路段之间租用光纤（每点用单模单芯）点对点结构形式连接直接接入交通指挥中心；

3）交通指挥中心与警车、特种车辆之间用 3G/GPRS/CDMA 无线通信连接；

4）交通信息发布、交通流信息采集等系统采用 3G/GPRS/CDMA 无线通信连接。

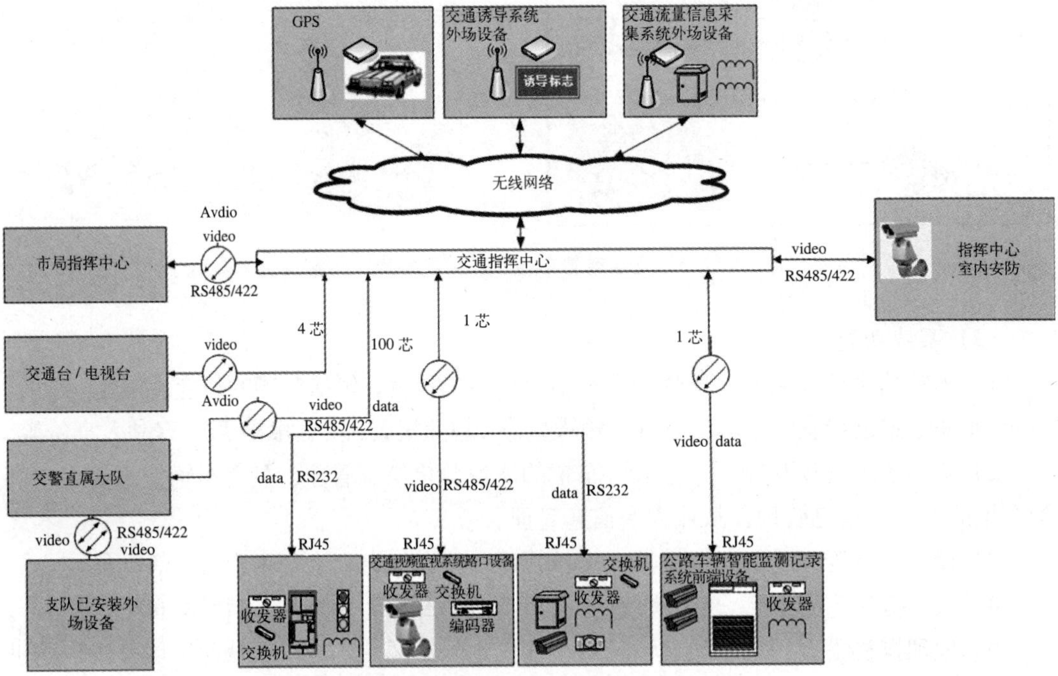

图 9-16　通信专网拓扑结构示意图

（2）通信网络安全

系统安全是一项动态的、整体的系统工程，从技术上来说，系统安全由安全的操作系统、应用系统、防病毒等多个安全组件组成，一个单独的组件是无法确保系统的安全性的。

1）防病毒应用。采用多层的病毒防卫体系，在每台 PC 机上安装单机版反病毒软件，在服务器上安装基于服务器的反病毒软件，在网关上安装基于网关的反病毒软件。

2）防火墙技术应用。采用网络级防火墙和应用级防火墙技术来保护系统安全，防火墙应用于交通指挥中心内部局域网与所有进入交通指挥中心的网络之间。

9.2　XC 市智能交通管理系统

9.2.1　概述

XC 市位于东南沿海地区，为县级市，经济发展处于我国县级市的中等偏上水平。为适应城市发展的新形势，满足新时期交通管理的需求，进一步提高城市交通管理科学化、现代化水平，进一步改善城市道路交通环境，该市于 2014 年启动智能交通管理系统的建设工作，项目的建设内容主要包括一个系列中心、一个平台、四个基础应用系统，一个系列中心即市公安局公安指挥中心（相应完善）、大队交通指挥分中心、中队指挥室及相应机房的建设，一个平台即集成指挥平台的建设，四个基础应用系统即交通信号控制系统、交通视频监视系统、交通违法行为监测记录系统和通信系统的建设。

9.2.2　系统总体设计

1. 建设目标

改善现有路网上的交通运行状况，提高道路的有效利用率和道路通行能力，减少道路的交通拥挤程度、交通事故，并实现交通管理的智能化和高效率，最终实现有序、安全、畅通、经济、环保的城市道路交通网络体系。

（1）实现交通信号协调控制

对市区大部分交叉口交通信号灯实现控制中心集中控制，全面建立起协调控制交通信号控制系统。在控制模式上实现集中与分散相结合，在控制方式上实现自适应（集中式）与感应式（单点控制）相结合，在控制范围上实现常规控制与优先控制相结合，协调、优化交通流，从而提高整个路网的通行能力。

（2）实现交通管理决策科学化

通过对各种业务信息的高度集成，建立共享的数据库，实现定性管理与定量分析管理相结合，为交通管理决策提供可靠、准确的科学依据，并提高对道路交通的科学化管理水平，提高警务人员的现代化管理水平及交通意外事件的预案报警和快速反应能力。

（3）实现交通指挥调度信息化

以地理信息系统和交通流动态显示系统为基础，以视频监控、交通流采集、交通诱导等技术为手段，对交通进行宏观、动态、实时的调控。同时，配之以先进的警务管理机制，使公安交通警务指挥调度高效、统一。

（4）实现全方位的社会化服务

交通指挥中心通过公安部门认可的数据交换接口，提供非公安信息系统数据交换功能，可以实现交通数据及信息服务于大众的目的，达到便民的目标，同时也可以减少因为沟通问题而造成的投诉现象，改善公安部门的工作效率，充分体现公安部门服务于大众、便民利民的宗旨。

2. 系统内部结构

根据公共安全行业标准《公安交通指挥系统建设技术规范》（GA/T 445）的规定，XC市智能交通管理系统是由集成指挥平台和基础应用等多系统有机结合构成的具有对交通管理数据采集、处理、决策能力和组织协调、指挥调度能力的综合应用系统，其中集成指挥平台是智能交通管理系统的核心内容，也是系统建设的关键。

此次设计建设的系统为：交通信号控制系统（改造）、交通视频监视系统（新建）、交通违法行为监测记录系统（改造）等外场子系统及集成指挥平台、大队分控中心、中心机房、通信系统等。

已建系统为：接处警系统由市公安局建设并已投入使用，前期工程中在部分点位已建设闯红灯自动记录系统、公路车辆智能监测记录系统。智能交通管理系统内部结构如

图 9-17 所示。

3. 系统逻辑架构

XC 市智能交通管理系统从逻辑上分为数据源、数据访问层、数据存储层、数据应用层、用户层等，如图 9-18 所示。

（1）数据采集层

应用的设备主要包含视频检测器、视频监视前端设备等，为中心提供各类实时动态交通信息。

（2）数据接入层

数据接入层包括硬件和软件：硬件部分主要包括接入服务器、网络交换设备、网络安全设备等，软件部分主要是提供标准的数据交换接口。

（3）数据存储层

主要包括基础数据库、业务数据库、决策分析数据库等内容。

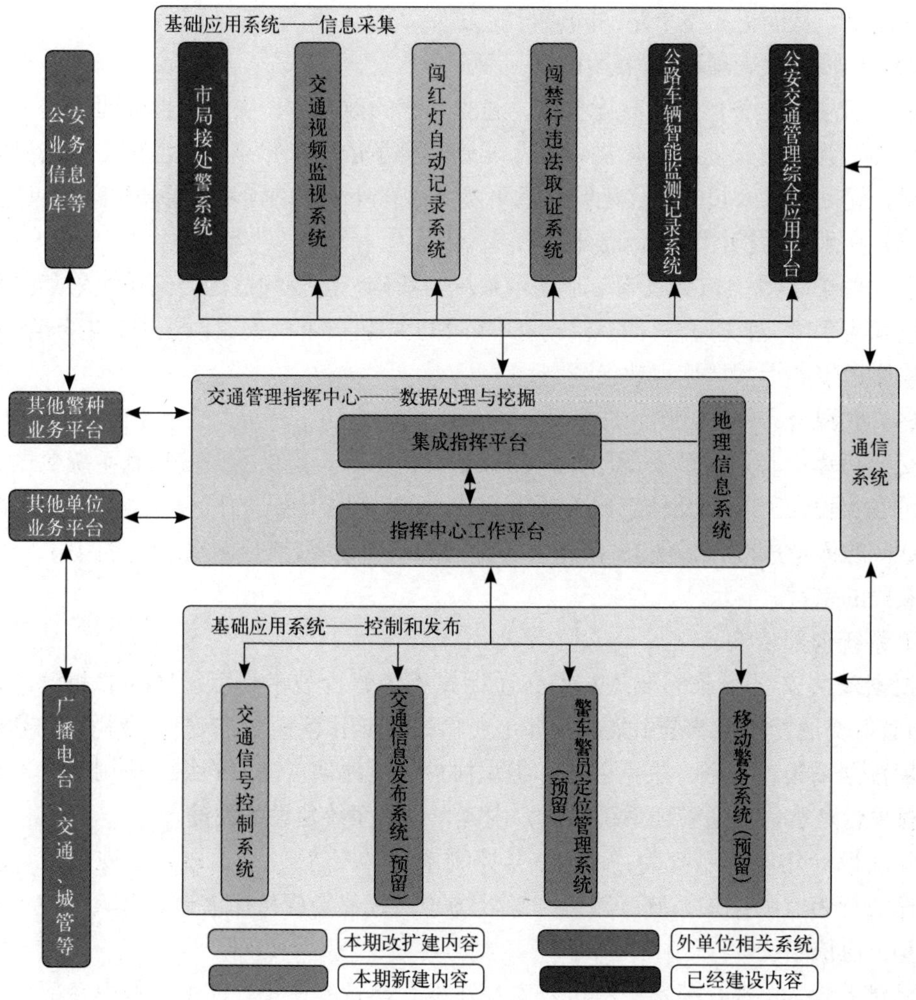

图 9-17　XC 市智能交通管理系统内部结构图

(4) 数据应用层

综合应用主要包括交通信号控制、交通流研判分析、交通事故研判分析、交通违法研判分析、车辆缉查布控等。

(5) 用户层

用户层是智能交通管理系统的主要应用单位，主要包括市公安局公安指挥中心、大队交通指挥分中心、市城管局、广播电台等单位，同时为社会公众（驾驶人、行人、企业等）提供服务。

4. 系统物理架构

从物理结构上基本可以将整体系统分成内外两部分，内场部分即为公安指挥中心、交通指挥分中心和城区中队指挥室，包括中心大厅、中心机房等部分，具体含中心网络、各子系统中心服务器、集成服务器、存储设备等。

外场部分主要指部署于路面的设备，主要包括交通信号控制系统设备、交通视频监视系统设备、交通违法行为监测系统设备等。

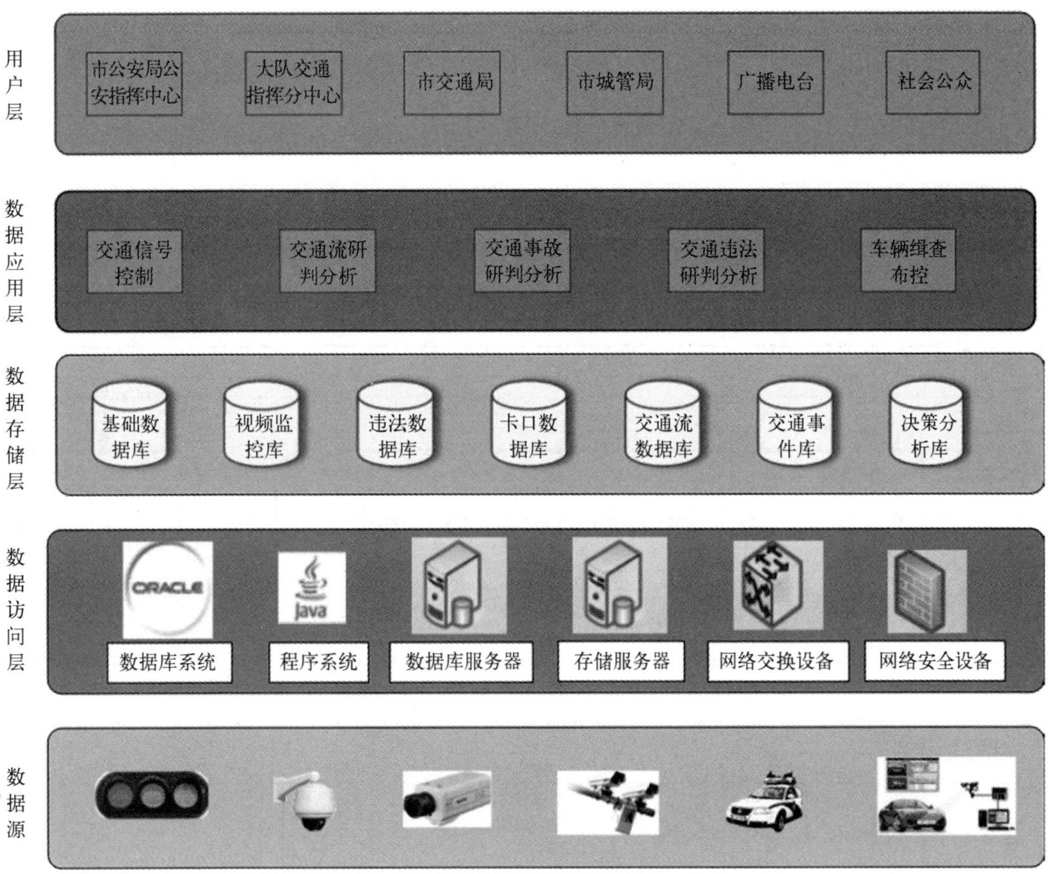

图 9-18 XC 市智能交通管理系统逻辑架构图

9.2.3 中心系统设计

1. 集成指挥平台

集成指挥平台能够实现多种交通信息的采集、融合与集成、发布，是智能交通管理系统建设之关键，因此，它是智能交通管理系统建设的核心内容之一。平台需完成对本工程建设的相关系统的集中管理和控制，作为上级单位地市级公安交通管理部门集成指挥平台的二级平台，需接受其集成指挥平台的命令，并根据需要，实时上传相关信息。同时，能够与广播电台、电视台等有关部门实现信息共享及增值服务。以突出的交通信息采集、处理、整合、共享、发布能力，实现快速反应以及有机的组织协调等功能，充分体现公安交通管理现代化建设的水平。

（1）平台结构

1）平台逻辑架构。集成指挥平台软件在逻辑上分为系统界面层、应用层 / 逻辑层 / 数据层、接口层等。应用软件部署在应用服务器上，数据库软件安装在数据库服务器，GIS 基础服务软件及引擎安装在 GIS 服务器上。集成指挥平台软件架构如图 9-19 所示。

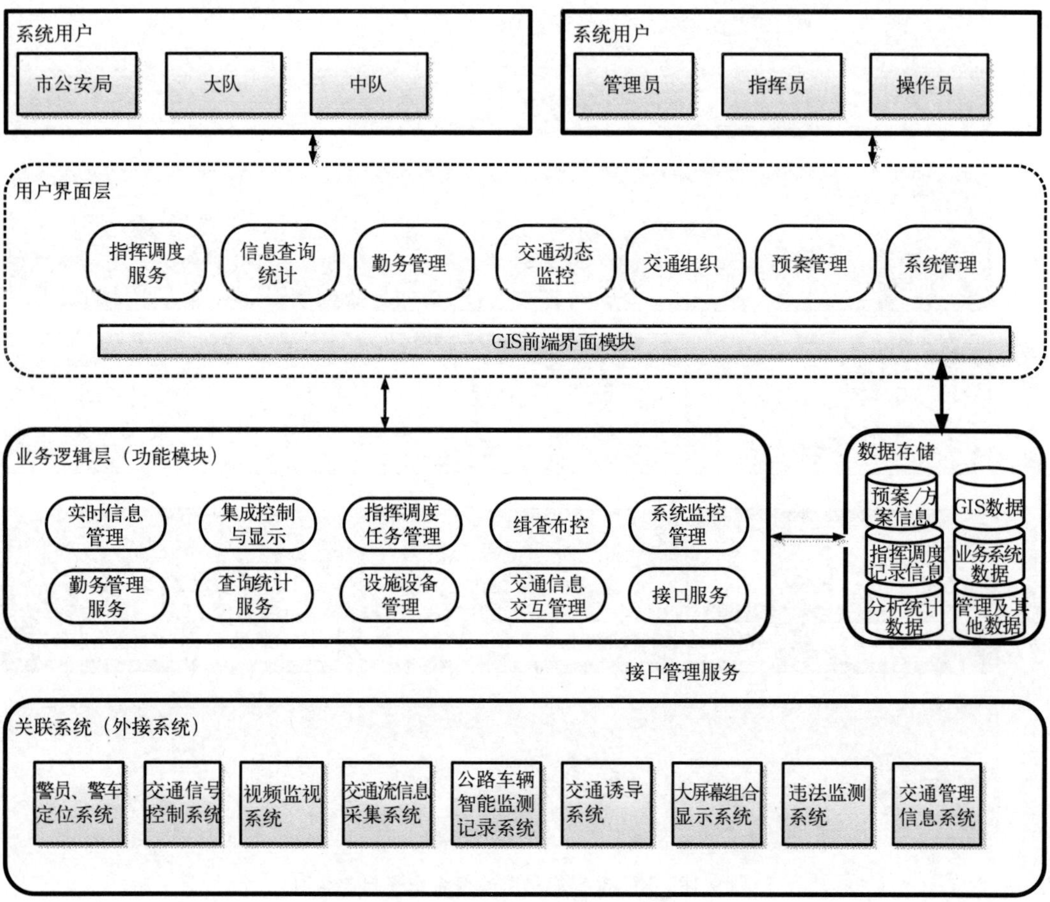

图 9-19　集成指挥平台逻辑架构示意图

2）平台物理架构。集成指挥平台结构从层次划分上是一个典型的 3 层结构模型：数据层、中间层 / 逻辑层和客户层 / 表示层，如图 9-20 所示。数据层主要由中心数据库、子系统数据库和元数据子系统组成，中间层是由交通信息子系统、交通信息数据管理应用服务器、GIS 服务器和 Web 服务器组成，客户层主要是应用程序客户端和 Web 客户端，由一些图形界面组成。结构的核心是交通信息平台应用服务器。

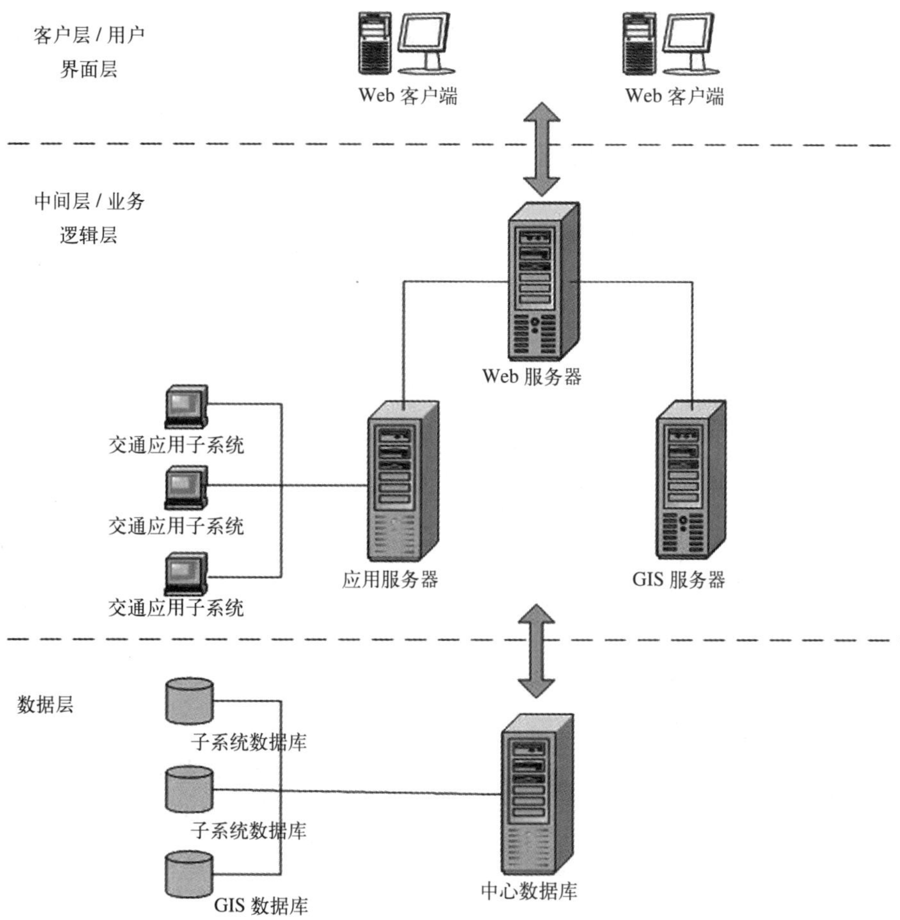

图 9-20　平台物理架构示意图

（2）平台功能

1）基于 GIS 的交通信息管理。包括道路交通信息管理、交通管理信息管理、交通流信息管理、道路交通事故信息管理、交通信号控制信息管理、道路图像信息管理、报警信息管理、交通设施信息管理、交通设备信息管理、GIS 信息管理等。

2）集中显示管理。集成平台通过采集其他各应用系统的数据后利用 GIS 平台进行集中展示（显示），可以显示的信息包括静态信息和动态信息。

3）集中控制功能。集成平台最基本的功能是实现交通信号控制、交通视频监视等所有基础应用系统（子系统）的集中管理控制功能，本功能也是实现交通指挥集成系统其他功能的基础。

4) 机动车缉查布控。系统提供机动车缉查布控功能，提供公路车辆智能监测记录（卡口）、多功能闯红灯自动记录等系统分布图层的GIS地图，用户根据需要可在有相应系统分布图层的GIS地图上对控制点进行控制、管理。该部分功能需要集成平台按照市局、省厅的缉查布控系统要求做好接口开发，进行数据交互，同时管理本次项目中建设的多功能闯红灯自动记录系统的相应数据。

5）交通流信息管理。交通流信息管理是指对交通流信息采集、融合、统计分析功能。

6）辅助决策与指挥调度。包括交通警情管理、特勤交通组织与服务决策管理、突发事件指挥调度、预案方案管理等。

7）勤务管理。包括勤务信息管理、勤务安排管理、勤务登记、勤务查询统计、勤务考核管理等。

8）统计与综合查询。重点包括交通违法事故重点地段的排查、交通违法事故的趋势分析及统计、GIS系统通用查询、车辆轨迹查询、警员轨迹查询、交通违法统计、交通流量查询统计、交通拥堵查询统计等。

9）交通事故分析。包括交通事故采集标注、事故分布与统计分析、事故黑点查询、事故成因分析、交通事故隐患排查等。

10）交通信息发布功能。交通信息发布功能是利用外场部署的LED交通诱导标志、电台、电视台、网络等发布交通诱导信息。

11）短信提醒功能。包括对内、对外的短信发布功能。

12）时间校准。集成平台作为整个智能交通管理系统的统一时钟源，统一时间校准工作。

13）系统管理。承担本系统的管理工作。

2. 中队指挥室

项目在城区中队建设指挥室，主要由显示系统、操作台以及基础环境配套等组成。指挥室是交通指挥分中心的二级控制中心，是城区中队的直接交通控制与管理中心，是交通指挥分中心的功能延续。指挥室建成后具有在其管辖区域内进行视频监视、指挥调度、决策支持和执行监督的能力，为交通指挥分中心提供信息，接受交通指挥分中心的指令。

中队指挥室大厅整体面积约55m^2，在总体格局上设计分为两个区域：大屏显示及控制区域、大屏幕显示设备维修间。

1）大屏显示及控制区域：动态显示城区主干道路电子地图；实时显示城区道路交通状况；网络上任意工作站的RGB信号显示；对接入的前端视频进行控制；采集、分析、处理管辖区内的交通管理信息；合理调度分配辖区内警力资源等。

2）大屏幕设备维修间：主要用于放置大屏幕显示系统各种设备及网络通信设备，以及预留维修通道。

（1）综合显示系统

指挥室配置一套DID液晶拼接显示系统，该系统是通过对多种信息的高亮度、高清晰度、高智能化控制的综合显示系统，是功能完善、技术先进的信息显示控制系统，可以满足日常运作与应急指挥的各种需要。

1）系统结构

DID 液晶拼接显示系统由 46〃DID 液晶显示单元、多屏处理器、RGB 矩阵等组成，系统软件包括系统控制软件，控制所有的液晶显示单元、信号处理转换设备、其他计算机应用等。

2）系统功能

A. 视频信号显示功能。系统应具备两种视频信号显示方式：一种为直通显示方式，另一种为视频信号通过多屏处理器输出并进行显示。

B. 网络信号显示功能。系统应可将网络上所有需要显示的计算机信号通过网络传送到多屏处理器再进行显示。系统应可以实现指挥台 GIS 等高分辨率工作站信号通过网络方式在大屏幕上同时显示，实现联动指挥。

C. RGB 信号显示功能。系统应能将计算机显示卡的 VGA 信号通过计算机信号转换接口转换后输入到 RGB 矩阵，再分配到控制器和大屏幕显示单元。

D. 信号拼接功能。系统应可以对所有信号（视频、RGB、网络信号）具有相同的拼接显示功能。

E. 系统控制及管理功能。包括液晶显示单元开关 / 模式管理、控制器通道管理、RGB 矩阵的管理、信号管理、窗口管理、图像管理、预案管理、系统操作员管理等。

（2）配套设施

1）操作台和工作站。操作台根据指挥室的实用面积和有效空间、人体的生理视觉、操作台与监视屏的间距、视角以及室内装饰的风格等多种因素综合考虑进行设置。

2）空调系统。在中心大厅配置 2 台大 3P 柜式空调，设备维修间配置 1 台大 3P 柜式空调。

3）其他系统。主要包括土建装修、供配电、防雷接地、消防灭火系统等。

9.2.4　基础应用系统设计

1. 交通信号控制系统

鉴于 XC 市各交叉口信号机均为多时段定时式信号机，采用控制方式为多时段定时控制，中心未建设交通信号控制系统管理软件及硬件设备，不能满足当前交通管理工作的实际需要，项目对交通信号控制系统进行了改造。一是建设交通信号控制系统中心管理系统，并接入交叉口交通信号机，实现交通信号的协调控制；二是更换交叉口交通信号机，将交叉口交通信号机统一为协调控制式信号机；三是改造交叉口不符合国家标准的交通信号灯。

系统结构图如图 9-21 所示。

系统结构规划为 3 级，分别为中央控制级设备、区域控制级设备和路口控制级设备。项目仅建设区域控制级设备和路口控制级设备，将来交叉口数量增多时，根据需要建设中央控制级设备。

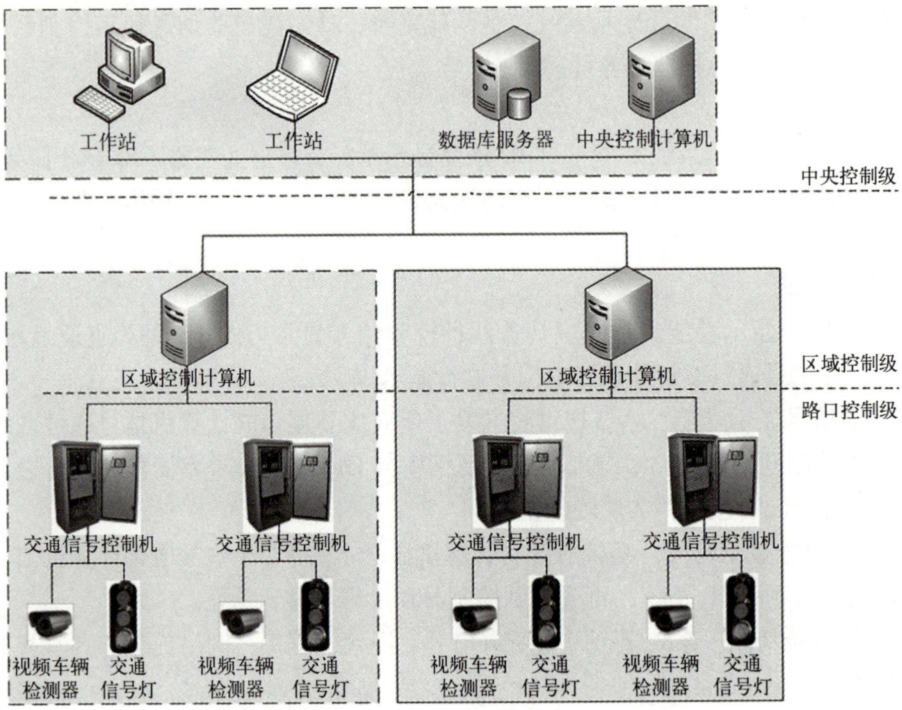

图 9-21　交通信号控制系统结构示意图

系统主要功能如下：

(1) 基本控制功能

1) 实时协调控制功能。控制区内交叉口交通信号控制机联网运行，信号配时方案由优化算法软件根据实际交通状况实时生成，下载给交叉口交通信号控制机执行。

2) 降级协调控制功能。在系统通信链路出现故障或系统上端控制级出现故障时，系统可以降级为无电缆协调控制方式或进一步降级为单点全感应控制方式、单点半感应控制方式、多时段定时式控制方式、闪光控制、关灯。

3) 无电缆协调控制功能。控制地区内或指定子区内的交通信号机脱离与控制中心计算机的联系，或不受中心发出的指令控制，而是按照统一的时间基准执行多时段配时方案。

4) 单点感应控制功能。交叉口控制级根据车辆检测器检测的车流信息，对交通信号灯进行实时控制。能完成全感应、半感应控制，感应相位无申请时可执行相位跳跃或最短绿灯时间。

5) 多时段定时式控制。信号机在不同的时段执行相应的控制方案。

6) 闪光控制。信号灯黄灯以特定的频率闪烁，向车辆和行人发出警告或提示。

7) 全红控制。交叉口各方向均亮红灯。

8) 关灯控制。关闭信号灯。

(2) 特殊控制功能

系统可以根据实际交通情况，由指挥中心发出命令，进行特殊交通控制，控制应划分权限和优先等级。系统具有下列特殊控制方式：

1）指定相位控制；

2）模拟手动；

3）特勤路线控制；

4）手动控制功能。

（3）其他功能

1）交通信息采集功能；

2）系统监测功能；

3）遥设信号机参数；

4）系统远程监控与维护功能；

5）系统接口开放。

2. 交通视频监视系统

鉴于 XC 市公安局已建设平安城市视频监控系统中心管理平台，并建设视频监控点位 300 余个，系统整体运行情况良好，且实现了与上级地市公安局视频监控平台的互联互通，为了整合利用既有的建设成果，项目对现有的视频监控系统中心管理平台进行了扩容和改造，改造后的系统中心管理平台符合国家标准《安全防范监控数字音视频编解码技术要求》（GB/T 25724）的要求，新建系统前端点位直接接入现有管理平台，实现原有视频资源和本期新建视频资源由同一平台进行管理和控制。

系统结构如图 9-22 所示。

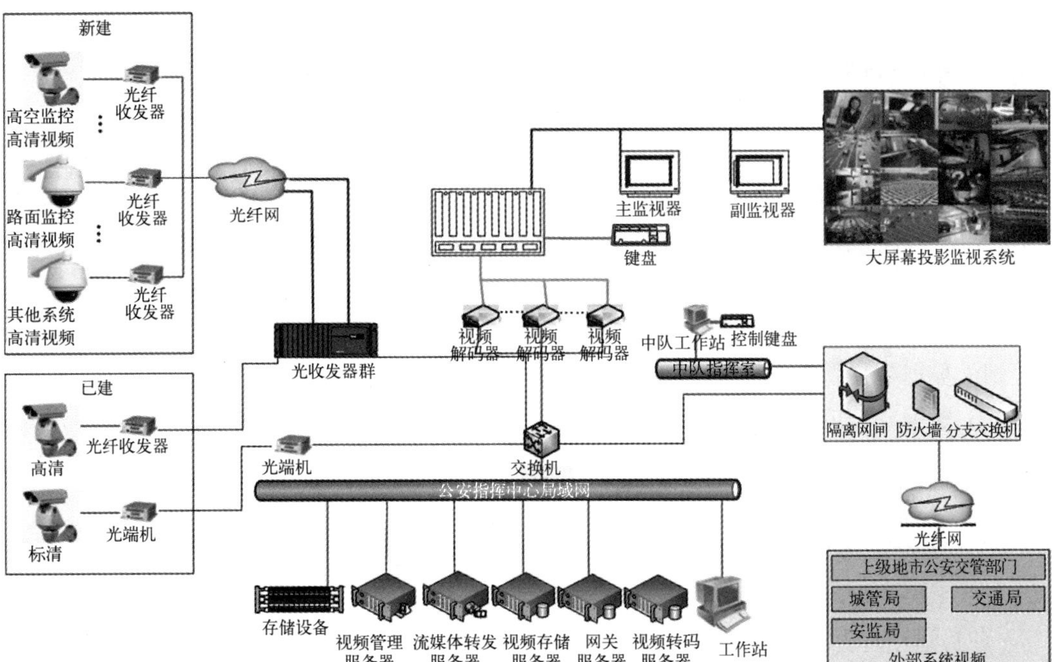

图 9-22　交通视频监视系统结构图

系统功能主要包括：

（1）控制功能

1）支持模拟、数字（包括无线移动视频）视频接入。

2）通过大屏幕显示系统实时显示前端任意一个视频监视点的图像，可在多种画面分割模式中切换显示。

3）可以控制所辖区域中任一监控点的前端设备。

4）云台控制中支持方向控制、自动扫描、预置位管理、光圈焦距管理、镜头缩放。

5）实时设定音视频编解码器的各种参数，如码率、品质、分辨率、制式、帧频、色彩等。

（2）视频存储应用

1）图像传回指挥中心后进行存储，支持存储服务器、磁盘阵列、IPSAN、SAN 等多种存储方案。

2）存储压缩格式采用 H.264，以高清方式存储，录像保持在 720P 以上分辨率。

3）支持手动录像、自动定时录像、动态感知录像、报警联动录像、视频丢失报警、运动检测录像、循环录像等方式。

4）支持画面抓拍：可将任意一幅回放图像存放成 JPEG 或 BMP 格式的图像。

5）录像文件检索：可按日期、时间、类型、服务器、通道检索客户端本地或远程服务器端录像文件。

6）支持多画面同时回放：系统可同时回放多个服务器或本地的多个存储通道的同一时间的录像文件，支持 1/4/6/9/16 等多画面显示。

3. 交通违法行为监测记录系统

交通违法行为监测记录系统主要由中心管理平台、前端各专项违法行为监测记录系统（如闯红灯自动记录系统、闯禁行监测记录系统等）等组成。

（1）系统中心管理平台

交通违法行为监测记录系统中心管理平台软件支持 B/S 结构和 C/S 结构。平台软件部署于中心机房的服务器。项目建设的闯红灯自动记录系统、闯禁行监测记录系统采集的道路交通违法数据统一由中心管理平台管理和存储。中心管理平台与公安交通管理综合应用平台建立了关联，将交通违法信息上传至公安交通管理综合应用平台违法数据库。平台主要功能包括：

1）数据交换功能；

2）数据预处理功能；

3）后台违法信息转递功能；

4）查询统计功能；

5）黑名单、红名单管理功能；

6）系统管理功能。

（2）闯红灯自动记录系统

闯红灯自动记录系统主要在城区主要道路交叉口进行建设，能够对闯红灯车辆进行抓拍取证，对通过监测区域的车辆通行信息进行记录，采集交叉口进口方向的交通流信息，并对交叉口的交通状况进行监控。系统前端设备主要由集成式 CCD 高清摄像机、红灯检测模块、辅助照明模块等组成。系统功能主要包括：

1）车辆捕获功能；

2）车辆检测功能；

3）闯红灯车辆抓拍功能；

4）图像记录防篡改功能；

5）防误拍功能；

6）数据传输功能；

7）前端存储功能；

8）号牌识别功能；

9）高清视频录像功能；

10）车辆通行信息记录功能；

11）交通信息采集功能；

12）机动车通过灯控交叉口不按所需行进方向驶入导向车道行为记录功能；

13）机动车不按规定车道行驶记录功能；

14）机动车逆行抓拍功能；

15）查询统计功能；

16）故障自动监测功能；

17）系统管理功能。

（3）闯禁行违法监测系统

闯禁行违法监测系统主要设置在有明显禁行标志的交叉口、路段，对车辆闯禁行的违法行为进行取证，记录违法车辆的违法信息，同时将违法信息发送到中心管理平台中。系统前端设备主要由集成式 CCD 高清摄像机、辅助照明模块等组成。系统功能主要包括：

1）车辆捕获功能，即对所有通过监测点的通行车辆记录功能。

2）闯禁行车辆抓拍功能，即对通过监测点的闯禁行车辆抓拍功能。

3）高清录像功能，系统具有视频录像功能，监控录像在 720P 以上。

4）号牌识别功能，即对记录的车辆号牌进行自动识别。

5）交通信息采集功能，即采集监控点的交通流量信息。

4. 通信系统

通信系统包括有线通信和无线通信，重点是光纤通信系统，建设内容主要是配套交通信号控制系统、交通视频监视系统、交通违法行为监测记录系统等基础应用系统而建设的光纤通信系统。

（1）系统结构

1）总体拓扑结构。根据智能交通网的实际情况和需求，需要传输数据和视频图像，为了保证视频图像及业务数据的传输，设计如下：

A. 新建的交叉口或路段系统通过租用光纤（每点用单模单芯）点对点星型结构形式连接直接接入中心机房。

B. 中心机房与警车车载系统、警员手持相关系统之间用 3G 无线通信连接。

C. 公安局与中心机房租用专用光缆（1 ～ 2 芯）连接。

D. 中心机房与大队租用专用光缆（1 ～ 2 芯）连接。

E. 外单位与交通指挥中心的网络连接由各接入单位提供光纤连接，交通指挥中心预留接口。

2）核心网络结构。中心网络是智能交通专网的核心业务网络，其安全、可靠的运行是整个业务系统正常运作的前提条件，因此设计了备份冗余方案。该核心网络的冗余包括了线路以及设备的冗余，采用两个企业级交换机，组建全冗余核心交换，完成外场设备通信网络接入、服务器群交换机接入以及安全设备的接入，网络冗余设计拓扑结构如图 9-23 所示。

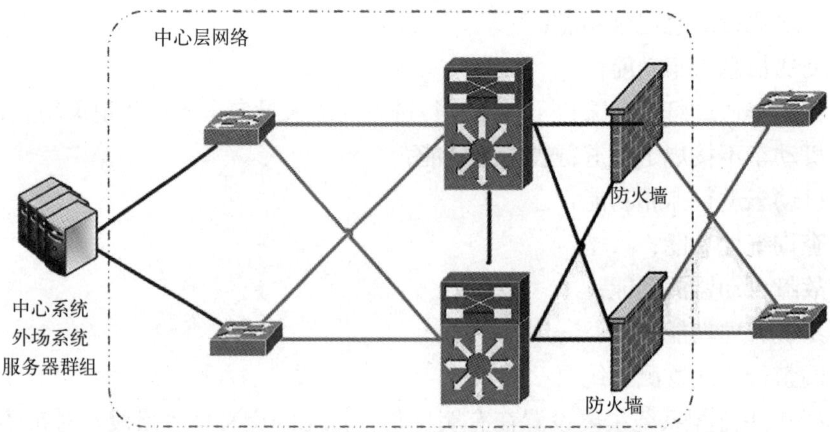

图 9-23　核心网络冗余设计拓扑图

3）与公安信息通信网的通信接口。智能交通专网主要用于传输视频图像、交管数据等重要交通管理信息，流量较大；公安信息通信网（公安网）主要用于传输公安管理业务信息等重要数据，两种网络之间采用边界接入平台进行隔离，用于支持智能交通专网数据、数字视频图像与公安网的共享传输。

4）与外网的通信接口。智能交通专网内部视频图像资源、交管数据等重要交通管理信息，与外界进行信息共享、信息发布时，需要与其他网络进行信息交互，例如互联网、政务网、银行网络、数字城管网络、城市应急中心网络等；两种网络之间也采用边界接入平台进行隔离，用于支持智能交通专网数据、数字视频图像与外单位相关网络的共享传输。

5）与路面系统的通信接口。本方案采用裸纤星形结构组建专网，因此，各路面系统直接接入交通指挥分中心。

图 9-24 中接入交换机可根据路面终端的数量确定是否列装，当接入的终端数量大于 2 时适宜使用此设备；对于光端设备可选择光端机、光纤收发器，或者在交换机上直接配置光模块即可。

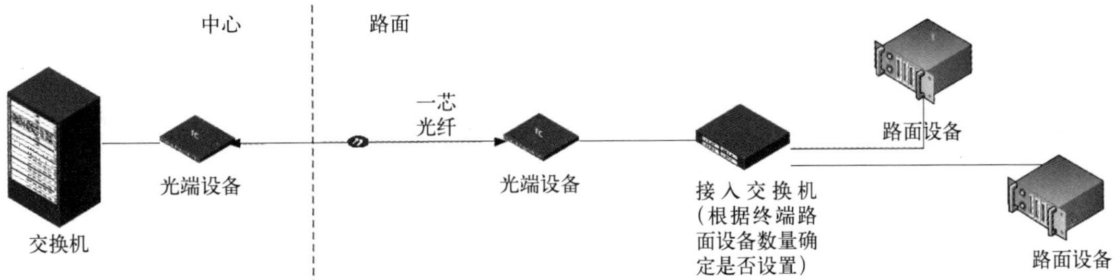

图 9-24　与路面系统的通信接口示意图

(2) 系统功能

系统功能即是为各基础应用系统前端设备与中心设备通信提供信道。

需要与中心通信的子系统见表 9-1。

有通信需求子系统列表　　表 9-1

项目	内容	传输要求	传输类别
交通信号控制系统	负责传送从道路信号控制机中发出的控制信号以及从控制中心发出的状态数据	控制信号，串口、网络数据，传输要求为 64Kbit/s 以上	有线通信
交通视频监视系统	负责区间内采集的视频违法抓拍数据及控制指令的通信传输	模拟视频、控制用串口，传输要求为 155Mbit/s 路以上； 视频图像数字化后传输以及高清视频，每路传输要求 15Mbit/s 以上	有线通信
交通违法监测记录系统	负责传送违法车辆图片及通行车辆数据	网络数据，每路传输要求为 15Mbit/s 以上	有线通信
移动查询	移动终端，从中心获取信息	无线网络数据，传输带宽为 100Kbit/s	无线通信
公安局与大队通信	主干通信链路	1000M	有线

第十章　省（自治区）智能交通管理系统案例

截至2014年，在我国28个省（自治区）中已有20个省（自治区）建设了智能交通管理系统，省（自治区）建设的智能交通管理系统，主要建设了交通管理业务综合管理平台和集成指挥平台，对机动车、驾驶人管理等业务进行监管，并重点对省（自治区）辖区内的公路进行管控，对辖区内各个城市的交通管理业务进行指导和监督。

省级智能交通管理系统的建设重点与市、县级的智能交通管理系统建设的重点有所不同，主要是面向全省范围，重点关注的不再是城市城区范围内的细节交通管理，而是从全省路网、宏观管理等角度出发，对全省主干公路网的交通运行进行全面的协调管理，同时对各市、县的交通管理进行指导。

本章选取在省（自治区）的智能交通管理系统建设中，应用较全面的DN、ZB为例进行介绍。本章的介绍主要集中在系统结构、功能及建设内容方面，侧重在系统功能的实现，而有时系统的建设方案设计还会涉及指挥中心的新建、改造及软硬件建设内容以及道路（主要是国省主干路网）的外场系统建设的内容，在此介绍的两个案例不涉及这些方面的内容。

10.1　DN省智能交通管理系统

10.1.1　概述

DN省位于我国东南沿海地区，经济发达，智能交通管理系统建设起步较早，设施比较完备，在2008年开始建设了全省的基于GIS的系统集成指挥平台、全省视频联网系统、全省交通流采集系统、全省重点车辆GPS监控系统、全省机动车缉查布控系统、全省专家信息管理系统等，累计开发了十余个应用系统。

10.1.2　系统总体结构

1. 系统模型

DN省智能交通管理系统总体模型如图10-1所示。

2. 系统层次划分

从宏观上分析，省级智能交通管理系统可以根据其作用以及所面向的对象划分为五个部分，分别为指挥集成部分、交通监控部分、辅助分析部分、信息服务部分、信息采集部分以及指挥中心基础设施等。

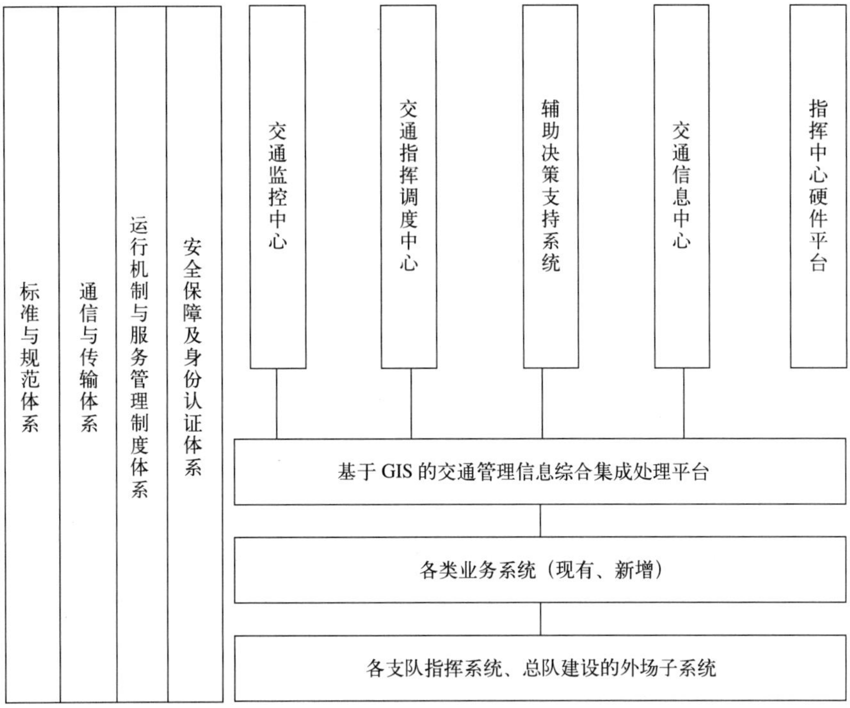

图 10-1 省级智能交通管理系统总体模型

系统的核心为交通指挥集成以及交通监控部分，此部分由基于 GIS 系统集成平台、全省公路车辆缉查布控系统、全省视频监控联网系统、交通警情信息管理系统以及勤务监督系统等组成；这些系统完成指挥中心的核心业务处理工作，提供核心服务，同时也是指挥中心工作人员日常工作的主要对象。

辅助分析部分主要为指挥中心提供后台服务，是交通指挥中心必不可少的后台系统，负责指挥中心数据的处理分析工作，该部分主要由交通辅助决策分析、假牌套牌嫌疑车辆排查、全省黑名单车辆管理，以及专家信息管理等系统组成。

信息服务部分涉及的系统是对公安系统内外的服务“窗口”，是信息发布与信息交互的“高速公路”，公安系统外部的单位和个人主要通过此部分了解、反馈交通管理相关信息。此部分主要由信息发布与查询系统（分对内和对外两个系统）、查询中心以及对外信息交换系统。

信息采集部分是系统的信息采集源，汇总全省主干公路的交通动态信息，其汇总的信息存储到系统数据库并上传到指挥集成系统实现交通动态信息的实时监控。

指挥中心大厅设施、机房设施、通信网络等系统是交通指挥系统的硬件支撑平台。

DN 省省级智能交通管理系统的系统层次划分如图 10-2 所示。

3. 系统软件逻辑架构

系统软件逻辑架构详见图 10-3。

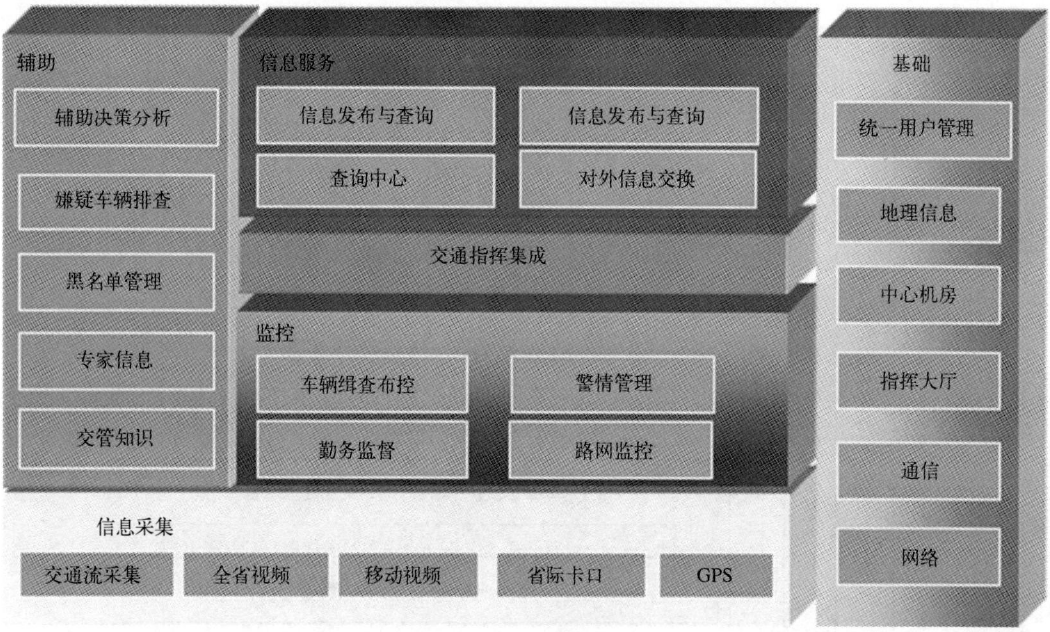

图 10-2　系统层次划分示意图

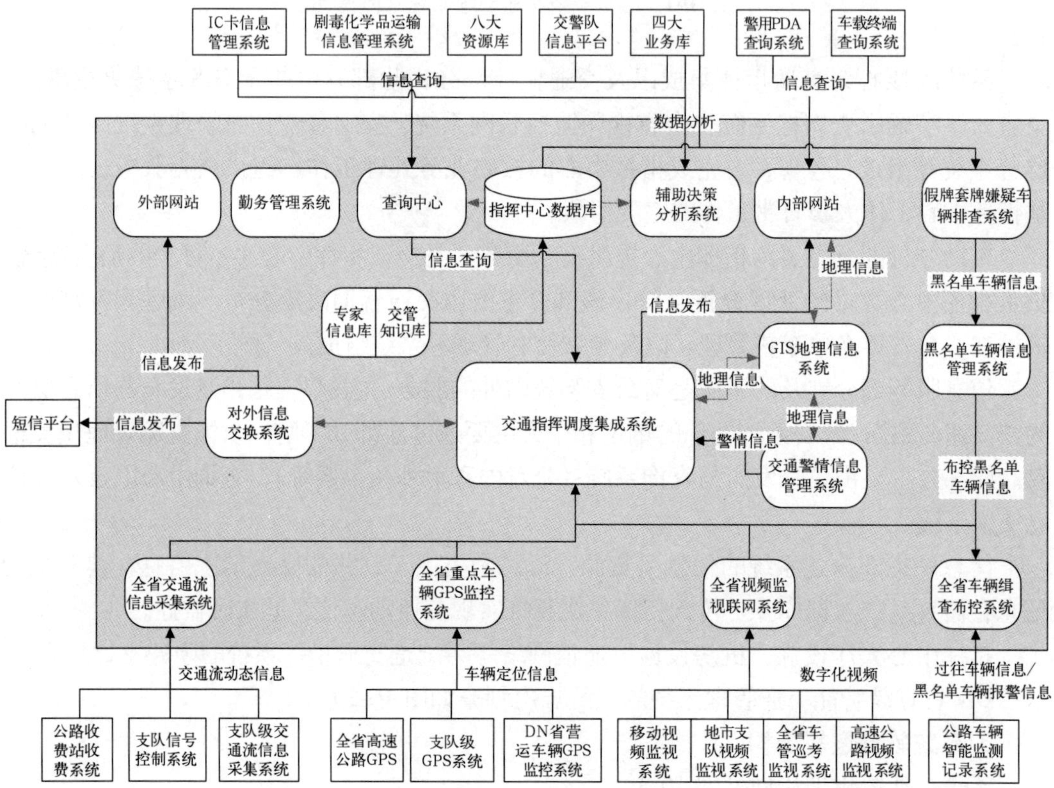

图 10-3　系统软件逻辑架构示意图

4. 系统物理架构

系统物理架构详见图 10-4。

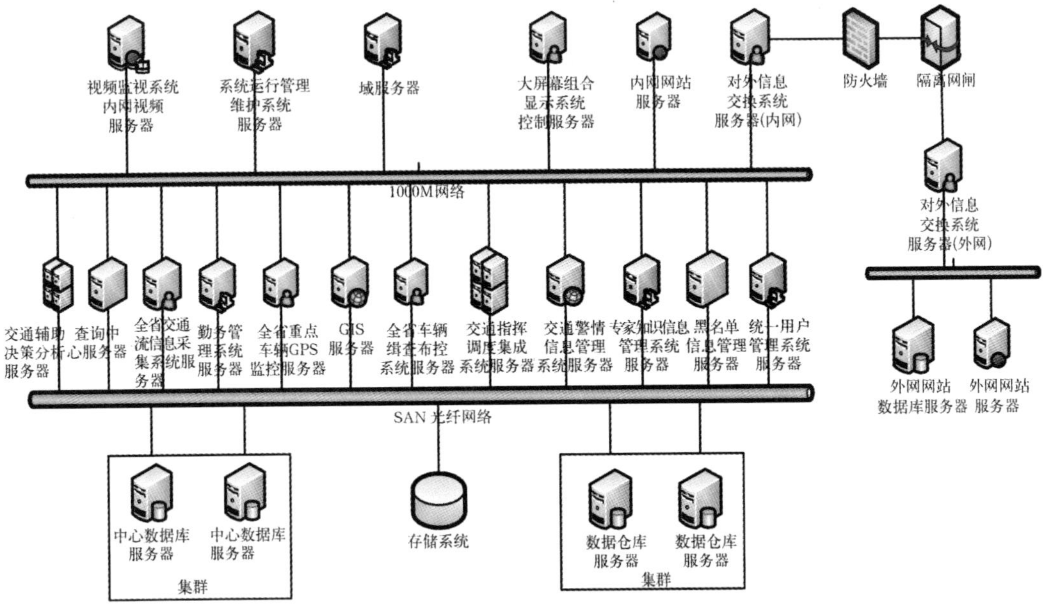

图 10-4　系统物理架构图

10.1.3　系统总体功能设计

1. 监控中心功能

以 GIS 平台为基础的 DN 省智能交通管理系统，汇集全省主干路网（高速公路、国道、省道）、重点场所（包括省际卡口）的交通地理、警力分布、交通流、交通突发事件、交通监控视频图像、警用车辆定位等信息，主要对全省主干路网的交通动态、路面重点目标、沿线交警勤务等进行实时监控和监督。同时可根据需要，对车辆、驾驶人、交通违法、交通事故、危化品运输、交通流、交通事件等进行重点监管。具体包括：

1）监控全省主干路网交通动态；

2）重大活动、突发紧急事件现场监控；

3）监控重点车辆、重点目标；

4）查控非法车辆；

5）监督勤务；

6）春运保障监督。

2. 指挥调度中心功能

在发生重特大交通事故、警卫任务、自然灾害、高速公路和国省道严重堵塞等重大交通事件时，可对全省各地交警部门实行跨地区的指挥、协调，快速高效地实现警务协同配合；同时可根据预案，联动其他警种和部门开展紧急救援，并对执行过程和现场态势进行跟踪管理。具体包括：

1）特大事件的应急指挥；

2）联勤协调。

3. 信息中心功能

建立了全省交通管理信息中心数据库，集中存储和管理机动车及驾驶人数据、事故数据、交通违法数据等关键数据，在此基础上建立全省统一的交通信息发布与数据服务平台，面向公安内部（上级机关、下级机关、本级机关内部）、社会团体（交通部门、保险部门、银行部门和其他社会联动部门）和社会公众提供交通综合信息的发布和查询服务。实现对高速公路、国省道的重要交通信息及时对内、对外发布，更好地开展警务协作和交通诱导，并实现与政府有关职能部门间的信息交换。具体包括：

1）信息汇总功能；

2）信息交换功能；

3）信息发布功能；

4）信息服务功能。

4. 交通辅助决策支持中心功能

一方面通过定期开展业务数据的自动统计、分析、比对，对车辆入户、车辆报废、考驾等业务进行必要的监督和预警，并能提供绩效评估等；另一方面通过数据积累、深层次加工处理、挖掘分析，为全省道路交通安全管理提供科学分析、趋势预测、决策支持。决策支持中心还建有知识库和预案库，并能实现应急预案的快速生成、自动/联动下发、执行跟踪等，为指挥调度中心提供决策支持和服务。

5. 系统管理与运行维护功能

系统管理主要用于管理用户、角色与权限信息。每个用户除了用户名、密码等个人信息之外，还属于一个或多个角色，而每个角色又可能包含各种权限。通过配置角色信息，配置用户信息，可以使得不同的登录用户严格按照自己的权限使用DN省交警综合指挥集成平台。

运行维护系统对中心机房服务器、前端设备提供统一的状态监控平台。系统可以监控所有前端设备的故障状态，可以查看服务器的工作情况及性能参数，也可以对数据库系统进行运行监视。运行维护系统主要包括状态查询、性能分析、数据库性能监视、设备管理、日志管理等功能模块。

10.1.4 系统主要建设内容设计

1. 系统集成

基于GIS系统集成指挥平台。

2. 信息采集

1）全省交通流信息采集系统；

2）全省重点车辆GPS监控系统；

3）省际公路车辆智能监测记录系统；

3. 交通监控

1）全省视频联网系统；

2）全省车辆缉查布控系统；

3）交通警情信息管理系统；

4）勤务信息管理系统。

4. 辅助系统

1）假牌套牌嫌疑车辆排查系统；

2）黑名单车辆信息管理系统；

3）全省专家信息管理系统；

4）交管知识信息管理系统；

5）交通辅助决策分析系统。

5. 基础部分

1）地理信息管理系统；

2）统一用户管理系统；

3）通信网络；

4）指挥中心及机房配套设施。

6. 信息服务

1）查询中心；

2）外网网站改造；

3）内网网站改造；

4）对外信息交换系统。

10.1.5 系统应用

1. 系统管理机构

（1）职能

对上是党和政府交通管理工作的中枢机构，对外是信息收集、研判和发布的服务机构，对内是指挥调度、决策分析、勤务管理和应急处置的指挥机构。

（2）功能

全面及时地收集全省辖区内道路的实时交通信息，监控管理全省重点车辆，汇总全省交通管理的所有信息，作为对内交通事件指挥调度和对外交管信息发布的机构。

2. 系统应用岗位设置

设置指挥长岗、指挥岗、监控岗、信息发布岗、信息查询岗、系统运行维护岗、内勤岗等。负责对全省辖区内的道路、车辆、交通状况进行监控、管理、信息查询、信息发布和设备维护。

3. 系统业务流程

为更好地发挥监控中心、指挥调度、辅助决策和信息中心的功能，交通指挥中心建立了完整的处置交通警情的工作制度，中心值守人员应严格按照以下步骤开展工作，力求用最短的时间、最有效的方法处置每一个警情。

（1）监控路况

由下属支队、大队和相关的交通设施单位登录GIS服务系统网站，完善全省主干公路的静态信息的汇总、存储、共享和维护，使总队可以获取全省路网的静态信息。而总队获取的路网动态信息、公路警情和重点目标车辆信息则是通过直接获取以及下属支队和大队的上传来实现的。总队根据掌握的情况，对非法车辆进行布控，对下属单位进行业务督导，将相应的任务下发，实现监控中心的功能。

（2）指挥调度

指挥调度主要是通过建立相应的指挥机制，成立有关的机构或组织。接受由地市支队收集上传的各类交通事件后，总队作出指挥调度的相关安排，具体措施包括派出监督和指导人员，应急指挥、调动警力、信息转发、事件处理、执行预案、事后总结等等。

（3）信息流转

通过健全交通管理的数据库类型，由相关使用部门收集、整理、汇总上报至总队，由总队对不同使用部门分发权限，供各级交管部门和其他相关部门以及社会大众使用。

（4）决策支持

决策支持中心一方面通过定期开展业务数据的自动统计、分析、比对，对车辆入户、车辆报废、考驾照等业务进行必要的监督和预警，并提供绩效评估等；另一方面通过数据积累、深层次加工处理、挖掘分析，为全省道路交通安全管理提供科学分析、趋势预测、决策支持。决策支持中心还建有知识库和预案库，并能实现应急预案的快速生成、自动/联动下发、执行跟踪等，为指挥调度提供决策支持和服务。

10.1.6 系统建设和应用的亮点

系统利用先进的电子信息技术，在警用地理信息系统（PGIS）基础上建设DN省交通集成指挥平台，收集各地市支队上传的主要公路的交管信息，对全省高速公路、国省道、城市连接主干道的各类交通管理控制信息进行统一管理，实现信息交换与共享、快速反应决策与统一调度指挥。

通过将全省交通流信息采集、全省重点车辆GPS监控、全省视频联网、交通信息发布、车辆缉查布控等系统有机地集成为一个整体，建立起完善的针对全省交通管理的信息采集、信息处理、信息发布、决策管理和组织协调指挥的现代化交通管理体系。通过实时检测采集、处理交通数据信息，及时发布诱导信息，来协调全省高速公路等主要道路的交通流，缓解路网交通压力，提高处理交通及其他突发事件的能力，同时提高了快速反应能力和工作效率。

10.2　ZB 省智能交通管理系统

10.2.1　概述

ZB 省位于我国中部地区，经济发展水平处于我国中等水平，于 2013 年开始建设全省智能交通管理系统。

通过系统建设，进一步提高指挥、调度、控制和信息发布能力，实施高速公路扁平化指挥，实现对单兵的指挥调度，提高全省紧急突发事件和交通事故、交通拥堵快速反应处置能力，确保道路安全畅通。对于完善道路交通安全管理体系，提高道路交通指挥智能化、信息化水平，充分优化警务资源，提高警务效能，有效解决警力不足，提升全省道路交通安全管理水平，具有极其重要的意义。

10.2.2　系统总体结构

由于省（自治区）交通指挥系统的定位、功能都类似，因此，在系统总体结构方面，各省（自治区）的交通指挥系统也较为相似。

1. 系统模型

ZB 省智能交通管理系统的总体模型如图 10-5 所示。

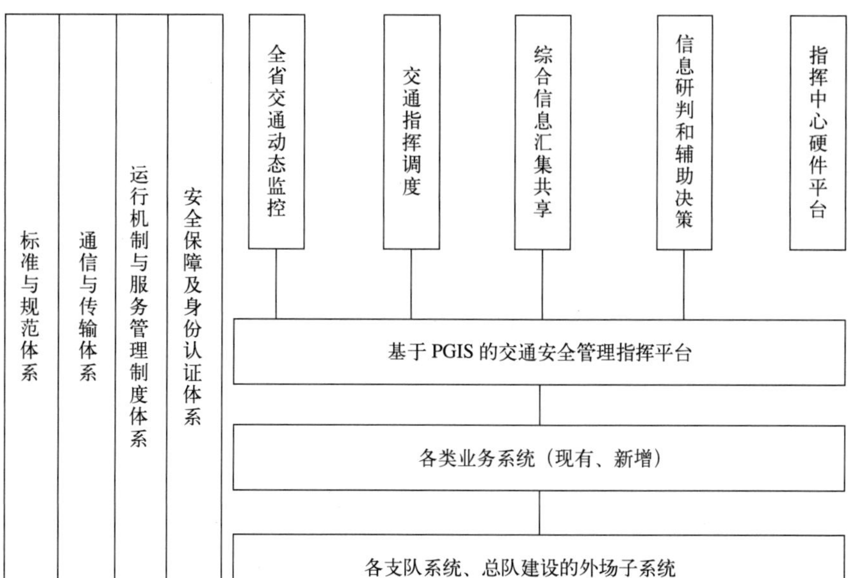

图 10-5　ZB 省智能交通管理系统总体模型

2. 系统层次划分

从宏观上分析，ZB 省交警总队交通指挥中心可以根据其作用以及所面向的对象划分为五个部分，分别为指挥集成部分、视频监控部分、辅助分析部分、信息服务部分、信息采集部分以及指挥中心的基础设施等。

指挥中心的核心为交通指挥集成以及视频监控部分，此部分由基于 PGIS 的集成系统、接处警系统、全省视频联网系统、视频会商系统、移动应急指挥系统等组成；这些系统完成指挥中心的核心业务处理工作，提供核心服务，同时也是指挥中心工作人员日常工作的主要对象。

辅助分析部分主要提供后台服务，负责数据的处理分析工作，该部分主要由信息研判分析、全省机动车缉查布控等系统组成。

信息服务部分主要由对内服务系统、对外服务系统组成。

信息采集部分汇总全省主干公路的交通动态信息，主要由重点车辆定位监管系统、综合信息汇集共享发布系统等组成。

指挥中心大厅设施、机房设施、通信网络等系统是集成指挥平台的硬件支撑平台。系统层次划分如图 10-6 所示。

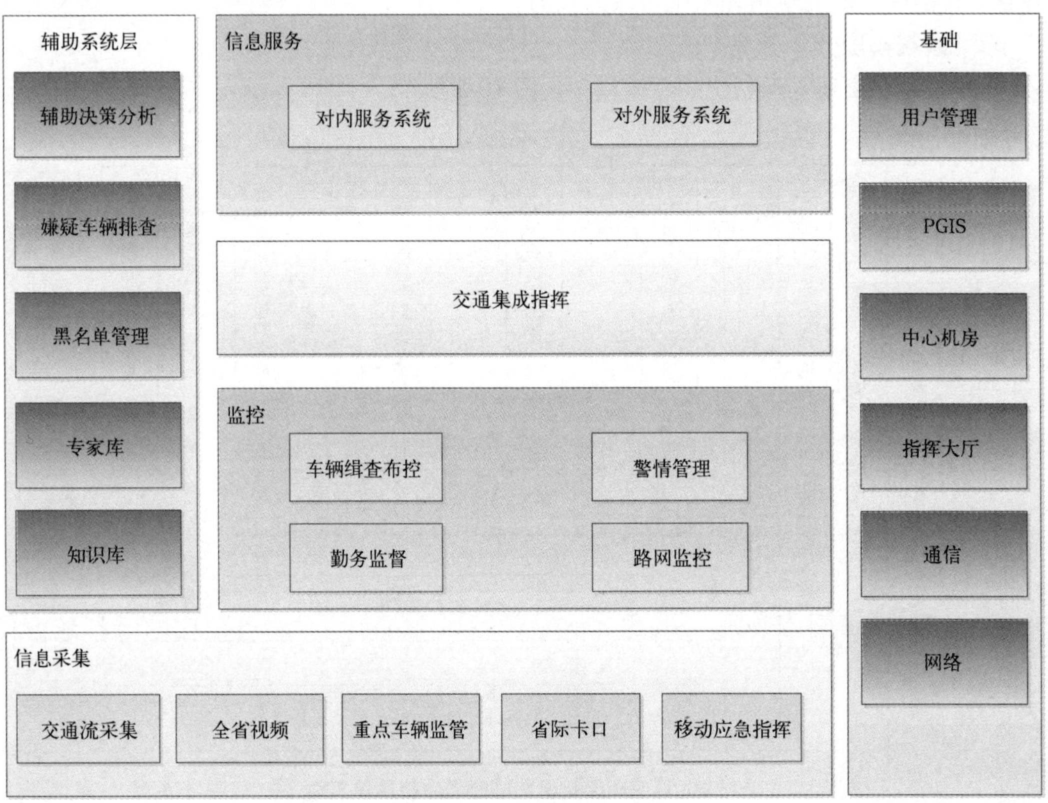

图 10-6　系统层次划分示意图

3. 系统软件逻辑架构

系统软件逻辑架构详见图 10-7。

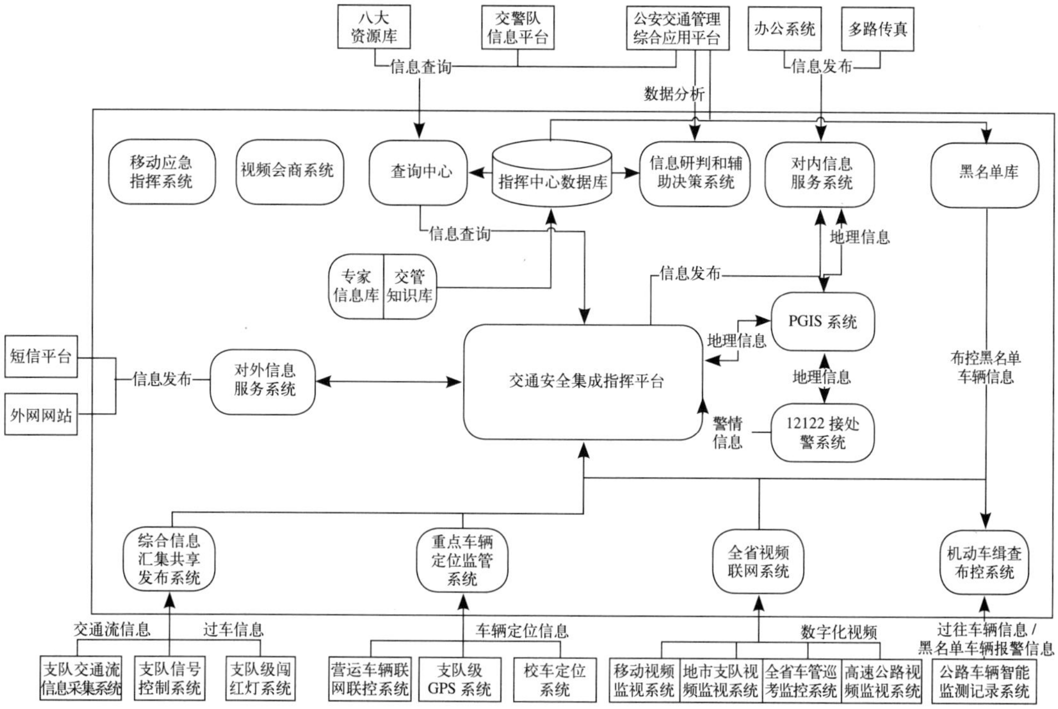

图 10-7　系统软件逻辑架构示意图

4. 系统物理架构

系统物理架构详见图 10-8。

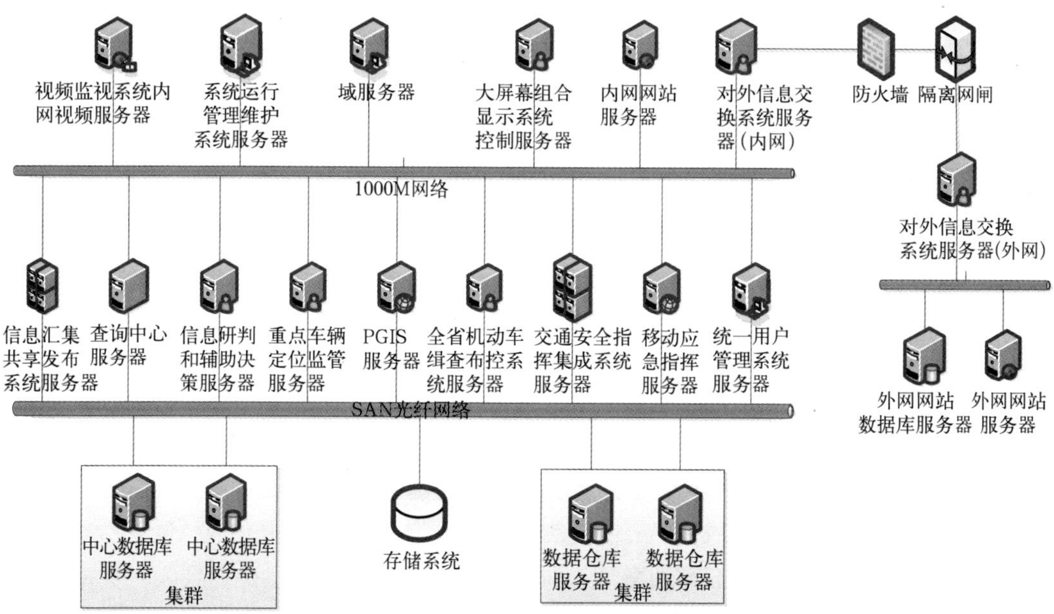

图 10-8　系统物理架构图

10.2.3 系统总体功能设计

1. 监控功能

建立以PGIS平台为基础的全省宏观信息监管系统，汇集全省主干路网（高速公路、国道、省道）、重点场所（包括省际卡口）的交通地理、警力分布、交通流、交通突发事件、交通监控视频图像、警用车辆定位等信息，主要对全省主干路网的交通动态、路面重点目标、沿线交警勤务等进行实时监控和监督。同时可根据需要，对车辆、驾驶人、交通违法、交通事故、危化品运输、交通流、交通事件等进行重点监管。具体包括：

1）监控全省主干路网交通动态；

2）监控全省交通警情；

3）监控重点车辆、重点目标；

4）查控非法车辆；

5）直观监控主干公路；

6）监督勤务。

2. 指挥调度功能

（1）接处警

包括报警接入、业务识别、警情记录、处警调度、处警反馈、数字录音等功能。

（2）视频会商

利用全省视频专网，发生突发事件需要省总队和高速支队、市州支队、大队之间进行会商分流、事件处置等情况时，远程面对面商讨处置方案，以快速有效处置；同时上联省厅可通公安部视频会议系统，并可作为全省交警视频会议的中心，召开全省从总队到支队、大队的视频会议。

（3）警情上报

对重大警情、重大信息及时上报，总队根据获取的信息来协调处置相应的交通事件；各地122接处警信息周期性上报总队，供总队进行分析研判。

（4）重大事件协同指挥

在发生重特大交通事故、警卫任务、自然灾害、高速公路和国省道严重堵塞等重大交通事件时，可对全省各地交警部门实行跨地区的指挥、协调，快速高效地实现警务协同配合；同时可根据预案，联动其他警种和部门开展紧急救援，并对执行过程和现场态势进行跟踪管理。

（5）应急预案及专家库

构建各级公安交通管理部门应急预案体系，建立不同等级、不同类别的交通事件预案库，建立交通事故处置、危化品事故处置等各类专家库。

3. 综合信息汇集共享功能

（1）全省主干路网PGIS系统及交通基础数据采集

基于省厅PGIS平台，采集并管理高速公路、国省道的交通基础信息，包括交通标志、交通标线、交通岗亭、高速公路服务区、加油站、收费站等，提供数据录入、数据管理、分层浏览、文字标注图层开关、显示范围的设定、鹰眼、地图缩放、地图平移、地图选择、地图编辑、地图显示属性编辑、专业图层、地图定位等。

(2) 全省交通状况信息汇集

通过规范数据格式和数据接口，采用系统间数据传输方式，从全省各级交通管理部门的信息化系统，以及相关的交通、气象部门采集、汇总、存储和共享全省主干公路交通通行状况、交通事件、气象、施工占道、交通管制信息，以实时掌握全省主干公路动态交通状况信息。

(3) 全省通行车辆信息汇集

利用全省机动车缉查布控系统，汇集省际、高速公路、国省道、城市道路、收费站等卡口采集的机动车通行信息，并采集交通部门的路径识别系统、收费站车牌识别等信息，实时掌握机动车通行信息。

(4) 交通信息发布

建立群发传真、短信平台、内网网站，向公安部、省政府及交通厅等相关部门及下属各支队，发送或群发周报、通报、简报、快报等信息，对用户分组、分类发布交通事故、交通事件等信息。

(5) 信息交换

建立数据交换规范，与省公安厅交换警情等信息，与交通厅交换交通状态、交通事故等信息。

(6) 交管知识库

汇集交通安全相关法律法规及各地提供的交管知识等，建立交管知识库，提供查询、快速检索等。

(7) 社会化服务

在政务网站建立功能模块，利用短信、网站等手段，向社会单位、群众提供咨询服务、投诉建议、违法查询、重点车辆监管信息，发布交通信息。

4. 信息研判和辅助决策功能

(1) 基于综合应用平台的信息研判

综合应用平台汇聚了机动车、驾驶证、交通违法、交通事故等各种业务数据，通过对各种业务数据的有机整合、清洗、转换，建立业务数据的研判分析模型，对业务数据进行综合的研判分析，包括业务数据的图表分析、多维分析、自定义分析、横向对比分析、GIS 的数据展现等。研判分析后的结果可以为交通管理工作提供决策参考，进一步发挥数据的应用价值。

(2) 警情研判

通过对不同类型警情的查询统计分析、评估分析、专题分析等，并基于 PGIS 地图进行直观的展示，预测不同类型警情的发展变化趋势，对相应的警情进行管控预防。

(3) 交通安全态势研判

通过对交通流运行态势、交通违法态势、交通事故态势、天气态势等评估对象的研判分析，评估全省主干公路网宏观的交通运行状况，据此确定其对应的交通安全态势等级，从而有针对性地采取相应的措施。

（4）舆情研判

通过互联网站、短信平台、微博、微信、电话咨询投诉等得到的民意数据，研判和掌握舆情民意，发现工作中存在的问题，评估新业务、新措施实行效果。

（5）数据预测预警

通过引入联机分析处理、数据挖掘等技术方法，建立起全省交通安全与畅通信息分析系统，实现海量数据积累存储、数据分析、趋势预测，为全省道路交通安全与畅通管理作出科学准确的分析、预测预警，提供决策依据，增强对全省道路交通安全的宏观管控能力。

（6）视频图像分析研判

利用市州、高速支队视频图像进行分析研判。视频分析功能包括：拥堵检测、事件报警、违法上下客检测、车牌识别、车标识别、车身颜色识别。

10.2.4 系统主要建设内容设计

1. 交通安全集成指挥平台

通过集成接处警系统、全省视频联网系统、警车警员定位监控系统、重点车辆定位监管系统、机动车缉查布控系统、综合信息汇集共享系统、信息研判和辅助决策系统、移动应急指挥系统，具备基于PGIS对全省公路路网交通动态实时情况的监控。

通过集成交通管理综合应用平台，实现对交通业务信息的综合查询功能，为交通指挥调度提供信息支持。

通过规范化省指挥中心指挥调度流程，积累在处理特大紧急事件、专项工作保障指挥调度中的经验和共享指挥调度信息。

2. 接处警系统

接处警系统采用本地网接处警模式，系统设备建在省交通指挥中心，集中汇接，属地分流，集中管理与控制。考虑到未来高速公路交通管理机构改革，在各市州及高速支队设立接处警分中心，采用远程座席接入本地网接处警子系统；通过公安信息专网进行联网。系统采用电脑和电话相结合的方式，实现远程指挥调度和接处警功能。

各市州的电信、联通、移动用户的呼叫，在当地汇总，经长途传输系统集中汇总后，再接入本系统的排队调度机；网络平台采用公安信息专网作为本地网接处警子系统网络通信平台。

3. 全省视频联网系统

目前，随着ZB省道路交通视频监视系统和公安信息网建设的不断完善，市州各交警支队都采用不同模式建设了不同技术架构的视频平台。通过全省公安道路交通视频联网系统的建设，可以整合全省道路交通视频资源，实现全省道路交通视频监视系统资源共享、互联互通，充分挖掘道路交通图像资源潜力，拓展道路交通图像信息在公安交管业务中的应用广度和深度，为更好地开展各项交管业务提供更有力的信息支撑。同时，通过联入省公安厅图像信息联网平台，补充和丰富了全省公安视频图像资源，响应全省跨区域、跨部门、跨警种的图像信息系统有效整合的要求，有效提升全省公安机关的核心战斗力。

4. 视频会商系统

通过构建省交通指挥中心和下属 14 个市级分会场之间的智能化通信和综合多业务视频服务体系，形成了一个集视频会议、语音、数据为一体的多媒体通信应用系统，实现了现场可视调度指挥、召开视频会议功能，从而缩短召集与会人员时间，提高效率，并在此基础上开展了公安业务的指挥调度、事件现场图像传输、视频会议、实战演习等，实现了公安系统的应急指挥、救援、快捷启动、迅速执行、及时发布的目的。系统利用公安系统的专用通信网络环境，建设了以省交通指挥中心为主控中心，下属 14 个分会场为分控中心的视频指挥调度系统，实现了主控、分中心控制功能。同时，为实现交警总队与公安部视频对接，在省公安厅图像中心机房部署了视频终端设备，接入图像中心音频及视频矩阵，实现公安部音频、视频图像及时送达省交警总队视频会商系统各会场。

5. PGIS 系统

通过利用 PGIS 平台技术和调用共享省公安厅 PGIS 平台地理数据资源，完成了全省主干公路交通基础信息的采集、汇总和共享，以及实现了交通管理可视化展示和业务应用扩展。

6. 重点车辆动态监管共享系统

针对重点监管的五类车（警车、营运客车、营运货车、危化品运输车、校车），采集总队和高速支队警用车辆卫星定位监控系统、市州警用车辆卫星定位监控系统、省运管局的省重点营运车辆联网联控系统信息和教育部门校车卫星定位系统信息，供全省各级公安交通管理部门监管。

7. 综合信息汇集共享发布系统

综合信息汇集共享发布系统由支队基础应用系统、交通部门信息系统、教育部门信息系统、互联网、机动车缉查布控系统、交通管理综合应用平台汇聚各类业务信息，按照数据量大小分别保存至云数据库及关系型数据库（Oracle 数据库），通过数据库共用为交通安全管理集成指挥平台中其他系统提供基础业务数据（同时接收其他系统采集的业务数据），并建立数据交换规范，与省公安厅交换警情等信息，与交通厅交换交通状态、交通事故等信息。通过信息共享服务对外提供数据（包括文本数据与文件数据）的共享访问。

8. 机动车缉查布控系统

建设统一的机动车缉查布控系统，接入各地车辆智能监测记录系统（卡口系统），实现大范围车辆轨迹查询分析和道路交通流量统计，大范围车辆缉查布控和预警拦截，公路交通违法行为快速查处，为交警和其他警种打击涉牌涉证等各类违法犯罪行为提供了技术保障和手段，同时，系统在全国缉查布控系统应用的基础上综合应用缉查布控系统汇集信息，实现交通流信息采集、路况分析、区间测速、车辆旅行时间分析等扩展应用，进一步提高公路管控、路面执法等方面的管理能力，为各级公安机关管理工作提供决策支持。

9. 信息研判和辅助决策系统

基于综合信息汇集共享发布系统汇聚的各类信息，在对数据进行清洗、转换后，写入信息分析研判数据库，并通过对数据的综合应用、分析、研判，形成具有指导性实战作用的高效结论。

10. 移动应急指挥系统

通过卫星通信网络和无线图传网络，采取多种互联方式，以TCP/IP传输协议为基础平台，实现话音、数据、视频及公安专网数据等业务的实时综合传输，为重大交通事件现场应急指挥提供多手段、多业务的移动通信平台，实现现场视频实时采集、处理各类警务信息，提高现场处置能力。系统由一辆小型“动中通”通信车以及配套的固定站设施两大部分组成。

11. 对内服务系统

对内服务系统是省交警总队面向交警内部的信息发布系统，主要包括交警总队内部办公系统、内部短信发布、多路传真系统等。发布内容主要包括：

1）交通状况的实时查询，包括高速公路、国道和主要省道的动态交通信息查询，视频信息查询，交通事件、安全态势的查询等。

2）内部信息的发布、邮件的群发等。

3）与地市支队文件的交换。

4）统一的用户管理、单点登录、个性化界面等门户功能。

5）电子文稿、扫描件的多目标传送。

6）针对内部人员的短信群发。

12. 对外服务系统

对外信息服务系统是省交警总队面向社会公众的社会化信息发布系统，主要包括交警总队门户网站、手机短信发布、微信发布平台等。发布内容主要包括：

1）向社会公众发布全省的交通信息和交通管理信息；

2）向社会公众提供关键点位视频的点播；

3）向公众提供交通管理业务查询及业务办理的平台；

4）进行交通法规和交通安全宣传。

第十一章 智能交通系统发展建议

智能交通系统是当代综合交通运输系统的重要组成部分。城市智能交通系统是智慧城市建设的重要组成部分，是综合解决交通问题的重要手段之一，将同解决交通问题的系统性对策一起为实现绿色交通系统，建设安全顺畅、环保节能的城市综合交通系统作出贡献。区域性的智能交通系统是区域综合交通系统的重要组成部分和支撑，通过整合区域的信息、资源，实现区域综合交通系统运行的协作以及跨区域客货运输的高效和安全，亦是区域综合交通系统发展的目标。

当前，我国智能交通系统从开始提出概念到现在已经经过了近 20 年的历史，其发展也从起步到了全面开花的阶段。目前，国内智能交通系统的建设已经涵盖了智能交通系统的方方面面，取得了较大的成绩。然而，从近 20 年的智能交通系统的发展过程中也可以看出，智能交通系统的发展在取得显著成绩的同时，由于受到众多社会经济条件的制约，在发展建设、运行维护、系统作用的充分发挥等方面还存在着一些问题。

为了更好地推动我国智能交通系统的发展建设，基于国际经验和国内的实践总结，本章对智能交通系统发展中的若干关键问题进行分析[1]。

11.1 组织层面

1）需要在较高层面形成推进智能交通系统发展的协调机制。

无论是在国家层面，还是在地区或城市层面，需要通过立法、成立专门协调机构等方式加强智能交通系统发展相关政府机构之间的合作与协调，所需协调的方面既包括跨部门之间的协作，也包括跨区域之间的协作。回顾我国部分智能交通系统发展的进程，由于缺乏强有力的或科学的协调机制而导致了发展的迟滞。

2）智能交通系统的建设需要优化政企合作的模式，充分发挥各类资源优势。

就智能交通系统发挥的作用而言，从效果来看包括提高运行效率、提高安全水平、降低能耗及减少环境污染等，而从服务角度而言，则有侧重为政府管理提供支撑的，亦有为居民出行提供服务的，而智能交通系统过去数十年的发展历程表明，单一的自上而下的建设在某些领域无法充分发挥智能交通系统的效能，尤其在侧重交通服务的领域，例如交通信息服务，虽政府掌握大量的基础数据资源，但是由于自身定位等方面的问题，在交通信息服务方面完全由政府主导未必是效率最高的一种方式，近年来，尤其是随着移动互联技术的发展，信息来源日渐多样化，未来探索一条有效的政企合作的智能交通系统建设模式，采用创新性的投资方法，充分发挥政府机构和企业的优势，是智能交通系统可持续发展的重要支撑。

3）建设智能交通系统时，交通及其他相关基础设施，以及交通组织优化与交通工程设施要先行。

智能交通系统是在交通基础设施建设相对完善，信息技术不断发展的过程中为提高交通系统运行效率，诱导交通需求的情况下不断发展完善的，智能交通系统的主要作用之一是体现在提高现有设施的使用效率方面。以道路智能交通管理系统的建设为例,优化、完善的道路交通基础设施、交通组织优化管理以及交通工程设施是智能交通管理系统充分发挥作用的前提条件。缺乏完善的道路交通基础设施、交通工程设施等，就无法实现智能交通管理系统的建设及应用目标。

同时，智能交通管理系统充分发挥作用的基本环境条件是交通参与者的交通行为规范，而科学的交通组织和完善的交通工程设施是规范人的交通行为、明确交通路权的基础性设施。在过去的十数年中，很多城市智能交通管理系统项目的建设只关注智能交通管理系统本身软硬件的建设工作,未能同时进行交通组织优化,以及交通工程的系统设计、改造和同步实施，从而导致所建设的智能交通管理系统无法充分发挥作用。未来在进行智能交通管理系统建设的同时，必须同时对智能交通管理系统建设范围内的道路网络进行交通组织优化、交通工程设计及相应的实施。

同时需要注意的是，智能交通系统是整个城市或区域信息和通信技术开发及应用的重要组成部分，因此，智能交通系统的实施还会受到城市或区域信息和通信基础设施的影响，智能交通系统功能的实现需要有可靠的通信、电力链路等，以用于支持智能交通系统的正常运行。

4）按照城市发展战略和交通规划调整交通供求关系是智能交通系统的根本使命。

作为先进的信息通信技术在综合交通系统中的应用，智能交通系统是综合交通系统的重要支撑之一。从城市的角度而言，智能交通系统是实现城市发展战略、形成综合交通系统以及支撑交通规划的技术手段之一，因此智能交通系统的发展目标和系统功能的确定必须充分理解和考虑城市发展战略及城市综合交通系统建设的需求。在智能交通系统体系框架的指导下，智能交通系统要服务于可持续化的城市建设和低交通需求的土地使用等交通需求特性调整，绿色交通优先等交通结构优化，以及大范围的优化交通组织管理，并要有助于规范交通参与者的交通行为。

5）重视智能交通系统体系框架与标准体系的建设，有效推动系统的整合与发展。

一方面，智能交通系统作为综合交通系统中信息与通信技术应用的集成，涉及综合交通系统中的所有方面,因此,具有涉及单位众多、系统众多、功能众多及用户众多等特点，而智能交通系统中的各个子系统又不是相互独立的，相互之间互为支撑、相互促进，且需要进行科学合理的系统整合，在此情况下，在智能交通系统的发展过程中，需要有不断更新的智能交通系统体系框架从总体上根据智能交通系统的最新发展而不断完善，从而为各地、各城市抑或各个智能交通系统的发展提供总体的基础支撑，实现智能交通系统建设的可持续发展、无缝兼容及相互通信。

另一方面，概括而言，智能交通系统中应用了大量先进的信息通信技术，因此，将涉及众多技术领域的标准规范的应用，从智能交通系统的发展历程来看，覆盖全国的技术标准的及时诞生与否在很大程度上直接决定了其影响领域的发展水平、发展速度及建设水平。

同时，智能交通系统中涉及大量的信息共享，而进行交通信息采集的单位和技术手段又是多种多样，例如对于一个城市的道路网络交通状态实时信息的采集而言，有来自固定式检测器的数据，有来自出租车、公交车定位系统的数据，有来自具有定位功能的私家车的数据，有来自智能手机的数据等，如此种种的交通信息的整合需要有一套支撑数据整合的数据标准体系。目前国际上在这方面已经有了相对成功的探索，我国亦应当通过适当的途径来完成所需的数据标准的制定工作。

当然，在智能交通系统的发展过程中，标准规范的制定是一个方面，而标准规范的贯彻落实又是另一个方面，在强调制定科学合理的标准规范的同时，亦要探索和制定一条恰当的发展道路使得所制定的标准规范能够落实。

11.2　技术层面

1）高度重视系统的顶层设计。

目前国内智能交通系统建设存在着重硬件、轻软件，重实施建设、轻规划设计，重形式、轻实效的倾向，部分情形下将会直接导致投资浪费和决策失误。有的城市投资几亿建设系统，却不愿拿出几百万元的规划设计费；有的城市直接委托建设承包单位设计，而不经过充分论证，这可能导致投资方向不准确投资效率的降低，甚至无法达到系统建设的目的。

智能交通系统顶层设计对系统资源共享、系统整体能力发挥、系统功能要求的可续性，以及系统采用产品性价比的控制等，均是最关键的环节，将对实现“1+1>2”效应起到关键作用。因此，制定智能交通系统的顶层设计对构筑统一高效、功能强大、先进实用的智能交通系统，服务智慧城市建设显得尤为重要。

2）充分实现资源共享。

智能交通领域涉及的主要部门包括：交通、公安、城管、国土等多个职能部门和各交通运输企业，各部门负责各自领域内的智能交通应用系统建设。但是，因为缺乏充分沟通的智能交通系统规划设计，条块分割现象严重，交通资源分散，信息孤岛现象严重。

解决上述问题的途径就是在规划设计环节进行充分的分析论证，可以共享的信息要充分共享。当然，不同子系统有不同的信息采集目的和采集内容要求，有时无法兼顾众多目的。这种情况下，也不能因为追求形式上的共享而弱化系统功能。

智能交通系统是一个复杂的系统工程。因此，在管理机制上，应建立多部门、跨行业协调机制；从技术的层面上，应建立一个集成多部门、多业务、跨平台的开放的信息系统。

3）不但应重视智能交通系统的硬件建设，更应注重软件的开发与功能提升。

以智能交通管理系统为例，硬件系统只是实现系统功能的必要条件，软件系统则是实现系统功能的保证。任何系统在没有充分的信息采集和分析、没有系统软件的指挥下的功能实现，只是毫无智能、甚至毫无用处的摆设而已。因此，智能交通系统的规划设计及系统的软件开发应该作为一个独立阶段得到高度重视、认真落实、充分投入，这样才能真正实现智能交通系统建设的初衷。从信息采集与应用的角度，应高度重视 3S 技术、通信技术及数据融合与挖掘技术（或大数据技术）的应用，重视软件系统的设计与开发。

4）建立并实施完善的项目验收程序，建立系统后评价制度。

目前国内的一个普遍现象是智能交通系统项目的验收方式没有真正关于系统功能、系统运行效果的实际检测的、细致的验收评价，有时只是形式上的验收，缺乏系统后评价的标准和要求。建议根据目前情况，建立完善的智能交通系统建设项目的验收制度与验收程序，由独立第三方进行项目建设效果的评价。

5）重视智能交通系统建设实施后的维护工作。

包括配备专门的人员、资金或者聘用专业的维护队伍，而且在项目投资阶段要基于全生命周期的角度来思考智能交通系统的投资问题，既要包括系统建设的初始投资，也要充分考虑系统运营、维护的成本。

智能交通系统设备的年运营维护成本大约平均占基本投资额的 10% ～ 15%[2]，这一比例要高于传统的道路或桥梁等基础设施的维护成本比例。智能交通系统较高的运营维护成本必须在进行智能交通系统规划、可行性研究及设计等阶段进行充分的考虑。智能交通系统的使用效果很大程度上受制于相关设备的完好率，例如为交通信号控制系统配备的交通流采集装置的损坏率达到 30% 以上时，协调或感应交通信号控制的优势将不再明显，因此，必须重视对智能交通系统设施的维护工作。

6）加强智能交通系统复合型人才培养。

智能交通系统是交通工程和信息技术结合的产物，智能交通系统的建设、运行、维护需要的人才既要了解交通工程也要了解信息技术，因此需建立行之有效的培养机制，提供复合型人才成长的环境条件。否则，既无法有效使用已建设完成的系统，更无法扩展系统功能，导致无法实现系统建设的预期目标。

7）突破关键技术，开发自主知识产权的产品。

例如，目前国内城市交通信号控制系统缺少紧密结合我国混合交通流特点的具有自主知识产权的国产技术和产品。为提供适合我国交通特点的新一代智能交通控制技术和产品，亟须加大我国自己的信号控制等相关智能交通系统的研发力度与应用支持。

8）加强产学研结合。

产学研结合对于智能交通系统从技术水平到实际应用程度都有着至关重要的意义。过去十数年间国家资助的智能交通系统领域的相关项目形成产业化并实际应用的并不多，目前没有形成完善的智能交通系统相关的产业链。因此加强产学研结合也是不断提高我国智能交通系统水平的一个重要举措。

本章参考文献

[1] 陆化普，李瑞敏 . 城市智能交通系统的发展现状与趋势 [J]. 工程研究——跨学科视野中的工程，2014，6（1）：6-19.

[2] C. Miles, J., 陈干主编 . 智能交通系统手册 [M]. 王笑京译 . 北京：人民交通出版社 ,2007.